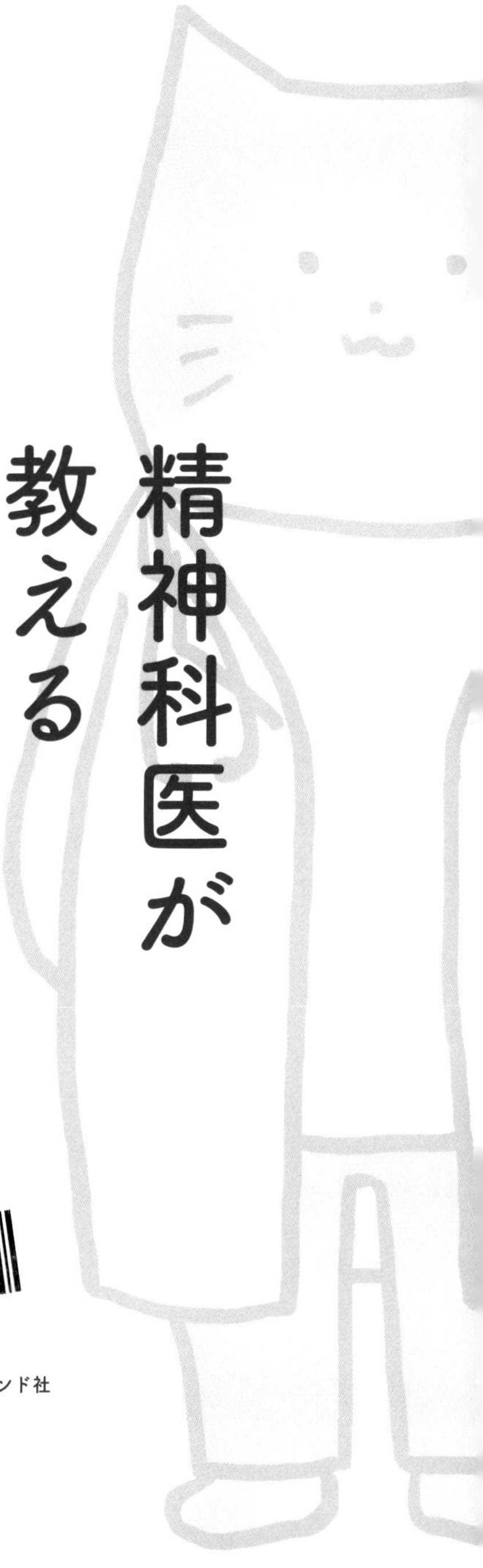

精神科医が教える後悔しない怒り方

伊藤 拓
Ito Taku

ダイヤモンド社

あなたの怒りのタイプは？

↓自分の怒りの傾向を知ろう

怒りの感情がいつどんなときに湧《わ》くかは人それぞれに違います。怒りやすさの度合いや怒り方にも人それぞれにパターンがあります。

みなさんはご自身の怒りの傾向がつかめていますか？

じつは、怒りという感情とうまくつき合っていくには、自分がどういう怒り方をするタイプかを把握しておくことが非常に大切なのです。

精神医学的に分析すると、怒りのタイプは大きく6つに分かれます。

では、自分のタイプを知るために、まずチェックテストにチャレンジしましょう。

次のA～Fのリストの各項目ごとに、自分によく当てはまるものに✓を入れていき、それぞれの✓の数を数えてください。

CHECK LIST Ⓐ

- □ そのときの一時的な感情で他人を怒る
- □ 何に対して怒りを覚えているのか、自分でも説明がつかないことがある
- □ 興奮すると考えがまとまらない
- □ 何かをするときは、誰からも邪魔されずひとりでじっくりやりたい
- □ 他人に従うのが苦手である
- □ 整理整頓が苦手で、よく忘れ物をする
- □ 車のナンバーなど、ランダムな数字を覚えるのが得意だ
- □ 聴覚が過敏で、雑音が多いと集中力が落ちてしまう
- □ しゃべるのは苦手。他人から直接話しかけられるとうまく即答することができない
- □ 自分の趣味や得意分野に関してはオタク的にくわしい
- □ 自分を抑えて他人に同調したり、他人に合わせて行動したりするのが苦手だ
- □ よく周りから「空気が読めない」「気がきかない」と言われる

✓の数　　　　個

CHECK LIST Ⓑ

- □ 世の中の常識、以前から守られてきたルールやしきたりを大切にするほうだ
- □ 「○○すべきだ」「○○でなければならない」という固定観念を持っている
- □ 正義感が強く、間違ったことが許せない
- □ 考え方や価値観が自分と違う人に対して違和感を抱いている
- □ 「自分が正しいと思っていることが、正しく守られていない状況」に対して腹が立つ
- □ 公務員や学校の先生をよい仕事だと思っている
- □ 会社が決めたことや上司が決めたことはできる限り守る
- □ 周りから「融通がきかない」「頑固だ」と言われたことがある
- □ 会社や学校の先輩に対して敬意を払う
- □ 格安のものを購入することに抵抗感がある
- □ 家族で定期的に食事をするほうだ
- □ 人間関係は、仕事でもプライベートでも必要以上に広げないほうだ

✓の数　　　　個

CHECK LIST Ⓒ

- □ 大声で怒れば、相手がひるみ、自分が優位な立場に立てると思っている
- □ 相手が自分の敵か味方かを常に気にしている
- □ 何をするときも、勝ちか負けか、得か損かにこだわる
- □ スポーツは「結果」がいちばん大事だと思う
- □ ひそかに劣等感を抱いている
- □ 学歴や肩書き、家柄などにこだわるほうだ
- □ 対人緊張が強く、議論をしたり話し合いをしたりするのが苦手だ
- □ 責任を追及されるのは苦手だ
- □ 自分の親は高圧的であったと思う
- □ 情や義理に厚く、恩義で人を縛ろうとする
- □ 自分の弱みは、絶対に他人に知られたくない
- □ じつは「承認欲求」が強く、他人や社会から認められたい気持ちが強い

✓の数　　　　個

CHECK LIST D

- □ 嫌だということがあっても、感情をすぐに表に出さず、少しずつ怒りをためる
- □ ちょっとしたことで落ち込みやすい
- □「ああすればよかった」「こうすればよかった」と、事あるごとに後悔するほうだ
- □ 忍耐強く、コツコツと努力することが大切だと思っている
- □ わりと責任感が強いほうだ
- □ 人から頼まれると断れず、ついつい仕事などを抱え込んでしまう
- □「自分ばかり損をしている」と思うときがある
- □ 物事がうまくいかないと、（自分が悪くなくても）自分を責めてしまいがちだ
- □ 人間関係での争いごとはできるだけ避けたい
- □ 周りの空気を読み、人の目を気にして、他人に同調して行動することが多い
- □ 物事がうまくいかないと、不眠になったり体調が悪くなったりする
- □ 仕事であまりにつらい状態が続いたら、いきなり休職してしまうかもしれない

✓の数　　　　個

CHECK LIST Ⓔ

- □ 怒りを感じたとしても、感情に動かされず、論理や合理性を優先する
- □ 論戦では、誰にも負けない自信がある
- □ ミスの多い人に対してイライラすることが多い
- □ 感情や情《なさけ》に流されるのは、みっともないことだと思っている
- □ ときには冷徹な判断を下すことも必要だと思う
- □ これまで仕事をしてきて「自分のことを恨んでいる人」もいると思う
- □ 自分は「物事を客観的に見られる人間」だと思っている
- □ 行動を起こすときは、まず考えて戦略を練る
- □ 自分ひとりで長い時間を過ごす場所を持っている
- □ 人から「協調性に欠ける」「周りのことを考えていない」と言われたことがある
- □ ケンカをすると決めたら、相手を徹底的にやっつける
- □ 部下や家族と意見が違ったとしても、最終的には自分ひとりで決断する

✓の数　　　　個

CHECK LIST Ⓕ

- □ 疑いの気持ちをふくらませやすく、ちょっとしたことで人を疑ってしまう
- □ 根深い怒りを抱えていても、簡単には表に出さない
- □ 過去の恨みごとをずっと持ち続けるほうだ
- □ 恋人やパートナーが「浮気をしているのではないか」と疑っている
- □ 何か問題が起こると「周りが悪いせいだ」「社会が悪いせいだ」と思ってしまう
- □ 自信家で「自分が負けるわけがない」と思っている
- □ テストやスポーツ競技は、終了時間ギリギリまであきらめないでがんばる
- □ 自尊心が強く、とっつきにくいため、仲の良い友人ができにくい
- □ 自分が相手から拒否されることに敏感だ
- □ 普段はおとなしいが、何かをきっかけに突然豹変して感情を爆発させることがある
- □ クレームをつける場合は徹底的にやる
- □ ＳＮＳで匿名の投稿をし、自分の考えを主張したり他人を攻撃したりすることがある

✓の数　　　　個

✓がもっとも多いのはA～Fのどれでしょうか。71ページで自分の「怒りのタイプ」を確認してみてください。

各タイプの特徴や傾向については、のちほど第2章でくわしく説明します。

はじめに

怒りで後悔しないために

私は精神科の医師です。

日々、数多くの患者さんの心身の不調や悩みをお聞きし、さまざまな症状に対して回復のお手伝いをしています。

診察室を訪れる患者さんの中には、

「自分が怒ったせいで大切な人間関係を台無しにしてしまった」

「部下への怒り方がわからない」

「他人に怒られるのが怖くてたまらない」

といった怒りにまつわる相談をする方も少なくありません。おそらく、過去、怒りによって手痛い失敗をして、その後悔の念もあって、怒りにどう対応すればいいのかがわからなくなってしまったのでしょう。

こうした患者さんの多くは「自分の中の怒りを抑える方法を教えてください」「人の怒りに触れずに済む方法はないのでしょうか」といった質問をする傾向があります。

しかし――。

精神科医として言わせてもらうと、**怒りという感情は、単に「抑えたり避けたりしていれば、それでいい」というものではない**のです。

のちほどくわしく説明しますが、怒りは人間にもともと備わっている感情であり、人が自分の身を守って生命活動を存続させていくのに欠かせない情動反応です。状況によりけりですが、自分の立場をよくしたり自分の陥ったピンチを打開したりするために、**積極的に「怒ったほうがいい場合」もたくさんあります**。

多くの人は怒りに対して「表に出すのを抑えるべき感情」「争いや揉め事を生み出す嫌悪すべき感情」といったレッテル貼りをしがちですが、必ずしも常に悪い結果ばかりにつながるとは限りません。

もちろん、怒る必要がないのなら、怒らないに越したことはないでしょう。でも、多くの人とつながりつつ人生を送っていれば、「ちゃんと怒らなくてはならないとき」や「怒ったほうがよい関係を築ける場合」がけっこうあるもの。そういうときに「怒りを抑えよう」「怒りを避けよう」という考えにばかり縛られていると、かえって損をするような結果を招きかねません。

ですから、怒る必要があるときには、上手に怒りの意思を表明していくことをおすすめします。

こうした怒りに対する考え方・取り組み方は、精神医学や心理学の世界では「アンガーマネジメント」と呼ばれています。

「アンガー」は怒り、「マネジメント」は管理を表し、簡単に言えば、「怒りの感情を自分で管理しながら、怒る必要があるときには上手に怒り、怒る必要がないときには怒らずに済ませるようにしていきましょう」というメソッドです。

アンガーマネジメントは「怒らないこと」を目的とするものではありません。怒るべきか、怒らずに済ませるべきか、そのときそのときの状況に応じて使い分けて、怒りという感情を上手に管理活用していくことが目的です。

私は、「怒りを上手に扱える」ということは、人間のさまざまな資質の中でも非常に価値の高いもののひとつだと考えています。実際に、社会や組織の中で「上に立つ人」はこの資質を備えていることが多いようです。もっと言えば、怒りをうまくマネジメントしながら人間関係を上手にさばいていける人が、社会の中で信頼を得て、成功していくケースが目立つのです。

　怒るべきときは怒り、怒るべきでないときは怒りを抑えるコツを身につければ、みなさんの日常はよりいっそう平和で落ち着いたものとなっていくでしょう。また、そのマネジメントスキルをこれからの人生にうまく活かしていけば、成功や幸せを招き寄せることもできるはずです。

　ぜひ、本書を読んで、怒りの感情をしっかりマネジメントする方法を手に入れていってください。

目次　精神科医が教える後悔しない怒り方

第1章 あなたの怒りには理由がある

第3章

イライラ、ムカムカを平常心に変える方法

第4章 怒り方にはコツがある

第1章

あなたの怒りには理由がある

「怒りのメカニズム」を把握しよう

怒りの感情をどう扱えばいい？

誰にでも怒りの感情はあります。

ただ、その感情の出し方はその人その人によって大きく違います。

いつもイラつきながら目を吊り上げている人もいますし、不当な目に遭っても憤懣《ふんまん》をグッとこらえて表に出さない人もいます。他人を大声で怒鳴り散らして平気な顔をしている人もいれば、ほんのちょっと言葉を荒らげてしまっただけで「あんなこと言わなきゃよかった」と後悔する人もいます。

きっと、過去に自分が怒ったときのさまざまな失敗を思い出して、「これからはできるだけ怒らないようにしよう」と考えている人もいるでしょう。しかし、そう思ってはいても、怒りを抑えられないことがあるものです。そんなとき、「いったいどうすれば、自分の感情を抑えて怒らずに済ますことができるんだろう」という思いをつのらせている人も多いのではないでしょうか。

それに、どうしても他人を怒らなければならないときもあります。そんなとき、「いったいどう怒れば、相手を傷つけたり反感を買ったりせずに済ますことができるのだろう」という心の迷いを抱えながら怒ったり叱ったりしている人もいることでしょう。

とりわけ最近は、誰かを怒るにしても怒りを抑えるにしても、なかなか一筋縄ではいかなくなってきています。

たとえば、ちょっときつく叱っただけで「パワハラだ！」と訴えられたり、軽く注意しただけなのに突然キレられたり……。

怒るのも怖いし、怒らずにいるのも怖い……。

そんな思いに心当たりがあるみなさんの中には、「怒りの感情をどう扱っていけばいいのかわからなくなってきた」と感じている方もいらっしゃるのではないでしょうか。

怒りの扱いには「怒りの抑え方」と「怒り方」の2つの側面があります。

もっとも、怒りの感情コントロールという面で言えば、この両者はコインの表裏のようなもの。これらは表裏一体で、怒り方がうまい人は怒りの抑え方もうまいし、怒りを抑えるツボを心得ている人は怒り方のツボも心得ているものなのです。

すでにお気づきだと思いますが、怒りの感情をとりまく社会状況は、昔といまとでは非常に大きく変わっています。

たとえば、昭和の頃は相手にストレートに怒りをぶつけても、そんなに問題になることはありませんでした。自分のやり方や考え方を多少相手に押しつけることになったとしても、お互いに感情をぶつけ合って腹の内を見せ合えば、いつかはちゃんとわかり合えるといった共通認識があったのです。

典型的なのは、漫画『サザエさん』の波平さんが顔を真っ赤にして「こらー！　カツオー！」と声を張り上げるような怒り方です。波平さんが激しく怒るのは、「相手のことを思っての行動」であり、もちろんカツオくんもそれをわかっています。だから、上から首根っこを押さえつけるような怒り方をしても何ら問題なかったわけです。

しかし、時代は大きく変わりました。もう昔のような怒り方は通用しません。

人間関係のあり方は時代とともに変わります。怒りの表し方や怒りの抑え方も時代とともに変わっていくものなのです。

リアルでのストレスをネットに吐き出す人たち

先ほども述べたように、いまはちょっと強い態度に出ただけで「○○ハラスメント」だと指摘されることもある時代です。そういう状況下では誰しも他人とコミュニケーションをとるのに慎重にならざるを得ません。

普段の社会生活で、意識して自分の感情を表に出すのを控えたり、相手をヘタに刺激しないように距離をとったり、相手との会話であまり深入りをしないように気をつけたりしている人は多いはずです。

ただ、そうやって他人を警戒してばかりいると、コミュニケーション不足から、人間関係が希薄になって、親ぼくを深めたくても深められなくなってきます。それに、日々言いたいことも言わずに我慢をして自分の中の感情を抑えつけていると、かえってストレスがたまってくることが多いのです。

そして、いまの時代、そうした怒りや不平不満、ストレスなどの「うっ憤のはけ口」となりつつあるのが「ネット世界」なのです。

とくに匿名で投稿をすることができるSNSサイトでは、怒りや憤懣などの感情がエスカレートするあまり、しばしば口汚い言葉が跋扈《ばっこ》する状況が起こりがちになります。匿名で自分の安全性が保たれていると、ためらいなく他人を攻撃したり誹謗中傷したりする行為に走る人が少なくないのです。

なかには、勤務先ではおとなしく目立たない人が、ネット世界で別人のように攻撃的に振る舞っているようなケースもあります。

もちろん、これは極端なケースであり、SNSをしてはいてもこうした匿名投稿はしないという方々が大多数なのでしょう。ただ、リアル世界では自分の感情をろくに表に出さず、ネット世界で自分の中のうっ憤を発散するような二面性を持つ人は確実に増えています。

その結果、「怒りの感情をどう取り扱っていけばいいか」という問題がさらにややこしくなっているのです。

おそらく、いまは「怒りという感情が見えにくいところで暴走している時代」なのでしょう。

言葉を荒らげたり暴力に訴えたりする人は減り、みんなが「怒ったりなんかしないよ」という物わかりのいい顔をするようになりました。

ただ、怒りの感情がきれいに消え去ることはありません。その感情は個々人の胸の中でくすぶり続け、人目につかない「見えにくいところ」で息を吹き返しているのではないでしょうか。普段、縄で縛るように感情を抑圧している分、そこから解かれて「思う存分にさらけ出せる」というシチュエーションになると、好き放題に感情を暴走させてしまうのかもしれません。

このように怒りを扱うのがむずかしい時代になったからこそ、わたしたちは怒りという感情をうまくコントロールしつつ、上手な扱い方を身につけていくべきなのです。

それには**「怒りにタイプがあると知ること」**と**「怒りをコントロールするスキルを持つこと」の2つが重要になる**と私は考えています。

そして、それらの基本として、怒りという感情がどのようにわたしたちに湧き起こってくるのか、という「怒りのメカニズム」を知っておくことは有効です。

読んで知るだけでもコントロールが可能になる

精神科医として言わせていただくと、怒りの感情の扱い方に悩む人にとって、自分に怒りが湧いてくるメカニズムを知ることには、じつは大いに意義があります。

本を読むなどして、あらかじめ**怒りの感情が自分に湧いてくる仕組みや理由などを**

理解しておくことで、怒りがどんなに高まっても、それが爆発して暴力に発展する、物を壊す、という大事にまでは至らずに済むようになるものです。

知識を持っておくだけでも、怒りを防止する、阻止することが可能になるというわけです。

ただし、分厚い専門書を読むことは決しておすすめできません。読むのなら、本書のような一般の方に向けて書かれた本をおすすめします。

なぜなら、分厚い専門書には当然、さまざまなことが書かれています。書かれすぎている、といってもいいでしょう。

しかし、それをすべて正しく理解することは当然、専門家でもない限りなかなかむずかしく、読んでさまざま知ることで、かえって不安になってしまう方も多いからです。

たとえば病院を訪れる患者さんの中には、医学書を読んで診察に臨まれる方もいます。すると、専門書には治療に用いられる薬について極めてまれに起きる副作用までも記されています。その知識があるゆえに、薬を飲むのが怖くなってしまうということがあるのです。

もちろん、頻繁にあるような副作用は知っておいたほうがいいでしょう。しかし、あまりにもまれな副作用まで知っていると、その知識が逆効果となってしまうわけです。

ですから、専門書ではなく、あくまで一般向けに書かれた本をていねいに読むのが原則です。

怒りをマネジメントしていくには、まず「怒りという感情がどういうものか」をよく知らなくてはなりません。これから、その特徴やメカニズムを学んでいくことにしましょう。

怒りは「生き残り」に欠かせない感情

ひと言で言えば、怒りの感情は「警報ブザー」のようなものです。

それは、動物が生存競争の中で生き残っていくための「危機管理システム」として搭載された警報ブザー。この警報ブザーが搭載されているのはヒトだけではありません。感情がある動物、たとえば、イヌやネコなども腹を立てると、唸り声を上げたり歯をむき出したり体毛を逆立てたりします。そうした行動も、危機管理システムを働かせて怒りという警報ブザーを鳴らしているわけです。

多くの場合、警報ブザーが鳴らされるのは、自分の身が「危険にさらされたとき」です。自分と敵対する何者かに出くわしたり、誰かから侮辱されたり、危害を加えられそうになったりして、「うわ、困ったことになりそうだぞ！」「さあ、この状況を何とかして打開しなくちゃならないぞ！」という**ストレス状況に陥ったときにブザーが**

鳴らされて、「怒り」が湧き起こってくることになります。

ブザーが鳴らされると、心身はその状況を回避しようとしてスクランブル態勢をとるようになります。つまり、自律神経が「戦闘モード」に切り替えられるのです。すると、心拍数や血流が上がり、アドレナリンやノルアドレナリンなどの精神を攻撃的にシフトするホルモンがさかんに分泌されて、目の前のピンチを乗り越えるための臨戦態勢が敷かれます。言わば、自分の戦闘レベルを引き上げようと、心と体にどんどん薪をくべて、さかんに焚《た》きつけるわけですね。

そして、怒りの感情は、こういった危機が迫った際に自分の身を守り、確実に生き残っていくために、ごく自然に湧き上がってくるものと考えられています。

危険が目の前に迫ったストレス状況下において、とられる行動は基本的に二者択一で、それは、「闘争」か「逃走」かのどちらかです。

危険をもたらす相手に対して闘いを挑むか、それとも、その相手から逃げ去ってしまうか。自分の身を守って生き残っていくために、どちらかの行動が選ばれます。

オスネコ同士のケンカなどを見ていても、最初のうちはお互いに怒りをむき出しにして威嚇し合っています。そのうちに火ぶたが切られ激しい闘いが始まることもありますが、一方が一目散に逃げ去っていくこともあります。動物たちのそうした行動は「闘争か逃走か」の典型であり、怒りという感情のもともとの姿がよく表れているのではないでしょうか。

もし怒りという警報ブザーがちゃんと働かなかったらどうなるか？　野生動物ならあっという間に他の獣の餌食になってしまうし、人間だって闘いも逃げもせずまったく怒らずにいたら、より強い人間の〝餌食〟になってしまうかもしれません。怒らない人は、強い立場の人間の言いなりになりやすいのですが、組織や社会の中でそういう人から嫌な目に遭わされたり、いいようにこき使われたりしたらたまりませんよね。

ですから、人間にとっても、怒りは生きていくうえで欠かせない感情なのです。この世の中でより確実に生き残っていくために、もともとわたしたちに組み込まれている生存本能だと言ってもいいでしょう。

そして、このような本来的な部分に立ち返れば、「怒りの感情を顔や言葉で表すことを別にそんなにマイナスに捉えなくてもいい」ということがおわかりいただけるのではないでしょうか。

だから、無理に抑えたり避けたりすることはありません。むしろわたしたちは、「自分が生き残っていくために必要なことなんだから、**怒るべきときは胸を張ってちゃん**

と怒ろう」というくらいに考えていくほうがいいのではないでしょうか。

怒りを無理に我慢すると寿命に影響する

じつは、怒りを無理に抑え込んでしまうと、体に悪影響があります。

怒りの感情が湧くことによって、具体的に体にどんな変化が起こるかというと、次のようなことが挙げられます。

- 血圧が上がる。
- 心拍数が上がる。
- 手のひらにじっとりとした脂汗をかく。
- 聴覚が高まり、物音がよく聞こえるようになる。
- 視覚が高まり、遠くまで見えるようになる。

つまり、血管、脳、心臓などに急激な影響を与えることになるわけです。
怒りを吐き出すなどして解消することができれば、まもなくこの変化は平常に戻るでしょうが、**怒りをまったく解消できないまま無理に抑え込んでしまえば、血管、脳、心臓に負担のかかる状態を長引かせる**ことになります。

そして、こういう体に負担のかかる状態を頻繁に繰り返していると、寿命を短くするリスクがあるというわけです。

また、怒りによってストレスが高まると、免疫機能が弱まります。それにより感染症にかかりやすくなったり、悪性腫瘍ができやすくなったりして、いつ病気になってもおかしくない状態に常に置かれるようになってしまいます。

短気で怒りっぽい人は、その都度適切に発散しておかないと、まさにこの体によくない状態を繰り返すことになるため、要注意です。

もし、怒りを抑え込もうとしたときに、手のひらがじっとりと汗ばんできたら、それは怒りを我慢することなく吐き出したほうがいい、というサインだと考えてもいいかもしれません。

このように、怒りを我慢すると体を害することは明白なので、怒りを何らかのかたちで吐き出すことをおすすめします。吐き出し方については、第2章と第4章で説明します。

自分の寿命を縮めてまで、怒りを我慢する必要はありません。

怒りを招く3つのトリガー「シュド」「ウォント」「エンヴィ」

怒りは基本的には自分の身が危機にさらされたときの反応として湧いてくるものですが、大脳を高度に発達させてさまざまな感情を操っている人間の場合、誰かと争ったり自分がピンチになったりしたときにだけ怒るとは限りません。

不満、羨望、欲望、孤独、不安……人の怒りはこうしたいくつもの感情が複雑に交錯する中、多様なシチュエーションで生じることになります。

もっとも、どういう状況で怒りが生まれやすいかを分析していくと、だいたいのパターンが見えてきます。

私は怒りが生じるきっかけは、おおまかに次の3パターンに集約されるのではないかと考えています。

❶「○○すべきだ」「○○であるべきだ」
という気持ちが裏切られたとき
⬇ シュド（Should）

❷「○○したい」「○○が欲しい」
という欲求が叶わないとき
⬇ ウォント（Want）

❸ 他人と自分を比較して、
うらやみ、嫉妬、ねたみなどを感じたとき
⬇ エンヴィ（Envy）

❶の「○○すべきだ」「○○であるべきだ」は「シュド（Should）」で表されます。❷の「○○したい」「○○が欲しい」は「ウォント（Want）」、❸のうらやみ、嫉妬、ねたみなどは「エンヴィ（Envy）」という単語で表現されます。

すなわち、**怒りの感情は「シュド」「ウォント」「エンヴィ」の3つをきっかけに生まれることが多い**と私は考えているのです。

では、これらにとらわれているとどうして怒りが生まれやすくなるのか、3つのパターンをそれぞれ説明していくことにしましょう。

「こうあるべきだ」に縛られる人々の怒り

まず、❶の「シュド」です。

誰しも「〇〇すべきだ」「〇〇であるべきだ」という自分のルールを持っています。

きっと、みなさんも「遅刻はしないようにすべきだ」「締め切りは守るべきだ」「電車内では静かにすべきだ」「目上には必ず敬語を使うべきだ」といった自分なりのルールを持って生活していることでしょう。そして、自分自身では日頃からそのルールを極力守るようにしているのではないでしょうか。

でも、「こうあるべきだ」という自分にとっての大切な決まりを、平気で破る人がいたらどうでしょう。

おそらく、怒りが湧いてくるのではないでしょうか。

新型コロナウイルスの影響で「不要不急の外出の自粛」が叫ばれていたときも、自粛をせずにパチンコ店へ行ったり、休業要請が出ている中で店を営業し続けたりしていることに対して怒りの矛先を向ける人々が続出しました。

つまり、人は「自分が大切にしているルール」や「自分が正しいと考えている決まり」を他人が破ると、強い怒りを感じるものなのです。

とりわけ、怒りっぽい人は、自分の「こうあるべきだ」というルールを絶対視している傾向があります。

「自分のルールが絶対に正しいに決まっている」という思い込みが強いため、そのルールが誰かによって破られると、一生懸命大切にしてきたことが軽んじられたような気持ちになって一気に怒りに火がついてしまうわけです。

何を正しいと思っているかは人それぞれです。

もちろん、ルールを破った人にもそれなりの考えや事情があるでしょう。しかし、「こうあるべきだ」というルールを絶対視している人は、そんな他人の事情はおかまいなしに、相手の言い分も聞かずに注意をしたり抗議をしたりする傾向があります。

なかには、相手を「悪者」と決めつけて怒鳴りつけるようなケースも少なくありません。

また、「こうあるべきだ」の考え方に縛られている人には、「世の中の常識」や「社会的正義」「大多数に受け入れられるであろう正論」を振りかざす傾向も目立ちます。

「みんながこうあるべきだと思っているルールなんだから、自分が正しくて、破ったやつが悪いに決まっている」というわけです。

そして、このような「常識」「正論」「正義」などの大義名分を味方につけていると、**より細かいルール違反が許せなくなってくるうえ、気が大きくなって自分の怒りをよ**

りいっそうエスカレートさせてしまうことが多いのです。

ときには、「みんなが迷惑しているんだから、代表して自分がこらしめてやる」「正義の名のもとに制裁を加えてやる」といったように、怒りを暴走させてしまうこともあります。新型コロナウイルスの外出自粛期間中に社会問題となった、いわゆる「自粛警察」の人たちの行きすぎた行動の背後にも、こうした怒りが潜んでいたケースがあったのではないでしょうか。

このように、「〇〇すべきだ」「〇〇であるべきだ」と常日頃から「シュド思考」に縛られていると、怒りの感情に駆られやすくなるのです。

このタイプの怒り方をする人は多数いるので、後の章で改めてご説明することにしましょう。

欲求が叶えられない怒りをつのらせる人々

次は、❷の「ウォント」です。

欲しいものがなかなか手に入らなかったり、やろうと思ったことができなかったり、行こうとしたほうへ行けなかったり……物事が自分の思い通りに進まないと、往々にして人は怒りを覚えるものです。

わかりやすい例を挙げれば、赤ちゃんや幼児は自分の欲求が叶えられないと、わんわん泣いて怒りを訴えますよね。欲しいおもちゃを与えてくれなかったり、食べているものを取り上げられたり、庭に出て遊びたいのに出してもらえなかったり……幼い子は自分の欲望に正直ですから、その欲望が思い通りに満たされないと、怒りや不満を隠すことなく表現するのです。

大人の場合は、世の中には期待通りにならないことが多いと知っているため、子どものようにあからさまに怒ったり泣いたりする人はそうはいないでしょう。ただ、大人でも自分の欲求が満たされないときに、イライラしたり文句を言ったりしているケースは決してめずらしくありません。

たとえば、みなさんはレストランで注文した料理がなかなか来ないとき、イライラしたり店員に文句を言ったりしたことはありませんか？

行列に2時間も並んで買おうとしたものが自分のすぐ前の人で完売になってしまったら、不満の表情をありありと浮かべませんか？

このように考えると、わたしたちは日々の生活の中で意外に「ウォント」が満たされずに怒りを表現しているものなのです。

それと、**他人から認められたいという「承認欲求」が強い人も、不満や怒りをふくらませやすい傾向があります。**

「他人からもっと評価されたい」「自分をもっと認めてほしい」という「ウォント」の気持ちが強いのに、期待通りにいかず空回りしてしまっているわけですね。最近ではSNSなどでアップした写真や文章に、なかなか「いいね」がつかなかったり閲覧数が伸びなかったりして、思うように評価されず、不満や怒りをつのらせている人も少なくないようです。

「○○したい」「○○が欲しい」といった気持ちが強いと、人間はその思いが叶わなかったときにイライラしたり怒ったりしやすくなるものなのです。

うらやみ、嫉妬、ねたみの怒りを蓄積する人々

そして、❸の「エンヴィ」です。

誰にでも、うらやみ、嫉妬、ねたみなどの感情があります。通常、こういった気持ちを抱くのは「恥ずべきこと」「慎むべきこと」とされているため、あまり表立って語られることはありませんが、人間社会の中で暮らしていれば「あって当たり前の感

情」だと言っていいでしょう。

なぜなら、多くの人の中で暮らしていれば、誰しもおのずと他人と自分とを比較してしまうからです。

すなわち、「あの人はみんなから大事にされているのに、自分は大事にされていない」「隣の人は裕福でいつも幸せそうなのに、ウチは生活に余裕がなく不幸だ」「あの人は異性からちやほやされるのに、自分は誰からも見向きもされない」といったように、他人と自分との扱われ方や境遇を比べ、自分のほうが低く見られていたり、自分のほうが恵まれていなかったりすると、「エンヴィ」系の怒りを感じることになるわけです。

もっとも、このタイプの怒りは、**あまり顔や言葉に出されないまま、心の内に蓄えられていく傾向があります**。つまり、うらやみ、嫉妬、ねたみなどの感情を「根に持つ」ことになるわけです。

なかには、こうした感情を薄れさせることなく、長期間にわたって怒りを持続させている人もいます。また、何らかのあつれきやいざこざがあったときに、表面上は「全然平気だし、怒ってないから気にしなくていいよ」などと言ってはいても、心の中では怒りを煮えたぎらせているような人もいます。そのため、根に持つタイプの怒りは扱いがむずかしいのです。

ただ、人間はどうしても他人と自分を比べてしまう動物です。**比較が避けられない以上、わたしたちの心から「エンヴィ」系の怒りが消えることはない**と言っていいでしょう。

このように、わたしたちが怒りにとらわれる場合、「シュド」「ウォント」「エンヴィ」の3つがきっかけになっていることが多いのです。

怒りを生み出す扁桃体、暴走を抑える前頭葉

ここで少し、怒りの脳科学的なメカニズムについてお話ししておきましょう。

怒りの感情がどこで生み出されているのかをご存じですか？　それは、脳の内部の「扁桃体」という場所です。

扁桃体は脳において、怒り、不安、好き嫌い、不快、恐怖、緊張などの情動反応を処理している場所です。とくに、ストレスを受けた際に嫌悪感、憎悪、憤怒、不満、不安などのマイナス感情を高めやすく、こうした情動反応によって扁桃体が興奮してくると怒りに駆られやすくなるわけです。

つまり、ちょっとしたことでキレやすい人、すぐにカーッとなりやすい人は、扁桃体が興奮しやすい傾向があるのです。しかも、扁桃体はその興奮をエスカレートさせやすいという特徴を持っています。

これは、最初のうちはちろちろと小さく火が燃えているくらいであっても、興奮がエスカレートしてくると、どんどん怒りの火が大きくなって、やがて止められないほどの勢いになるということ。つまり、我を忘れて怒鳴り散らしたりケンカをふっかけたり暴力を振るったりといったときは、扁桃体が大興奮して暴走しているような状態になっているのです。

ですから、怒りをうまくコントロールしていきたいのであれば、**扁桃体の興奮を抑え、暴走を食い止めていく必要がある**ということになります。

怒る、怒らないは、脳内の「綱引き勝負」で決まる

では、いったいどうすれば扁桃体の興奮を抑えられるのでしょうか。

じつは、わたしたちの脳にはちゃんと「抑え役」を受け持つ担当者がいるのです。それが「前頭葉」です。前頭葉は「前頭前野」とも呼ばれ、脳全体の司令塔の役割を担っています。

ここでは、人間の意思や行動を状況に応じてバランスよくコントロールしていて、思考、判断、理性、分別、意欲、創造、認知など、人間ならではの高次元な機能が取

り扱われています。

なかでも、怒りの抑制に欠かせないのが理性や分別です。つまり、扁桃体において怒りの感情が爆発しそうになったとき、その感情をこらえて事を荒立てずに済ませることができるのは、前頭葉が理性的な判断や分別のある判断を下して冷静にコントロールをしているおかげなのです。

要するに、扁桃体が興奮して怒りで突っ走りそうになると、すかさず抑え役の前頭葉が出てきて怒りを静めるようになだめすかし、扁桃体を落ち着かせるわけですね。これは、扁桃体と前頭葉とで「綱引き勝負」をやっているような図式を思い浮かべるとわかりやすいのではないでしょうか。

言わば、「怒るか／怒らないで済ませるか」を決する綱引き勝負です。

勝負において扁桃体側が優勢になれば、「オラ、テメエ、ナメてんじゃねーぞ！」といった具合に怒りがどんどん大きくなりエスカレートしていってしまうことになります。一方、前頭葉側が優勢になれば、「まあ、ここは抑えて抑えて、お互い大人なんだし、周りの人にも迷惑だし、冷静になって良識のある対応をしようよ」と、怒りを収束させるほうへと傾いていきます。

ですから、怒りという感情をうまくコントロールしていきたいならば、**前頭葉の機**

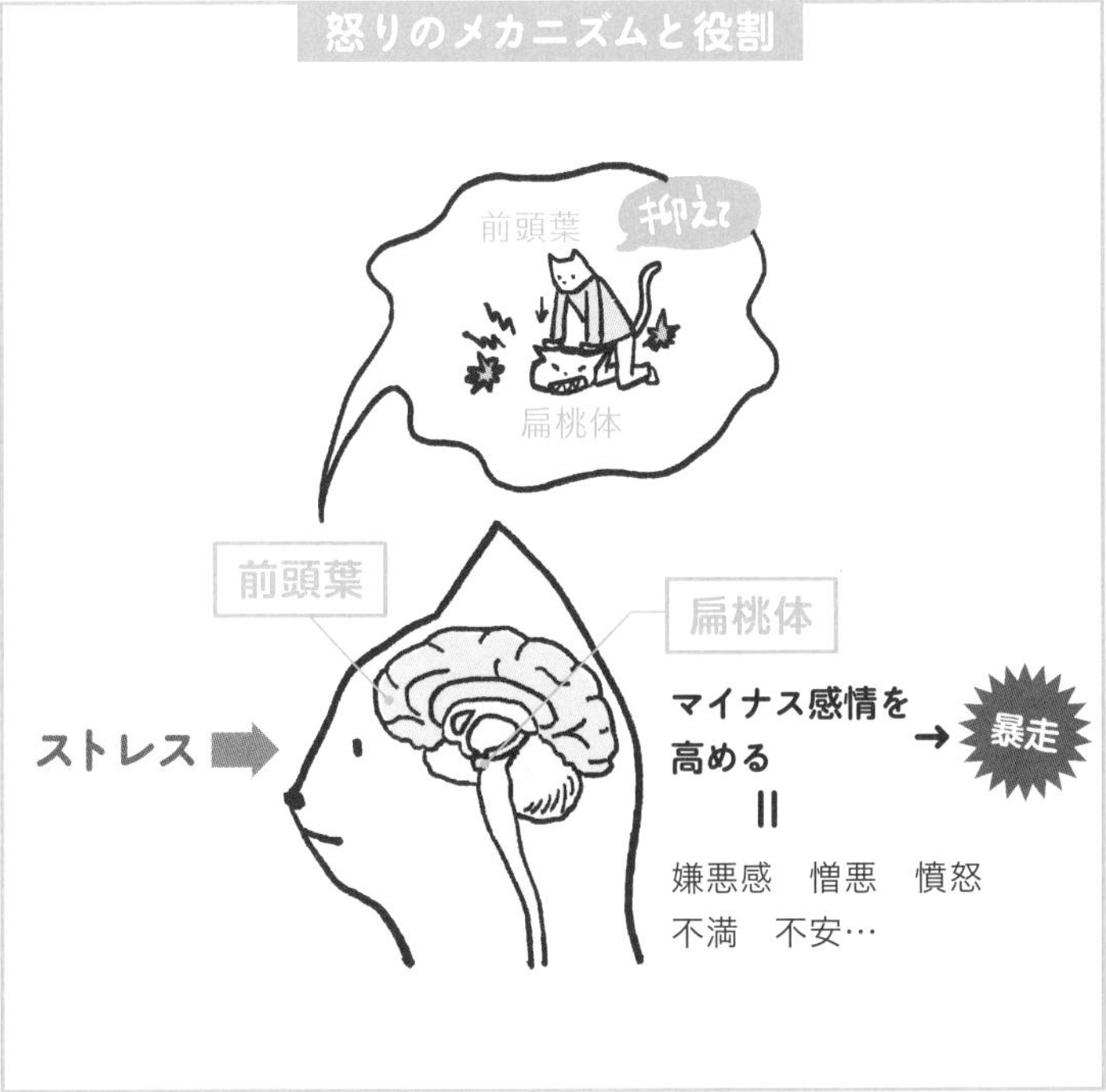
怒りのメカニズムと役割
前頭葉
抑えて
扁桃体
前頭葉
扁桃体
ストレス
マイナス感情を
高める
暴走
＝
嫌悪感　憎悪　憤怒
不満　不安…

抑えて
抑えて
頭にきた！
前頭葉
扁桃体

能をしっかり維持して、理性的な判断、分別ある判断を下す働きを衰えさせないようにする必要があります。そうすれば、綱引き勝負で前頭葉が勝ち、扁桃体が興奮して怒り出すのを抑えることができるのです。

脳が衰えると怒りっぽくなる

ところが、歳を重ねて高齢者と呼ばれるような年齢になると、だんだんこの綱引き勝負で扁桃体が優勢になり、前頭葉が負けてしまうことが多くなってきます。すなわち、扁桃体の勢いを抑えられず、ちょっとしたことで怒りに火がついてしまうことが多くなってくるのです。

これは、加齢による前頭葉機能の衰えが原因です。人間の脳は高齢になると少しずつ萎縮するのですが、その萎縮の進み方には特徴があり、前頭葉部分から縮み始めることがわかっています。この前頭葉萎縮によって感情抑制機能が低下し、次第に扁桃体の暴走を食い止める力が落ちてくるのです。

みなさんの周りにも、もしかしたら怒りっぽい高齢者がいらっしゃるかもしれません。なかには、「昔は穏やかで物わかりのいい人だったのに、高齢になるにつれて気むずかしくなってきて、近頃はちょっとしたことで声を荒らげるようになってしまった」といった方もいらっしゃることでしょう。

つまり、高齢になると怒りっぽくなる人が多いのは、前頭葉の機能低下が原因。前頭葉の感情コントロール力が落ち、「抑え役」が役目を果たさないまま、扁桃体を野放し状態で暴走させてしまうのが原因なのです。

では、前頭葉の機能を衰えさせないようにするには、いったいどうすればいいのでしょうか。それには、**日頃から「脳をよく使うこと」**が大事です。

とりわけ前頭葉は、目の前の状況をよりよくしていこうと試行錯誤するようなときによく使われます。たとえば、日々の人間関係に気を遣ったり自分の感情をコントロールしたりするのも、前頭葉を使った立派な脳活動です。

もちろん、怒りという感情を自分でうまくマネジメントしていこうとするのもいいトレーニングになるはず。ですから、これから述べる数々の怒りのマネジメント・ノウハウを日々実践する中で前頭葉をしっかり使ってみてはいかがでしょう。そうすればきっと、感情コントロール力をキープできて、ゆくゆくは歳を重ねても怒りっぽくならずに済むはずです。

怒りっぽい人とあまり怒らない人の違いとは

世の中には、瞬間湯沸かし器のようにすぐにヒートアップしてしまう人もいます。その一方で、怒りやイライラとはまったく無縁なのではないかというくらい、いつも穏やかな表情を浮かべている人もいます。

いったい、怒りっぽい人とあまり怒らない人とでは、何が違っているのでしょうか。まず、怒りやすいか怒りにくいかには、ストレスにどれくらい耐えられるかのキャパシティーが関係しています。

たとえば、わたしたちの脳の中にストレスをためるバケツがあるとしましょう。大きいバケツの人はストレスに対する許容量があり、多少のことでは怒りません。一方、小さいバケツの人はストレスに対する許容量がなく、ちょっとストレスを受けただけでバケツから感情をあふれさせてしまいます。つまり、小さいバケツだと怒りもあふれやすく、ちょっとしたことで腹を立てやすくなるわけです。

こうしたストレスに対するキャパシティーの違いは、遺伝の影響が大きいとされています。大きいバケツを持っているか、小さいバケツを持っているかは、生まれつき決まっているというわけですね。

なお、こうしたバケツの大きさ（ストレス耐性）は、脳内物質のセロトニンをどれだけ運べるかによって決まってくるという学説があります。簡単に紹介しておきましょう。

セロトニンは精神を落ち着かせて安定させる脳内物質です。セロトニンが少ないと、うつ病になりやすくなることがよく知られていますが、この脳内物質は「ストレスにどれだけ耐えられるか」「怒りや不安などの感情をどれだけ抑えられるか」といった問題にも深く関係しているのです。

このセロトニンは、「セロトニン・トランスポーター」というたんぱく質によって運ばれています。ただ、セロトニン・トランスポーターには3つの遺伝子型があり、どのタイプの型を持っているかで運べるセロトニンの量が決まってくるのです。

その遺伝子型は、簡単に言えば「セロトニンをたくさん運べる大バケツタイプ」「平均的なセロトニン量を運ぶ普通バケツタイプ」「セロトニンを少ししか運べない小バケツタイプ」の3つ。すなわち、運べる量が多いタイプはキャパシティーが大きくてストレスに強く、運べる量が少ないタイプはキャパシティーが小さくてストレスに弱いので、より感情をあふれさせやすいということになります。

ちなみに、**日本人には「小バケツタイプ」が多い**とされています。ちょっとしたことでイライラしたりクヨクヨしたり、ささいなことですぐカーッとなったりするのは、ストレス耐性が弱く、感情があふれやすいバケツを遺伝的に受け継いだ影響もあるのかもしれません。

怒りっぽい人は環境がつくる

ただし、こうした遺伝素因だけですべてが決まるわけではありません。

怒りっぽいかどうかに関しては、遺伝だけでなく、生まれ育った生活環境も大きく影響しています。

たとえば、子どもの頃の家庭環境。幼少時代に親から暴力を受けて育った人は、大人になってから自身も暴力を振るう傾向があります。また、職場や家庭で自分の境遇に不遇感や不満感を抱えている人は、「どうして自分ばかりこんな目に遭うんだ」といった思いをふくらませやすくなりますし、社会生活で疎外感を感じている人は「どうして自分はのけ者にされるんだ」といった思いをつのらせやすく、世間や社会に対して不満や怒りを抱えるようになる傾向があります。

それに、経済面の影響も無視できません。近年はじわじわと経済格差が広がってきていて、経済的に苦境に立たされる人が増えています。そういう人々の中には、やり場のない怒りや不満を抱えている人も多いでしょう。

このように、怒りっぽさには、**その人がどんな環境で生まれ育ったか、その人がどんな環境で生活を続けてきたかも大きく影響する**ことになります。

こんな食生活で人は怒りっぽくなる

さらに、食生活の影響も見逃せません。

人は、**タンパク質が少なく、糖質が過剰な食事を一度にたくさんとると、怒りやすい状態になります**。また、そういった食生活を続けることで怒りっぽい人になる、と言えます。

先ほど、ストレス耐性や、怒りや不安の抑制にセロトニンという脳内物質が関係しているとお話ししましたが、タンパク質にはそのセロトニンの原料となるトリプトファンが含まれています。

よって、タンパク質の欠乏は、セロトニンを減少させ、落ち込みやイライラを起こしやすくするのです。つまり、タンパク質の摂取量が少ない人は、イライラしやすい、怒りっぽい、というわけです。

トリプトファンは肉類に多く含まれています。ですから、イライラしたり怒りっぽくなったりしないためには、日頃からタンパク質を多く含む肉類を食べればいいわけです。

しかし、トリプトファンには悪玉コレステロールを増やすリスクもあります。そのため、魚や卵、大豆などもバランスよく食べることが必要です。青魚には、善玉コレステロールを増やし、動脈硬化や心筋梗塞を防止するオメガ3系脂肪酸がたくさん含まれていることが知られています。

なお、トリプトファンからセロトニンを合成するためには、葉酸、鉄、ナイアシン、ビタミンB_6などが必要です。

また、糖質の過剰摂取が血糖値を急上昇させることにも気をつけたいものです。

それによりインスリンの過剰分泌が引き起こされ、その結果、低血糖状態を招き、動悸、頭痛、イライラ、不安といった症状が出やすくなります。

血糖値の急激な変化を防止するには、食事の回数を増やすことが効果的です。一日に一食や二食といった食事回数によって血糖値の変動が激しくなることもわかっています。

糖質が過剰になりやすい食べ物としては、白米、白パン、ケーキ、ドーナツ、果物ジュース、お好み焼きなどが挙げられます。これらを食べるときには、食物繊維が豊富な野菜を食べることで血糖値の急上昇を防止することができます。

つまり、血糖値の上昇は、食事をとる順番で抑えることが可能です。野菜→タンパク質→ご飯の順序で食べるとよいでしょう。

イライラを予防する栄養素とは

イライラやうつなどの症状の防止に関係する栄養素には、ビタミン（ビタミンD、ビタミンB_1、ビタミンB_6、ビタミンB_{12}）、ミネラル（鉄、葉酸）、アミノ酸（トリプトファン、メチオニン、チロシン）、脂肪酸（DHA、EPA）があります。これについて少し説明しておきます。

葉酸

不足しがちな人が多い栄養素です。

野菜やレバーなどをあまり食べないという人は要注意です。

アミノ酸

神経伝達物質となるものや神経伝達物質の材料となる物質です。トリプトファンは、セロトニンや睡眠に関わるメラトニンの原料となり、トリプトファンが減少すると、うつ状態が悪化する傾向にあることが知られています。

トリプトファンをとるためには肉や魚、大豆などをしっかり食べることが重要です。

魚由来の脂肪酸

DHA、EPAは、マグロ、ハマチ、イワシ、ブリ、サバ、サンマ、ウナギなどに多く含まれています。これらが不足すると、動脈硬化や心筋梗塞になりやすいことが一般的にも知られています。また、うつ状態になりやすいこともわかってきました。

怒りにうまく対処するための3つの基本ステップ

怒りという感情を扱っていくうえで、まずいちばんに気をつけなくてはならないことは何でしょう。

それは、衝動的にならないことです。

みなさんの中にも衝動的な怒りに駆られて失敗をしてしまった経験を持つ方が多いのではないでしょうか。

仕事関係でも友人関係でも、衝動に駆られてキレたり怒鳴ったりしてしまうのはよくありません。カーッとなって怒鳴ってしまったら最後、その関係性が終わってしまうことが少なくないのです。

怒りという感情は、エスカレートしやすいもの。怒りを生み出している扁桃体は、いったん火がつくと、興奮してどんどんその勢いを増してしまう傾向があるからです。

したがって、わたしたちはなるべく扁桃体が暴走するのを抑え、衝動的に怒りへと向かうのを避けなくてはなりません。前頭葉を働かせて冷静に状況を判断しつつ、理性的で分別のある対処をして、怒りをいたずらにヒートアップさせないように努めていかなくてはならないのです。

では、いまにもヒートアップしそうな怒りを抑えて、感情をうまくソフトランディングさせていくには、いったいどんなことを心がければいいのでしょう。

それには、次の3つを基本にするといいと思います。

❶沈黙　口を閉じて沈黙を維持する
❷分析　冷静になって怒りのタイプやパターンを分析する
❸アクション　怒りをコントロールするための行動を起こす

この3つのステップを基本としつつ対応していけば、怒りの衝動を静めることができるはず。これから順次説明していくことにしましょう。

STEP 1 余計なことを口走らず、沈黙をキープ

ステップ1は「沈黙」です。

自分が相手に発した攻撃的な怒りの言葉に刺激されて、ますます怒りの火が燃えさかってしまうことが少なくありません。

ですから、**怒りに火がつきそうなときは、余計なことをしゃべらずに、じっと沈黙を守るほうが得策**なのです。

こういう場面での言葉は、感情を刺激しかねない危険物であり、怒りの火を大きくする薪のようなもの。とにかく、相手に対しても自分に対してもヘタに言葉で刺激をしないほうがいいのです。

そして、口をつぐんで黙っている間は、意識して冷静になるように努めるべきでしょう。そうやって「沈黙を守って、落ち着きを取り戻すんだ」という意識を持っていれば、それだけでも怒りが衝動的な方向へ展開していくのを防ぐことができるはずです。

STEP 2 自分の怒りと冷静に向き合う

沈黙をキープして気持ちが落ち着いてきたら、次はステップ２「分析」です。

つまり、「自分はどうしてこんなに怒っているのか」を冷静に分析するのです。

そして、その状況を収束させるためにどのような行動をとるのがいちばん得策なのかも分析をしていくといいでしょう。

「怒っているときは、そんなに冷静に分析をする余裕なんてないよ」と反論する方もいるかもしれません。ただ、余裕はなくても、冷静に考えて行動しようという意識を持っていると、それだけで衝動的な興奮が静まり、怒りに火がつくのを抑えることができます。

この段階でおすすめしたいのは、**「自分の怒りのタイプ」を分析すること**です。

怒りに火がつくときは、誰しもその人ならではの特徴傾向やパターンがあるものです。

「自分はこういうときに腹を立てやすいんだよな」

「こういうことを言われると、自分はついつい怒っちゃうんだよな」

といった特徴やパターンをちゃんと自覚していれば、あらかじめ注意を払ったり事前に対策を立てたりすることも可能になります。

私は、このように怒りのタイプやパターンを分析する習慣をつけることは、アンガーマネジメントを身につけるための基本だと考えています。怒りという感情をうまくマネジメントしていくには、まず、自分の怒りの特徴、傾向を把握しなくてはなりません。

言わば、怒りを制するには、「自分を知る」ことが第一歩。冷静に分析できるようになると、怒りという感情を客観的に見ることができるようになり、一時の感情に流されることなく、頭でしっかり考えながら怒りに対応することができるようになっていくというわけです。

ですから、ぜひみなさんも普段から自分の怒りのパターンを冷静に分析する習慣をつけてください。

怒りのタイプはおおまかに6つに分類でき、これらについては次の章でくわしく紹介していきます。この本の冒頭のチェックテストの結果から、自分の怒りのタイプを知り、それを参考にしつつ、怒りに対して冷静に向き合うクセをつけていくようにしましょう。

STEP 3

自分なりの消火スキルでアクションを起こす

ステップ3は「アクション」です。

前述のステップ2の分析によって、「怒りを鎮火するにはこの手がある」という策が見つかったなら、それを実践に移そうということです。すなわち、怒りをコントロールするための行動を起こすのです。

自分の中で火がつきそうな怒りを抑えたいときに、**「この行動をとると火が消えやすい」という自分なりの方法を持っていると、たいへん〝消火〟がスムーズになります。**

この場合もどんなアクションをとればいいかは人それぞれで、大きく深呼吸をする行動が向いている人もいれば、顔を洗ったりその辺を歩いて体を動かしたりといった気分転換が向いている人もいるでしょう。あるいは、特定の友人にグチをこぼしたりすると怒りが消えやすくなるという人もいるかもしれません。

この行動をとれば大丈夫という自分なりの〝消火スキル〟を持っていると、みすみす火を大きくしてしまうこともなく、うまく怒りを手なずけてコントロールできることが多いのです。

こうした怒りを抑えてコントロールしていくための具体的な方法については、第3

怒りを抑える3ステップ

Step 1　沈黙

口を閉じて
不用意な言葉を発しない

↓

Step 2　分析

自分の怒りのタイプや
パターンを把握

↓

Step 3　アクション

怒りを抑える効果の
あるアクションをとる

章で紹介していくことにします。

私は、この「沈黙」→「分析」→「アクション」という3ステップの流れで怒りを扱うようにしていけば、怒りを状況によってコントロールしていく力がついてくると考えています。

そして、そういう感情コントロール力が備わってくると、**怒る必要がないときには怒りを抑え、怒る必要があるときには適切に怒りを表すというマネジメントがだんだんできるようになってくるもの**なのです。

次の章では、「分析」の大事なポイントである「怒りの6つのタイプ」についてくわしく見ていきます。これらのタイプを頭に入れ、自分の怒りのタイプを見極めながら怒りという感情とつき合っていくようにしましょう。

第2章

自分を知って怒りをコントロールする

怒りのタイプ別
アンガーマネジメント術

「自分の怒りのタイプ」を把握しよう

人間関係は、相手がどういう人間なのかをよく知るとともに、自分という人間もよく知っていてこそ、良好な関係が築けるというものです。

怒りに関しても同じ。怒りという感情とうまくつき合うには、自分の怒りのタイプをできるだけ把握しておくことが大切なのです。**自分がどんなことで怒りやすいのかという傾向やパターンがわかっていれば、あらかじめ対策をとることができる**というわけです。

巻頭のチェックテストの結果をここで見てみましょう。

A～Fで✓の数がいちばん多いものが、あなたの怒りのタイプです。複数のタイプにわたって✓が同数、または僅差で多いタイプがある場合は、それらのタイプも参照してみてください。

精神医学の見地から分類すると、怒りのタイプは次の6つに分けられます。

Aの✓が最も多かった人は…幼児性が強いタイプ ⬇ 73ページへ
Bの✓が最も多かった人は…秩序愛が強いタイプ ⬇ 81ページへ
Cの✓が最も多かった人は…他人より優位に立ちたいタイプ ⬇ 93ページへ
Dの✓が最も多かった人は…抑圧・うつ傾向の強いタイプ ⬇ 102ページへ
Eの✓が最も多かった人は…冷静分析タイプ ⬇ 113ページへ
Fの✓が最も多かった人は…思い込みの激しいタイプ ⬇ 122ページへ

この章では、これら6タイプの特徴や傾向をそれぞれくわしく見ていきます。おそらく読み進めていくうちに、自分の「怒りのタイプ」はもちろんのこと、身近な人の「怒りのタイプ」もつかめてくることでしょう。

古代中国の兵法家・孫子は、「彼を知り己を知れば百戦殆《あや》うからず」という名言を残しました。これを本書流に意訳すれば「相手を知り、自分を知れば、どんな怒りも制することができる」というところでしょう。

では、各タイプについて説明します。

6つの「怒り」のタイプ

- 幼児性が強いタイプ
- 秩序愛が強いタイプ
- 他人より優位に立ちたいタイプ
- 抑圧・うつ傾向の強いタイプ
- 冷静分析タイプ
- 思い込みの激しいタイプ

Ⓐ幼児性が強いタイプ
↓感情処理がヘタで、ちょっとしたことでキレやすい

幼児性が強いタイプ

特徴傾向

このタイプの人は、周囲の人から、融通がきかない、気がきかない、と言われたことがあるかもしれません。社交性に乏しく、その場の空気を読んで行動したり周りの人に合わせて行動したりするのが大の苦手。自分の得意分野に関してはかなり高い能力を発揮するけれど、自分のやり方が通用しないとすぐにカッカしたり、突然パニックを起こしたり――。

このように「幼児性が強いタイプ」は、どこか未熟で子どもっぽい怒り方をするのが特徴です。自分の感情を処理するのがヘタで、とくに我慢をしたり、不平不満の気持ちを抑えたりするのが得意ではありません。そのため、**自分の思い通りにいかない**

ことがあると、ＴＰＯをわきまえることもなく、ちょっとしたことでキレてしまう傾向があるのです。

また、そのときそのときの気分に左右されやすく、なんとなく気に入らないというだけでカッカすることも……。ときには、何に対して怒っているのか、どんな理由で怒っているのか、自分でもわからないことさえあります。

別に悪気はないのですが、周りの状況を気にせず衝動的に叫んだり、ぶつぶつ独り言を言って怒っていたりすることも少なくありません。

このタイプの人は、自分が人間関係を結ぶのが得意ではないことをちゃんと自覚しています。そのため、他人に気を遣いながら集団で行動するよりも、ひとりで行動することを選びがちです。身なりや髪形もあまり構わないし、他人に積極的に関わろうともしないし、仕事もプライベートも常にマイペース。

もっとも、自分の興味の対象にはオタク的な集中力を発揮します。パソコンやＩＴなどのメカニック面で優れた力を持つ人も多く、そうした点で会社から重宝がられている場合も少なくありません。自分の主義ややり方に固執する傾向はあるものの、決して仕事ができないというわけではないのです。とりわけ、自分の得意としている仕事や思い入れの深い仕事に対しては、かなり高いプライドを持っている人が目につきます。

その一方、打たれ弱いナイーブな一面も持っていて、こうした自分の得意分野の仕事などを否定されると、プライドを傷つけられて混乱してしまいがち。なかには、怒りや不満をあからさまにぶつけたり、ふてくされて会社を辞めてしまったり、自分の世界に閉じこもってしまったりするケースもあります。

追いつめられた危機感を怒りで表現するケースも

ここで「幼児性が強いタイプ」を子どもに持つAさんの例を挙げておきましょう。

Aさんには高校生の息子がいました。小さい頃から口数が少なくおとなしい性格で、友達と遊ぶよりもひとりでゲームをしているほうが好きなタイプ。とはいえ、小学校時代からずっとサッカーをやっていて、レギュラー選手ではなかったものの、高校でもサッカー部に所属して日々練習に打ち込んでいました。

ただ、高校2年生になった頃から息子の成績が徐々に下がり出し、心配したAさんは「いい加減サッカーなんか卒業して、受験のことを考えろ」と言って半ば強制的にサッカーをやめさせました。

ところが、息子はそれを契機に自信を失い、すっかり変わってしまったのです。「サッカーを取り上げられた腹いせ」かのようにAさんに反抗するようになり、クラスで問題を起こして学校を退学し、自室に引きこもるように……。いつしか親に対して暴言を吐いたり暴力を振るったりするようになっていきました。

Aさんの息子は、感情の表現がヘタで人間関係に不器用な、典型的な「幼児性が強いタイプ」です。おそらく彼にとっては、サッカーが自分にとっての大切なコミュニケーション手段であったのでしょう。それを否定され、取り上げられてしまったことで、他人とどうつき合えばいいかがわからなくなり、混乱して追いつめられ、周囲とあつれきが生じるようになっていったのかもしれません。さらに、「自分がこんなに落ちこぼれてしまったのは親のせいだ」と考えるようになり、挫折感やうっ屈感とともに怒りの感情を暴力で表すようになってしまったわけです。

このように、「幼児性が強いタイプ」の人は、**自分の得意なこと、自分が打ち込んでやってきたことを否定されると、大きな怒りや挫折感を抱く傾向があります**。また、精神的に未熟なまま大人になってしまったような部分があり、人間関係をスムーズにこなしていくトレーニングも積んでいないため、自分の強みを失った状態で放り出されると、社会の中で徐々に孤立して窮地へ追いつめられてしまいがち。このタイプの人の場合、そういった「自分が追いつめられていく状況」への危機感を、怒りや暴力などのかたちに変換してぶつけるケースも少なくありません。

幼児性が強いタイプ
怒りのコントロール法

怒りの衝動が込み上げてきたような場合は、**自分の好きなことを頭に思い浮かべて気持ちを落ち着かせる**ことをおすすめします。

自分が趣味で集めているコレクションのことを思い浮かべたり、あるいは自分の飼っているペットのことを思い浮かべてもかまいません。心の中でおまじないを唱えるように、「これを思い浮かべると気持ちが落ち着く」という習慣を身につけておくと、自己暗示のように怒りを抑えられることが多いのです。

そして、このタイプの人におすすめしたいのは、まず「ストレスがかかる場所」に近寄らないことです。社交的な場所が苦手なら、知らない人が集まるパーティーや交流会などはなるべく避けるべきでしょうし、満員電車や人混みが苦手なら、混雑時間を避けて通勤するなどの工夫をすべきでしょう。

そのうえで、自分のことをよく知る人や自分のことを理解してくれる人を選んでつき合うようにしていくべきです。そうやって極力ストレスのかからないリラックスした環境や人間関係に身を置くようにすれば、おのずと追いつめられてキレたり怒ったりすることも少なくなるはずです。

また、ゲーム感覚で人間関係を戦略的に〝攻略〟していくこともおすすめします。このタイプの人にはゲーム好きが多いので、**ゲームのミッションをクリアするような感覚で「人間関係をスムーズにこなすにはどうすればいいか」の戦略を練っていく**といいでしょう。たとえば、会社での人づき合いをうまくやっていきたいなら、社内の人間関係図を書き出したうえで「近寄らないほうがいい人」「味方に引き入れたい人」「親しくしておいたほうがいい人」などに分けて対策を立て、それを日々実践に移して攻略していくのもいいのではないでしょうか。

このようにゲーム感覚で人間関係の攻略を考えると、自分を含めた人づき合いの状況を客観的に見られるようになり、より冷静に感情をコントロールできるようになっていくことが少なくありません。

幼児性が強いタイプ

怒り発散法

このタイプの人は、自分ひとりの世界に没頭することがストレス発散につながりやすい傾向にあります。ですから、**自分ひとりでできることを趣味に持ち、ひとり遊びをすることでたまった怒りを発散するのがおすすめ**です。

たとえばスポーツなら、マラソンや水泳、筋トレといった対戦相手が必要ないもの、ゲームなら、オンライン上でも誰かと対戦したり協力する必要のない、ひとりでプレイできるものがいいでしょう。

そもそもこのタイプは自分の好きなものにとことんのめり込む、いわゆるオタク気質の人が多く、多趣味でもあります。ただ、たとえ同じ趣味を持つ人が周りにいたとしても、自分と同じレベルで理解してもらうのはむずかしく、無理に共有しようとすればかえってストレスやトラブルを生む原因にもなります。

孤独がストレスにはなりにくいタイプだと思いますので、無理に社交的になろうとせず、ひとりの時間を大事にしましょう。

相手が幼児性が強いタイプの場合

気分屋で、ちょっとしたことで突然怒り出す場合が多いので、このタイプが相手だと周りはたいへんです。

ただ、こうした場合、あまり相手に逆らわないほうが無難です。ヘンに言い返したりすると、かえって相手の怒りの火を大きくしてしまいかねないので、黙って相手の話に耳を傾けるべきでしょう。その際、話を聞くふりをしているだけでもかまいません。あるいは、そっとその場を離れたり距離を取ったりしつつ、相手の怒りが自然におさまるのを待つ作戦をとるのもいいと思います。

また、このタイプはこらえ性がなく、待たされることが大嫌いです。仕事でもプライベートでも、待たされるとすぐにイライラし始めて、いつ怒りが爆発してもおかしくない状態になってしまいます。ですから、このタイプに対しては、集合時間に遅れたり、締め切り時間を守らなかったりするのはＮＧ。できるだけ相手を待たせないように心がけてください。

さらに、その他の面でも、相手の機嫌がどういうときに悪くなるのか傾向を読みつつ、つまらないことで怒りに触れぬよう、注意深く接していく姿勢が必要でしょう。

Ⓑ 秩序愛が強いタイプ
↓ルールを無視する者を許さない

秩序愛が強いタイプ 特徴傾向

第1章でも触れた「○○すべきだ」「○○であるべきだ」という「シュド思考」に縛られている人は、そのルールが誰かによって破られたり無視されたりしたときに強い怒りを感じます。

「こうあるべきだ」という秩序やルールを絶対視しているため、組織や社会の秩序をかき乱す者に対して「アイツはけしからん」「この行為は絶対に許せない」といった感情を抱いてしまうのです。

たとえば、「昔からこれが正しいと決まっているんだから仕方がない」「いつもこの手順を踏んでやっているんだから、面倒でも従わないとダメだ」と日頃から思ってはいませんか。このように、昔から守られてきたしきたり、慣習、ルール、手順、社会常識、倫理観、道徳観、決まりごとなどをかたくなに遵守しようとするのが特徴です。そして、**秩序を守ろうとしない人や定められたルールから平気ではみ出していくような人に対して怒りの矛先を向ける**わけです。

つまり、よく言えば、ルールや規律を重んじるまじめな優等生、悪く言えば、少しの違反も見逃さない融通のきかないカタブツです。頑固で意地っ張りであり、とくに「○○であるべきだ」という自分の価値観や信念に関しては、そうそう揺らぐことのない自信を持っています。また、自分の非を認めようとせず、他人の言葉に耳を貸さない傾向も目立ちます。なかには、「秩序を守っている自分が100パーセント正しい」「秩序を守らないアイツが100パーセント悪い」といったように、最初から善悪を決めつけてかかっているような人も少なくありません。

ちなみに、このように「善か悪か」「正しいか間違いか」「勝ちか負けか」「100かゼロか」と、物事を両極端に仕分けして考えてしまう思考パターンのクセを精神医学では「白黒思考」と呼びます。すなわち、白と黒の中間のグレーゾーンで妥協することができず、白黒をはっきりさせないと気が済まない考え方です。

そして、この白黒思考をしていると、ルールを守ることによりいっそう厳格になり、ルールを守らない人たちを否定したり排斥したりする傾向が顕著になっていきます。ときには、まるで取締官のように厳しく違反者を見つけ出し、その違反者を容赦なく叩くようになっていくケースもめずらしくありません。

「ソーシャル・ジャスティス・ウォーリアー」になりがち

ここで暴走気味の「秩序愛が強いタイプ」の例を挙げておきましょう。

先にも触れましたが、ネット世界（とくに匿名で投稿できるＳＮＳサイト）では、「ルール違反をした人」や「社会常識や倫理から逸脱する行為をした人」を見つけ出して、その人を容赦なく叩く傾向も見られます。

たとえば、あおり運転でニュースになった容疑者をネット上で捜索したり、ツイッターで不道徳な発言をした有名人を痛烈に批判したり、不倫が発覚した芸能人を完膚なきまで叩いたり……。そうした中には、汚い言葉で相手を誹謗中傷しているものや、「いくら何でもちょっと行きすぎなんじゃないの？」というくらい激しく相手を責め立てているものもあります。

まるで、「不道徳なことをしているやつはいないか」「社会のルールからはみ出した行為をしているやつはいないか」と常日頃から監視の目を光らせてパトロールしているよう。秩序やルールに逆らった者を見つけようものならタダではおかず、容赦なく非難の言葉を浴びせかけるケースも見受けられます。

たとえば、2011年の東日本大震災の後、ネット上で「不謹慎狩り」という行為が流行ったことがあります。これは、有名人などがSNSに投稿した何気ない発言や悪気のない行いを「不謹慎だ」と決めつけて非難する行為です。「いまはつらい思いをしている人がたくさんいる時期だというのに、コイツはなんて配慮のない発言をするんだ……まったくけしからん」という感じで相手を糾弾するわけです。この「不謹慎狩り」も、ルール違反パトロールに似ています。

また、すでに触れたように新型コロナウイルスが蔓延して多くの人が自粛生活を強いられた際にも、「この国難のときに自粛をしないとはけしからん」という「自粛警察」が全国各地に登場しました。こちらはネット上だけにとどまらず、自粛をせずに営業をする店に嫌がらせの張り紙をしたり、他県ナンバーの車に危害を加えたりするなどの行為もありました。まさに「過熱しすぎたルール違反パトロール」であり、なかには、「公園で子どもが父親と遊んでいる。自粛すべきじゃないか」と言って警察に通報をした人もいると言います。

このように「社会のルールに違反した行為」や「正義や道徳を逸脱した行為」をあげつらう人たちは世界中どこにでもいて、アメリカでは「ソーシャル・ジャスティス・ウォーリアー」と呼ばれています。

直訳すれば、「社会正義の名のもとに闘う人」。ただ、この「ソーシャル・ジャスティス・ウォーリアー」という呼び方は揶揄《やゆ》的に使われるケースがほとんどで、「安っぽい正義感を振りかざして独善的な考えで他人を攻撃する人」といった意味が込められています。

先にも述べましたが、「○○であるべきだ」という考え方に縛られている人には、正義感が強く、「社会的正義」や「世間の常識的な倫理観」を振りかざして他人を非難する傾向が目立ちます。すなわち、「世間の多くが『こうあるべきだ』と思っていることなんだから、当然それを破ったやつが『悪』であり、自分は『正義』なんだ」という考えを持っていて、「自分は『正義』の名のもとに『悪』をやっつけているんだ」という思いで攻撃をしている人が少なくないのです。

さらに、こうした人々には「ルール違反をした者は罰を受けて当然」と考える人も多く、「ルール違反をした『悪者』を断罪してこらしめてやろう」という思いで、いっそう糾弾をエスカレートさせていくケースもあります。

しかし、何が正義で何が悪であるかは、個々人の立場や物の見方によって大きく変わるものです。その人が振りかざしている「正義」や「常識」のことを、誰もが正しいと判断するとは限りませんし、その人にとっては「正義」であっても、他の人にとっては「身勝手でハタ迷惑な言いがかり」を押しつけているようにしか感じられない場合もたくさんあるでしょう。

実際、「自粛警察」の場合も、「あのハタ迷惑な『自粛警察』こそ何とか取り締まってほしい」という声が数多くありました。

つまり、「間違った正義」や「間違った正論」を振りかざす「ソーシャル・ジャスティス・ウォーリアー」も決して少なくないということです。なかには、そういう（間違った）正義・正論を「都合のいい大義名分」にして、確信犯的に相手へ攻撃を仕掛けている「ウォーリアー」もいます。

とにかく、このタイプの怒りは、ときとして暴走しやすいということを覚えておきましょう。**秩序やルールへの愛があまりに強いと、その愛への執着は往々にして執拗な攻撃へと変わっていきやすい**ものだからです。

秩序愛が強いタイプ

怒りのコントロール法

このタイプの人は自分にも他人にも厳しい人が多いのですが、まずは他人にあまり期待しすぎないことをおすすめします。

そもそも、自分が「こうあるべきだ」と考えている秩序やルールを「他の人もちゃんと守るべきだ」と期待しているから、それを守らない他人に対して腹が立つのです。おそらく、その期待値が大きければ大きいほど、守られなかったときの失望や怒りも大きくなるのでしょう。

しかし、他人はしょせん自分の思い通りにはなりませんし、自分の期待通りには動いてくれません。ですから、他人にかける期待値をあらかじめ引き下げておくのです。「最低限、これくらいはやってほしいなあ」というくらいの期待値がちょうどいいのではないでしょうか。そうして期待値を最低限度まで引き下げておけば、あまりいい結果が出なかったとしても、「まあ、これくらいでもいいか」「これはこれで、よしとしよう」と思えるようになるはずです。

人にはあまり期待しすぎない——。そう自分に言い聞かせておくだけでも、寛容の幅はけっこう広がります。他人に対し「けしからん！」「許せない！」とカッカする頻度をだいぶ減らせるのではないでしょうか。

また、このタイプの人は、自分の「考え方のクセ」を見直していくといいかもしれません。

このタイプは「○○すべきだ」「○○であるべきだ」という「シュド思考」や、物事を正しいか間違いかの二極で判断する「白黒思考」に縛られています。日頃からそういう考え方をするクセがついてしまっているために、許容範囲が狭くなり、秩序に従わない他人を許せなくなってしまうわけです。

だから、こういった考え方のクセを根本から矯正するのです。

「自分の考え方のクセを変えることなんてできるの?」と思う人もいるかもしれませんが、これに関しては精神医学的に確立されたメソッドがあります。

そのメソッドが「認知療法（認知行動療法）」です。

これは物事の捉え方（認知）の歪みやクセを修正していく治療法。自分の思考パターンに偏りなどの問題があることに気づき、その問題を修正していくことによって、自分の考え方や行動がよりよい結果につながるようにシフトしていくのです。

なお、通常、認知療法は精神科や心療内科などの医療機関で医師のナビゲートのもと実施されるものですが、考え方を矯正するプロセスのアウトラインを把握すれば、ある程度、自分自身で行うことも可能です。その「セルフ認知療法」については、後ほど改めてご紹介することにしましょう。

とにかく、他人はそう簡単に変えられませんが、自分は変えられるのです。だとしたら、**自分の考え方のクセを変えて、自分を変えていけばいい**。

変わることができれば、他人のルール違反に腹を立てることなく、自分の感情をうまくコントロールできるようになっていくことでしょう。

秩序愛が強いタイプ

怒り発散法

このタイプの人は、社会性が非常に高く、規律や秩序を遵守し、誰よりも常識的であると自分自身を評価している傾向にあります。そのため、自分の主張を誰にも伝えられない、理解されない状態は、ストレスになります。

ですから、怒りの感情は、怒りを感じた相手に直接ぶつけるのではなく、親しい友人や自分に理解のある人へグチをこぼすことが、怒りやストレスを発散するいちばんの有効な手段です。

ただし、このタイプの人は社会性が高く、趣味や自己啓発などさまざまなコミュニティに参加することも多いのですが、決まったところに長く深く関わると主張がぶつかり、あつれきを生む恐れがある点が要注意です。

また、このタイプは理論的で勉強家でもありますので、**知識を高めるような哲学書や人生論を読むと、秩序にがんじがらめになった状態から解放され、ため込んだ怒りを発散できる**でしょう。

たとえば私がおすすめするのは、アルトゥール・ショーペンハウアー、バートランド・ラッセル、アランなどの哲学書や、司馬遼太郎のエッセイなどです。こういった本をお守り代わりに持ち歩いて、イライラを静めたいときに目を通してはいかがでしょうか。

相手が秩序愛が強いタイプの場合

正義や正論を自分の怒りのバックボーンとしていることが多く、あらかじめ周到に理論武装をしていることが少なくありません。そういう相手に「論戦」で対応していくのはけっこう厄介です。

考えてみてください。このタイプには、自分の考えをかたくなに曲げようとせず、他人の話にろくに耳を貸さない人が少なくありません。そんな人に対して『あなたにとっての正義』と『わたしにとっての正義』は、まったく違うものなんですよ」というところから話を始めなければならないとしたら、それは途方もなく骨の折れる作業になってしまいます。

ですから、真っ向から論戦をするのは避け、うまく妥協ポイントを探りながら折り合いをつけていくことをおすすめします。

相手はルールに従うようにこちらへ要求してくるのですから、とにかく相手の話に耳を傾けて、認められる部分は認め、共感できる部分は共感して、「あなたのお考えはわかりました。では、これからはこの点とこの点を改めるようにします」といった具合に譲歩するのです。

もちろん、相手に全面的に従わなくても構いません。相手の反応を見てこちらの言い分もそれなりに話しつつ、お互いに角が立たないような「折り合える着地点」を見つけていくといいでしょう。

このタイプの人には理論家が多いので、ある程度相手の要求をのみつつ、理論的に話を進めていけば納得してくれることが少なくありません。

とにかく、このタイプの人は自分の信じる秩序やルールを否定されると激しく怒り出すので、くれぐれもその点は刺激しないよう注意してください。そのうえで、なるべく感情を抑えつつ冷静に頭を働かせながら、折り合いをつけるようにしていくといいでしょう。

C 他人より優位に立ちたいタイプ
↓何でも勝ち負けで考えて、自分を強く見せようとする

他人より優位に立ちたいタイプ　特徴傾向

このタイプはたいへん競争意識が高く、物事をすべて勝ち負けで判断しようとしがちです。他人に対しては「自分の敵か」「自分の味方か」が判断基準。味方には素直で穏やかな姿勢をとるものの、敵と見なした相手には、自分から闘いや競争を挑んで絶対に勝とうとする傾向があります。

そして、このタイプの人にとって、**「怒り」は勝負に勝つための道具のようなもの**なのです。このタイプは、怒鳴ったりすごんだり脅したりして怒りを表明すれば、相手がひるんで身を縮こまらせることを経験的に学習しています。また、そうすれば相手より優位に立って、目の前の勝負を有利に運べることも学習しています。つまり、

「オレはオマエよりも強いんだぞ」「オレのほうがオマエよりも優位なんだぞ」といったことを相手に思い知らせるために怒りを利用しているわけです。

すなわち、ケンカ慣れしていて、「ここでガツンと怒っておけば時間を稼げる」「このタイミングで怒鳴れば形勢を逆転できる」といったことが感覚的にわかっているのです。さらに、こういうふうに「怒りさえすれば、相手よりも優位に立てる」ということを知ってしまうと、味をしめて事あるごとにそのスキルを発動したくなってくるもの。おそらく、怒りの導火線が短く、ちょっとしたことでしょっちゅう怒鳴ったり当たり散らしたりしている人の中には、「怒鳴りさえすれば何とかなる」「怒りさえすれば相手を制圧できる」と思っているような人もけっこう多いのではないでしょうか。

もっとも、このように事あるごとに怒ってばかりいるような人が「強い人」だとは限りません。

むしろ逆の場合のほうが多いのです。このタイプの人はほとんどの場合、劣等感やコンプレックスなどの弱さも抱えています。理由は人によりさまざまですが、学歴や生い立ちに劣等感を持っていたり、ルックスにコンプレックスを抱いていたりして、自分という人間に自信を持てないのです。

そして、だからこそ「弱い自分」「自信のない自分」をとりつくろうため、怒りという感情の力を借りて「相手より少しでも強く見せよう」「相手より少しでも優位に立とう」としているわけです。

要するに、強がったり虚勢を張ったりするのは、自信のなさの裏返しでもあります。「弱い犬ほどよく吠える」と言いますが、すぐに怒鳴ったりすごんだりするのには、自分の弱さや自信のなさを相手に悟られまいとして〝必死に吠えまくっている〟という側面もあります。おそらく、大声で吠えまくって威嚇しておかないと、自分は生き残っていけないという危機感があるのではないでしょうか。

「怒り」でマウンティングする人々

ところで、「自分のほうが相手より優位に立っていることを示そうとする行為」のことを「マウンティング」と呼んだりします。

マウンティングはもともと動物行動学で用いられてきた言葉であり、サルやゴリラなどの霊長類が他の個体の尻に乗って交尾の姿勢をとる行動のことを指します。その姿勢をとることによって、自分のほうが相手よりも序列が上だということを誇示するわけです。この行動は、オス、メス関係なく行われ、当然ながら、オス同士、メス同士のマウンティングも見られます。

わたしたち人間の社会では、自慢をしたり偉ぶったりして自分の優位性をひけらかすのをマウンティングと呼ぶことが多いようです。

きっと、「相手より優位なポジションに立ちたい」という気持ちは、群れ社会の中で競い合って生きねばならない人間にとって、ごく自然に生まれてくる感情なのでしょう。老若男女関係なく誰にもある感情であり、多少マウンティングをしたからといって、そう恥じることもないように思います。もっと言えば、サルやゴリラと同じように、人間もマウンティングをすることが本能的に刷り込まれている生き物なのです。

むしろ、社会の生存競争をより確実に生き残っていくためにも、わたしたちはときに積極的にマウンティングをして自分を優位なポジションへシフトさせていくことが必要なのではないでしょうか。

そして、そういう点で見れば、このタイプでしょっちゅう怒っているような人たちは、**自分が競争を勝ち抜いていくために怒りという感情を有効活用しているる**とも言えるのです。

先にも述べたように、怒りはより確実に生き残るために組み込まれている本能的感情ですから、このタイプの人たちは、生き残り戦略としての「怒りの本来的機能」をうまく働かせているとも言えます。

他人より優位に立ちたいタイプ
怒りのコントロール法

このタイプには劣等感や弱みを抱えている人が少なくありません。でも、本当は無理に強がらず、ひた隠しにしている「自分の弱さ」や「自信のなさ」をさらけ出してしまうほうがいいのです。

弱く見られようとも恥をかこうともかまわないと開き直ってさらけ出してしまえば、肩の荷が下りたように気持ちがすっきりするはず。それにおそらく、弱みをさらけ出してしまっても状況は何ひとつ変わらないということに気づくはずです。そうすれば、「別に強がる必要はないし、相手より優位に立つ必要もないし、怒ったり怒鳴ったりする必要もないんだ」ということが納得できるのではないでしょうか。

このタイプは、言うなれば、普段からガチガチの鎧《よろい》で身を固めて自分の弱さを守っているようなもの。だから、思い切ってその重い鎧を脱ぎ捨て、身軽になって本当の自分をさらけ出してしまうほうがいいのです。

そうやって身軽になれば、素の自分を出すことに自信がついて、相手に対して優位に立とうとすることもなく、自然体のまま柔軟に対応することができるようになっていくでしょう。

鎧を脱いだことで相手との勝負に負けてしまうこともあるかもしれませんが、「別に勝ちにこだわらなくてもいい」「むしろ負けたほうがラクなんだ」と思えるようになるのではないでしょうか。

「負けるが勝ち」という言葉がありますが、本当に強い人は勝ち負けにこだわらない柔軟でしなやかな姿勢を保っているもの。そして、本当に強い人は、強がったり怒ったりしなくても自分に自信を持って生きていける「やわらかな強さ」を備えているものではないでしょうか。

なお、このタイプの人は、あまりにいつまでも強がり、吠え続けていると、少しずつ周りの人が離れていき、次第に孤独になっていくことが少なくありません。ですから、思い当たる人は、孤独になってしまう前に鎧を脱ぎ捨てて、心身をすっきり解放してしまうほうがいいでしょう。

他人より優位に立ちたいタイプ

怒り発散法

このタイプの人はとにかく他人に負けたり優位に立てないことが大きなストレスになるため、幼児性が強いタイプの人と同様に、相手と勝ち負けを競わないようなことで怒りを発散するのがいちばん有効な方法です。

ただ、何かをひとりでコツコツ行うというより、**何かを「徹底的に打ち負かす」ような感覚を得てすっきりする行為が発散には向いています**。たとえば皿や瓦を割る、クッションを殴る、棒を折るなど、ケガや周囲に配慮して行えばすっきりするでしょう。

スポーツやゲームも、誰かと競って勝つようなものはおすすめしません。たとえばゲームならモグラ叩きやシューティング系のゲーム、スポーツならボクシングを取り入れたエクササイズでサンドバッグを思い切り叩いたり、バッティングセンターに行って思い切りバットを振ったりなどするといいでしょう。

あるいは、荒療治ではありますが、いっそのことコテンパンにやっつけられてしまう、というのも怒りを発散するひとつの手です。あえて初めてのことや絶対勝てそうにもないものに挑んでボロ負けするのもいいでしょう。また、体感刺激が強く、自分では完全にコントロールしきれないもの、たとえばスカイダイビングやバンジージャンプなどでもいいかもしれません。

相手が他人より優位に立ちたいタイプの場合

この場合、いちばん効果の高い選択は「闘わないこと」です。

相手は、怒鳴ったりすごんだりして勝負を挑んでくるかもしれませんが、その挑発に乗ってしまってはいけません。こちらが土俵に上がらず、勝負が成立しなければ、相手も優位性を保つ必要がなくなります。

また、このタイプの人は、闘う方法はよく知っていても、闘わない人に対処する方法は知らないもの。相手を刺激しないように気をつけながら、何を言われてもスルーしてまともに取り合わないようにしていけば、相手は手ごたえを失い、肩透かしをくらったように感じてそれ以上からんでこなくなるはずです。

ですから、いかに闘わずして事をおさめるかを冷静に判断して行動してください。

たとえば、会社の上司が怒りを爆発させているときは、さりげなくその場を立ち去ったり、適当に用事をつくって出かけてしまったりするのもいいでしょう。電車内で肩がぶつかって怖そうな人にからまれたときは、落ち着いて礼儀正しく謝って事を荒立てないようにしましょう。ドライブ中にあおり運転をされたようなときも、相手の挑発に乗ったり言い争ったりせずにすみやかに警察へ通報しましょう。

とにかく、このタイプの人は、ケンカ慣れ、怒り慣れしていることが多いですから、相手のペースに引き込まれて激高してはこちらに分《ぶ》はありません。引き込まれないよう注意を払いつつ、いなしたりすかしたりしながら、できるだけ早くその場を離れるように心がけてください。

また、このタイプは、怒りまくってはいても、責任をとったり責任を追及されたりするのは苦手です。ですから、毅《き》然《ぜん》として「わかりました。では、警察に行きましょう」と言えば、おとなしく引き下がっていく場合も少なくありません。トラブルに巻き込まれたときのために、ぜひ覚えておくといいでしょう。

D 抑圧・うつ傾向の強いタイプ

↓感情を表に出さず、徐々に怒りをため込んでいく

抑圧・うつ傾向の強いタイプ

特徴傾向

ストレスをため込みやすいタイプ――。このタイプの特徴をひと言で表すなら、これがもっとも的を射ているのではないでしょうか。

このタイプの人は、**感情をあまり外に表さず、内にため込む傾向が強い**のです。日々の仕事がつらくても、顔に出したり不満を言ったりせずに内にため込む。職場や家庭、友人との人間関係でストレスを感じていても、相手や周りに気をつかい、波風を立てずに笑って受け流し、嫌な感情は自分の内にため込んでしまうのです。

もちろん、怒りの感情も表に出さず、内にため込みます。周りの人は当人が怒っていることに気づかないこともめずらしくありません。なかには、周りがまったく気づ

かないうちに、日々じわじわと怒りを蓄積させているケースもあります。

しかも、このタイプの人は「根に持つ」ようなかたちで長期間にわたって怒りを少しずつふくらませていることが少なくありません。「1年前、わたしが助けを求めたのに全然助けてくれなかった……」「あのとき、あの人は自分でやるべき仕事をわたしに押しつけた……」「わたしが恥をかいたとき、あの人は冷たい目を向けて笑っていた……」といったように、小さい恨みつらみをじわじわとため込んでいるわけです。

もうひとつ、このタイプの大きな特徴は、自罰傾向が強い点です。仕事で失敗したり人間関係でトラブルが発生したり、何かうまくいかないことがあると、そのたびに自分を責めてしまうのです。

すでに終わった出来事に対して、「ああすればよかった」「こうすればよかった」「なんて自分はダメなんだろう」といったように自分の行動を後悔したり否定したりすることもしばしば。しかも、そうした数々の後悔を、かなり過去にさかのぼってため込んでいる傾向があります。

このように、ストレスや不平不満、恨み、後悔、自責の念など、もやもやとした気持ちを処理しきれないまま長く抱え込んでいるのは、精神衛生上よくありません。こうしたもやもやとしたストレスをパンクしそうなほどにふくらませてしまうと、いずれ心や体が悲鳴を上げることになります。

そのため、このタイプの人は心身の不調を訴えることがたいへん多いのです。

なかでも多いのは、うつ病です。

最初のうちは不眠、頭痛、肩こり、めまいなどの体調不良に悩まされ、やたらに気が重く落ち込むようになり、そのうちに不定愁訴がひどくなって、やがて会社にも行けなくなる……それで病院で診てもらったらうつ病と診断された——といった流れをたどるケースが目立ちます。

「なぜ自分だけがこんな目に」をふくらませがち

ここで典型的な例を挙げておきましょう。

F美さんは小さな商社で事務職をしています。入社4年目で仕事にも慣れ、ミスの少ないまじめな仕事ぶりが周りから評価されるようになってきました。

上司から急な残業を押しつけられても、同僚のミスのせいで山のような仕事をするハメになっても、F美さんは文句ひとつ言いません。子どもの頃から自己主張をしたり人と争ったりするのが苦手で、人から何か頼まれるとなかなか「NO」と言えない性格。それで、仕事を押しつけられても「文句を言って相手に悪い印象を与えたくないし、断ったことで気まずい関係になるのも嫌だし、自分が我慢して事が済むならやってしまおう」と引き受けていたのです。社内の人間関係も、なるべく笑顔を絶《た》やさず、周りの空気を読んで人に逆らったり自分だけ目立ったりすることのないようにし、みんなから悪く思われないように心がけています。

周りからすれば、嫌な顔ひとつせずに面倒事を引き受けてくれるＦ美さんの存在は大助かりだったのでしょう。上司も同僚もＦ美さんに信頼を寄せ、「困ったときのＦ美さん」とばかりに頻繁に仕事を回すようになっていきました。みんな、Ｆ美さんがもともと仕事好きの人で、よろこんで引き受けてくれていると思っていたのです。

しかし、実際は違いました。

Ｆ美さんはみんなから回ってくる大量の仕事を抱え込み、やってもやっても終わらない作業に大きなストレスを感じていたのです。顔にも口にも出さなかったものの、「なんでみんな自分にばかり仕事を押しつけるの!?」「どうしてわたしだけこんな目に遭わなきゃならないの!?」と思うことなんてしょっちゅう。その不平不満は日々じわじわとたまり続け、とくに、Ｆ美さんのことを便利屋のように扱う上司に対しては、怒りに近い感情を覚えるようになりました。

ただ、それでも、断わることもできないし逃げ出すこともできない。我慢を重ねてがんばり続けたF美さんは次第に不眠になり、ひどい肩こりや吐き気にも悩まされるようになっていきました。

ある日、F美さんの作業が終わらなかったせいで重要な取引先との仕事に大きな穴があき、その日からF美さんは会社に来なくなりました。

何日か後、心配した上司がF美さんのマンションを訪ねました。その際、F美さんは「どうしてわたしにだけこんなつらい仕打ちをしたのですか」と人が変わったかのように上司のことを責めたと言います。聞けば、もう何週間も前から体調を崩していて、「軽症うつ病」の診断も下っていたのだそう。その上司は、涙ながらに訴えるF美さんの様子を見て、彼女がそれほどまでにストレスをため込んでいたことを初めて知り、同時に、彼女が自分に対して怒りをため込んでいたことも知ったのです。

このように、「抑圧・うつ傾向の強いタイプ」の人は、**ストレスや不平不満、怒りなどを抱え込んで、心と体をボロボロに疲弊《ひへい》させていってしまうことが多い**のです。

しかも、周りの人に相談をしたり助けを求めたりするのがヘタで、自分ひとりで問題を背負い込んでしまう傾向があります。F美さんのケースのように、周りが気づかないまま、自分の状況を悪化させていってしまうこともめずらしくありません。

このタイプは昔から日本人に多いと言われています。

まじめで責任感が強い人、感情をあまり表に出さない人、仕事を抱え込みがちな人、他人からの頼まれ事を断るのがヘタな人は、十分に注意をしたほうがいいでしょう。

抑圧・うつ傾向の強いタイプ　怒りのコントロール法

まず、このタイプの人には、**もっと怒って自分を主張していくことをおすすめします。**

仕事を押しつけられそうになったらちゃんと断ったほうがいいし、誰かにからかわれたり嫌なことを言われたりしたら、ちゃんと言い返したほうがいい。

もちろん、**相手があまりに無理な要求をしてくるようなときは争うことを恐れずにちゃんと怒ったほうがいい**でしょう。そうでないと、相手の都合のいいようにこき使われてしまいかねません。怒りをため込むことで、いずれは心身の不調をきたす一因となるのです。

このタイプはお人好《よ》しが多く、会社や上司などの要求を従順に聞いてしまいがちなので、ヘタをしたらボロボロにすり切れるまでこき使われてしまう危険性があるのです。良識ある企業ならまだしも、人使いの荒いブラック企業のようなところで働いていたら、心身が不調に陥るのも時間の問題ではないでしょうか。同じようなことが、家庭や友人関係でも起こりえます。そのような事態に陥らないためにも、自己防衛手段として**「断る」「怒る」「自己主張する」**などのコミュニケーションスキルを意識して身につけておくべきなのです。

もし必要であれば、アサーション（よりよい人間関係を結ぶための自己主張）を学ぶのもいいと思います。アサーション・トレーニングに関しては、ネットや書籍で多くの情報が得られますし、気軽に受講できる講座なども増えています。積極的に利用してみてはいかがでしょうか。

また、もうひとつこのタイプの人に欠かせないのが、**ストレスをため込まないための工夫**です。仕事にしても怒りや不平不満にしても、次から次へとため込んでしまうから、やがて手に負えないほどにふくらんでパンクしてしまうわけです。

だから、こうしたストレスはため込むことなく小まめに解消していくべきなのです。そして、「自分はこれを行えばもやもやした気分が晴れる」というストレス解消法をひとつかふたつは持つようにしておきましょう。

どんな解消法を選ぶかは自分の好みで構いません。カラオケで熱唱して発散するのもいいし、スポーツで汗をかいてうつうつとした気分をスッキリさせるのもいいでしょう。こうしたストレス解消のノウハウに関しては、次の章でもくわしく紹介するので、ぜひ参考にしてみてください。

また、このタイプの人には、認知療法によって考え方のクセを変えていくのも有効です。

先にも触れたように、認知療法は自分の思考パターンの歪みに気づき、そのクセを修正していくことで、自分の考え方や行動がよい結果につながるように変えていくメソッド。じつは、このメソッドはうつ病治療にもよく用いられていて、後悔や自己否定を重ねてうつ病になっていきやすいこのタイプにはたいへん有効なのです。

すなわち、「ストレスや怒りを抱え込みがちな考え方のクセ」や「自罰的で自己否定をしがちな考え方のクセ」などを修正して、余計なストレスをため込まないように考え方や行動をシフトチェンジしていくのです。

次の章で述べる「セルフ認知療法」でもある程度の効果は上げられると思うので、このタイプに該当する人はチャレンジしてみてはいかがでしょうか。

抑圧・うつ傾向の強いタイプ

怒り発散法

このタイプの人はそもそも怒りを表に出せないため、発散する行為自体が難しいかもしれません。しかし、何も手を打たなければストレスはたまり続けます。ある朝突然動けなくなるなど体の不調に見舞われ、いずれは休職や離職に追い込まれてしまうことも。体に不調をきたす前に悩みやグチを話せる人がいれば話す、あるいは医療機関を頼ることも選択すべきです。

このタイプの人は日頃からストレスをためないよう、とにかくしっかり休養し、きちんと睡眠をとることが重要です。また、うつ傾向が強いため、好きなものを食べて血糖値を上げることも対症療法として有効でしょう。

声に出して主張できないこのタイプの人におすすめの発散法は、大きな声を出すこと。ひとりカラオケやスポーツ観戦などの大声を出せる環境で自然と声を出せば、発散につながります。また、ランニングや筋トレなどの適度な運動も、発散とともに心身の健康維持に有効です。

ただし、**誰かと一緒にやるようなものはおすすめしません**。誰にも気をつかわず自分のペースでこなせることを、ストレス軽減法として取り入れましょう。

相手が抑圧・うつ傾向の強いタイプの場合

先ほどのF美さんの例のように、日々の仕事で部下がストレスや怒りをため込んでいても、上司がそれにまったく気づいていないケースは少なくありません。もし同じ上司の立場だったとしたら、こういう感情を外に出さないタイプに対して、どのように接していけばいいのでしょうか。

こうした場合は、日頃から部下の仕事ぶりをよく観察し、仕事量が適正か、疲れている様子はないかなどを小まめにチェックすべきでしょう。ありきたりの回答かもしれませんが、意識してそういう目で見ていれば、特定の人に大量の仕事が回ったり、特定の人を疲弊させたりすることを防げるはずです。

また、たまには上司がイニシアティブをとって、部下たちのガス抜きをするのも必要だと思います。いまは若い人たちから敬遠されてしまうのでしょうが、昔は居酒屋で上司と部下がしょっちゅうコミュニケーションをとっていたもの。その酒宴が部下たちにストレスがたまっていないかどうかを観察するいい機会にもなっていたし、部下にとっても適度なガス抜きになっていたわけです。現代の社会状況などに合ったコミュニケーションのかたちを探り、フランクに本音を伝え合う機会を設けるといいのではないでしょうか。

そして、「仕事をがんばることだけが大切なのではなく、休むことも大切なんだ」ということをちゃんと伝えるようにしてください。このタイプには、一生懸命がんばることに価値を置いている人が多く、放っておくとアクセルを踏みっぱなしで心身が疲弊するまでがんばり続けてしまうところがあります。

ですから、「そんなにがんばらなくてもいいんだよ」「たまには休むことも必要なんだよ」「そろそろ休んでエネルギー・チャージしたほうがいいんじゃない?」といったメッセージを意識的に発信して、適度にブレーキをかけてあげるといいでしょう。そういうふうに、アクセルを踏みっぱなしの人に対して周りの人がうまくブレーキをかけてあげられるような職場環境であれば、少なくともストレスのため込みすぎで相手をボロボロに疲弊させてしまうような事態は避けられるのではないでしょうか。

Ⓔ 冷静分析タイプ

↓感情よりも論理が優先、冷徹に攻撃を仕かける

冷静分析タイプ 特徴傾向

　頭がよく仕事ができるキレ者で、何をやらせてもソツがない。会議で論戦になれば舌鋒鋭く相手を打ち負かし、社内の人間関係においては相手や状況をよく見て角が立たないようかしこく立ち回る。ただ、理不尽なことが大嫌いで、筋が通らないことや道理に反することをする相手に対しては猛然と立ち向かう――。

　このように「冷静分析タイプ」は、「偏差値の高い怒り方」をするのが大きな特徴。まさに**冷静沈着に状況を分析・判断しながら「理詰めで怒るタイプ」**なのです。

　周りの人間は、このタイプの人に「薄情で冷たいイメージ」「少し怖そうなイメージ」を抱くことも多いかもしれません。あるいは、「クールな皮肉屋」「いつもポーカーフェ

イスでとっつきにくそう」「冗談を言っても笑ってくれなそう」といったイメージを持たれる場合もあるかもしれません。

そういうイメージを与えてしまういちばんの原因は、何事に関しても理屈で割り切り、感情よりも論理を優先するからでしょう。

また、このタイプの人は、腹の内ではカンカンに怒っていたとしても、表面上はニコニコとした顔で対応していることが少なくありません。他人に対してイライラするようなことがあっても、それを顔に出したり言葉や行動に出したりすることは滅多にないでしょう。しかも、あまり打ち解けず、いつも他人のことを冷静に観察しているような傾向もあります。おそらく、こういった「何を考えているのか、感情や表情が読みにくいところ」も、周りの人から警戒感を抱かれてしまう要因のひとつになっているのでしょう。

冷静分析タイプの典型とは

このタイプの怒り方の特徴がよく描かれているドラマがあります。

テレビドラマ『半沢直樹』をご存じですか？

大手銀行に勤める主人公・半沢直樹が、悪徳幹部や企業主たちの不正行為を暴いてこらしめていくというストーリーですが、この半沢直樹が「冷静分析タイプ」の典型なのです。

このタイプは、相手をじりじりと追いつめていく将棋のように戦略的な怒り方をします。また、「敵」と認識した相手に対しては、冷徹に作戦を練って攻撃を仕かけ、容赦なくとことん叩き潰す傾向があります。すなわち、ドラマの中で半沢直樹が「敵」をじりじりと追い込んでいき、最終的に「倍返し」で復讐を果たすような怒り方をするわけですね。

半沢直樹もそうですが、このタイプは普段はあまり怒りの感情を表に出しません。しかし、顔には出さないものの、ムカついたり腹が立ったりすると、頭の中でパチパチと計算を始め、「この相手にこれからどうやって対応していくべきか」を冷静に分析するようなところがあります。

言ってみれば、「扁桃体」よりも「前頭葉」で怒りを処理するタイプなのです。前の章で、扁桃体が興奮すると怒りの感情がエスカレートしやすくなり、前頭葉はその扁桃体の興奮を抑えているという話をしました。たとえ怒りを感じても、前頭葉が目の前の物事を理性的・合理的に捉えて判断していれば、扁桃体が怒りで暴走するのを抑えることができるというわけです。

つまり、このタイプの場合、「扁桃体と前頭葉の綱引き勝負」で常に前頭葉サイドを勝たせているのです。そして前頭葉優位で考えているからこそ、怒りの衝動を表情に出すこともなく、常に冷静沈着に状況を判断して感情をコントロールしていくことができるのです。そういう点で言えば、アンガーマネジメントの基本をしっかり体得しているタイプと言えそうです。

冷静分析タイプ 怒りのコントロール法

このタイプの人は、自分の怒りをマネジメントするコツを心得ている場合が多いもの。すでに前頭葉をしっかり働かせた感情コントロールができているので、「怒りを抑えるコツ」をことさら学ぶ必要はないのかもしれません。

ただ、注意しておくべき点はあります。

というのも、このタイプの人は怒り方が自分本位で「ひとりよがり」なものになりがちなのです。

このタイプの人には、自分の気持ちを他人にわかってもらおうという意思があまりありません。家族などの親しい人は別かもしれませんが、職場の同僚や友人といった周囲の人や家庭にさえシンパシーを求めたり怒りの気持ちを共有しようとしたりしないのです。

たとえば、「敵」を見返すというミッションがあるなら、そのミッションを自分ひとりで背負い、周りの人をおいてけぼりにして突っ走っていってしまいます。しかも、周りの人には、当人がなぜ怒っているのか理由さえよくわかりません。そのため、当人が抱いている怒りが自分勝手で「ひとりよがり」なものに見えてしまうわけです。

さらに、こうした「ひとりよがり」の傾向が強まると、職場や友人、家庭内で浮いた存在になったり孤立するようになったりしていく可能性もあります。自分の中では理不尽なものを相手にして仲間とともに突っ走ってきたつもりが、気がついたらひとりぼっちだったということになりかねません。

ですから、このタイプの人は**もっと周りの人に気持ちを打ち明けたり相談をしたりして、自分の感情を積極的に表に出すほうがいいのです。**

たとえ、自分自身は情に流されるのが嫌いでも、周りの人は「人情」「友情」「感情」「心情」といった情を大切にしているもの。そういう点に対する理解が深まれば、周りの人からの共感も得られるようになり、おのずと「ひとりよがり」を卒業できるようになっていくのではないでしょうか。

要するに、「冷静分析タイプ」の人は、もう少し「情のぬくもり」「情の大切さ」を見直したほうがいいのです。世の中には理屈で割り切れないことがたくさんあるし、情にすがらなくてはならないこともあります。それに、いつもいつも前頭葉を働かせて分析ばかりしていては、頭でっかちで堅苦しい結果しか生まれなくなってしまうかもしれません。**ときには、自分の感情に身をゆだね、喜怒哀楽に素直に従ったほうがいい結果につながることもある**のではないでしょうか。

冷静分析タイプ 怒り発散法

このタイプの人は感情のコントロールがある程度できており、怒りやストレスの発散も適度にできている、と周囲も自分も思いがちです。しかし、何事も冷静にソツなくこなすがゆえに本心や感情的な部分はひた隠しにしている傾向にあり、本人も気づかないうちに取り返しのつかないほどの怒りのストレスをため込んでいる場合もあります。それが高じると、突発的に自死へ走る危険もあるため、注意が必要です。

そのため、このタイプの人は抑圧・うつ傾向の強いタイプの人と同様、あるいはそれ以上に、医療機関を頼ることも選択肢のひとつにすべきです。

医療機関に頼る前にできる怒りの発散法は、唯一自分の本心が出せる理解者あるいはコミュニティを持ち、グチや相談をすること。職場や家族、仲間とはまた別に、感情をさらけ出せる場所を持っておく、ということです。すでにグチをこぼせる行きつけの店がある、という人も多いかもしれません。

そして、幼児性が強いタイプと同様に、このタイプの人は本来他人とのコミュニケーションが苦手です。**大勢が集まるイベントなどはかえってストレスのもとになりますので、仕事以外ではなるべく避けたほうがいい**でしょう。

相手が冷静分析タイプの場合

このタイプの人は自分にも他人にも厳しく、なかなか信条を曲げませんが、決して「頑固なわからずや」ではありません。ちゃんと聞く耳は持っているし、トラブルを振り返って自分に落ち度がなかったかどうかを評価し反省する力も持っています。ですから、話をして相手を納得させることができれば、すんなり怒りの矛をおさめてくれるはず。「理」を重んじる相手には、ちゃんと「理」を通して納得してもらうのがいちばんというわけです。

また、相手にとっての上司や恩人など、キーパーソンに間に入ってもらってとりなしてもらうのもいいかもしれません。このタイプの人は縦社会の競争を生き抜く企業戦士であり、戦場をかけめぐる戦士にとって上官の命令は絶対ですから、「上官のような人」に間に入ってもらうとスムーズに和解できることが少なくないのです。

さらに、このタイプが職場や家族にいたとしたら、普段どんなつき合い方をすればいいのかについても述べておきましょう。

先にも述べたように、このタイプは周囲から冷たいイメージや怖いイメージを持たれがち。でも、決して感情のないロボットではありません。情もあるし、涙も流すし、温かみのある血の通った人間なのです。それに、組織の中で何かと孤立しがちなため、けっこうさびしがりやな一面も持っています。

また、いつも企業戦士として殺伐《さつばつ》とした闘いに明け暮れているため、「ほっとひと休みできるような場所」を求めている傾向もあります。言うなれば、「戦士の休息」です。

このタイプには、こういった人間らしい部分を埋めてあげられるように、安らげる雰囲気で接していくことをおすすめします。

怖そうだからといって遠巻きにしていてはいけません。むしろ、ジョークを言って笑わせたりユーモアを言ってなごませたりして、フレンドリーに接していくほうがいいかもしれません。そうすればきっと、このタイプの人とも打ち解けてうまくやっていけるのではないでしょうか。

Ⓕ思い込みの激しいタイプ
↓疑い深く、恨みや妄想をふくらませていく

自分の勝手な思い込みをふくらませて執拗に相手を責めてしまったことはありませんか。

このタイプはわりと多く、人数の規模が大きい集団では必ず一定数、こういうタイプの人たちがいると言ってもいいでしょう。

思い込みの激しいタイプ 特徴傾向

このタイプの特徴は、何といっても思い込みの激しさです。猜疑心や被害者意識がたいへん強く、**「自分がないがしろにされている」「自分の考えや行動が阻まれている」と感じると、相手に悪意や魂胆《こんたん》があって自分を故意に陥れたりしようとしているのではないかと思い込んでしまいます。**そして、その妄想をどんどんふくらませ、相手に

敵対意識を抱くようになっていくのです。

また、このタイプは自己愛が強い自信家で、何に関しても「自分が勝って当然」「自分が優遇されて当然」と思っています。世界は自分を中心に回っていて、自分が他の誰かに負けたり、自分が他の誰かに後れを取ったり、自分が他の誰かより恵まれない状態にいたりすることが許せません。

そのため、現実の社会で自分が報われなかったり恵まれなかったりすると、その原因を自分ではなく他人のせいにします。すなわち、「自分が仕事で成績を上げられなかったのはアイツのせいだ」「自分が勝負に負けたのは審判のせいだ」「自分が経済的に恵まれないのは政治のせいだ」といったように、他罰的な責任転嫁をするわけです。

他人への対抗意識や競争意識がたいへん強く、スポーツや試験などは終了時間ギリギリまで粘ってあきらめないようなところもあります。また、仕事、勝負事、人間関係などで力を入れてがんばったのにもかかわらずいい結果が出ないと、自分が恥をかされたように感じてしまい、「○○のせいで自分は面目を失った」といった恨みや怒りをいつまでも根深く抱き続ける傾向があります。なかには、その相手に対してメラメラと復讐心を燃やすようになっていく場合も少なくありません。

また、そういう「あきらめの悪さ」や「執拗な復讐心」の度がすぎると、異性に対するストーカー行為に発展していくこともあります。
とにかく、このタイプの怒り方は非常に厄介なのです。

思い込みの激しいタイプ

怒りのコントロール法

誰だって疑心暗鬼《ぎしんあんき》になることはあります。みなさんにも自分の思い込みで人を疑ってしまったり、妄想をふくらませて人を色メガネで見てしまったりした経験があるのではないでしょうか。

後ろ暗い気持ちが芽生えることも誰にでもあることです。たとえば、自分のライバルが失敗をしたときに「いい気味だ」と思ったり、他人の仕事が自分よりもずっとうまくいっているときに「妨害してやりたい」と思ったりすることもあるでしょう。あるいは、いつも周りの異性からちやほやされている人に対して「あの人ばかりいい思いをして……」と嫉妬心を抱くこともあるでしょうし、ブログやインスタグラムで自分の幸せや裕福さを見せびらかしてばかりいる人に対して「足を引っ張ってやりたい」と思うこともあるかもしれません。

心の中でついついこういう思いをふくらませてしまうのは、誰にでもあること。でも、たいていの人は心の中で考え直したり思い直したりして、〝どろどろとした怒り〟を打ち消そうとしているものです。すなわち、「もう、このことを考えるのはやめよう」「少し気持ちを切り替えて、別のことを考えよう」といった具合に、自分の中でうまく折り合いをつけているものなんですね。

つまり、このタイプの人が怒りを抑えるために学ぶべきは、こうした「折り合いのつけ方」なのです。

このタイプの人は、非常に強い執着心を持っています。そのため、何かひとつの「思い」にとらわれると、その「思い」に執着してどこまでも突っ走り、どんどん思い込みをふくらませていってしまう傾向があります。

だから、自分の中の「思い」がふくらみすぎてしまう前に、適当なところで折り合いをつけ、自分にブレーキをかける心の習慣を持つべきなのです。

たとえば、自分の執着心を断ち切るための「セルフトーク」を習慣づけるのもおすすめです。これは要するに、**思い込みがふくらんできたときに自分で自分に語りかけてブレーキをかけ、気持ちをトーンダウンさせていく**方法です。

具体例を挙げれば、後ろ暗い思いがふくらんできたときに、「**ま、いいか**」「**どうってことないさ**」「**ケ・セラ・セラ**（なるようになる）」「**とにかく落ち着け**」といったワードを口ぐせにしてみてはどうでしょう。

暴走しそうな車にブレーキをかけるようなつもりで意識的にセルフトークをするようにしていけば、「思いへの執着」を静めて、〝どろどろとした怒り〟がふくらむのを防いでいくことができるのではないでしょうか。

思い込みの激しいタイプ

怒り発散法

このタイプの人は、ひとりでいる時間が長ければ長いほどネガティブな感情に走りがちになり、怒りやストレスが増幅されてしまいます。ですので、いちばんの発散法は、**人がたくさんいる場所に身を置くこと**です。これは必ずしも友人知人のコミュニティである必要はなく、たとえば繁華街や人が多いカフェにひとりで出かけることでも、ある程度の怒りの感情の軽減につながります。

また、**人との触れ合いが怒りやストレスの発散につながります**。人との触れ合いがむずかしければ、ペットとでもいいでしょう。人や動物との触れ合いには、痛みやストレスをやわらげるオキシトシンが分泌される効果も期待できます。

このタイプは幼少期に親や他人との触れ合いが極端に少なかった人が多く、猜疑心の強い人、いわゆる人嫌いが多い傾向にあります。その一方で、このタイプの人にとってはスキンシップを伴う触れ合いは怒り軽減にとても有効です。怒りが爆発しそうになったとき、身近な人に軽くボディタッチしてもらうことで怒りがおさまる場合もあります。

相手が思い込みの激しいタイプの場合

このタイプの人の怒りは非常に厄介です。ヘタに関わって敵対意識や恨みを持たれるようになってしまったらたいへん。たいていの人は「このタイプとは関わり合いになりたくないな」と思うはずです。

いちばんの正解は、その気持ちに素直に従うことでしょう。

つまり、このタイプの相手に対しては、なるべく関わり合いにならないように、一定の距離を保って近づかないようにしておくのが、いちばんかしこい対処法だということです。

このタイプの人は、何がきっかけで思い込みや敵意をふくらませてしまうか皆目わからないところがあります。こちらが放った何気ないひと言が、相手の怒りのスイッチを押してしまうようなことも少なくありません。

ですから、接する場合には、十分言葉に注意して相手をヘタに刺激しないようにする姿勢も必要です。ときには、つまらないことで議論をふっかけてきたり、こちらが発した言葉の揚げ足をとって非難してきたりすることもあるかもしれませんが、なるべくこうした挑発に乗らず、会話がヒートアップすることのないよう、当たり障りのないコミュニケーションに終始するように努めるといいでしょう。

とにかく、このタイプの人から目をつけられてしまうと、後々面倒事に発展しかねません。なぜなら、思い込みや敵意を自分の中で勝手にふくらませているだけならまだしも、このタイプの場合、「思っているだけ」では済まず、実行に移してしまうことが少なくないからです。すなわち、相手の仕事を妨害したり、相手を執拗につけ回したり、相手に危害を加えたり……などの攻撃行動を実行に移してしまいかねない危なっかしいところがあるのです。

もちろん、このタイプの誰もがこうした行動をとるわけではありませんが、ちょっとした誤解や行き違いが面倒事に発展していってしまうリスクが大きいということを覚えておいたほうがいいでしょう。

「妄想性パーソナリティー障害」が疑われるケースも

なお、このタイプで病的傾向が強い人の場合、「妄想性パーソナリティー障害」が疑われることになります。

妄想性パーソナリティー障害は「パラノイア」とも呼ばれており、他人に対する不信感をつのらせ、猜疑心や被害妄想をふくらませて敵対感情を抱いてしまう人格障害の一種です。極端な場合、周りのすべての人が自分を攻撃する敵に見えるというケースもあります。こういうタイプを相手にしてしまうと、思わぬことで「攻撃を仕かけられた」と受け取られてしまい、仕返しのターゲットにされて怒りや攻撃の矛先を向けられることにもなりかねません。

ですから、もしこういうタイプに怒りの牙をむかれたり恨みを持たれたりしてしまった場合は、躊躇《ちゅうちょ》したり様子を見たりせず、早い段階で専門家に間に入ってもらうことをおすすめします。

専門医療機関で薬物治療を行えば、妄想や思い込みがエスカレートするのをある程度抑えていくことが可能です。場合によっては、そうした医療の力を借りたり警察に協力を仰いだりすることも必要でしょう。

この世の中には、自分の身を守っていくためにできるだけ避けたほうがいい「厄介なタイプの怒り」があることも事実です。そういう厄介なタイプにからまれてしまったような場合は、相手から逃げたり誰かに助けを求めたりすることも必要なのです。

私は、危機意識を働かせながらこういう「厄介なタイプの怒り」を避けていくのも、アンガーマネジメントの大切な要素だと思っています。

人間の怒り方は本当に人それぞれ。だからこそ、わたしたちは、自分が、そして目の前の人がどんな怒り方をするタイプなのかをうまく見極めて対応していかなくてはなりません。怒りを制していけるかどうか、怒りをマネジメントしていけるかどうかは、その「タイプの見極め」にかかっていると言ってもいいのです。

第3章

イライラ、ムカムカを平常心に変える方法

怒りの消化術を手に入れる

怒りの消火術をどれだけ持っていますか？

怒りをうまくマネジメントしていくには、自分なりのやり方を持っていることが必要です。

自分の怒りに火がつきそうなとき、「こういうときは、こうやって消せばいい」という消火技術を持っていれば、落ち着いて火を消すことができます。

この章では、こうした怒りのマネジメントに役立つ「消火法」の数々を紹介していくことにしましょう。

ご紹介する方法は、次の７つのカテゴリーに分かれています。

- 「セルフ認知療法」にトライしてみる
- 「怒らないわたし」へと自分を変える
- ネットやSNSとの接し方を工夫する
- 男女の怒りの違いを理解する
- 「冷静さを取り戻す方法」を持つ
- セロトニン分泌をアップさせる
- 身体感覚に訴えて怒りをコントロールする

これから紹介していくスキルのすべてを身につける必要はありません。「自分にとって役立ちそうなもの」を適宜選んで実践していくようにしてください。

「これを行えば大丈夫だ」というスキルの引き出しをたくさん持っていれば、慌てず騒がず怒りの火をしっかり抑えられるようになっていきます。

「セルフ認知療法」にトライしてみる

↓考え方のクセを変えれば、怒らなくて済むようになる

最初に、「セルフ認知療法」をご紹介しましょう。

怒り、不満、不安などの感情は、日頃から歪んだものの見方や考え方をしているせいで湧き起こってくることが少なくありません。認知療法は、そういった「歪んだものの見方や考え方」をするクセを専門家の指導のもとで修正するメソッドです。**自分の思考パターンの歪みや偏りに気づき、その問題点を修正することで、自分の感情や行動をよりよい結果につながるようにコントロールしていきます。**「セルフ認知療法」は、その修正やコントロールを自分自身で行って、怒りやすい自分、不満や不安を感じやすい自分を変えていこうというものです。

では、まず、怒りや不満につながりやすい「歪んだものの見方や考え方」にはどういうパターンがあるのか、代表的なものを挙げておきましょう。

・白黒思考……「白か黒か」「全か無か」「善か悪か」「正しいか正しくないか」といった極端な二者択一の見方・考え方をする思考です。

「自分の考えや行動が正しくて、他はみんなダメ」という不寛容なものの見方につながりやすく、自分の考えに反する人たちに怒りや敵意を抱きやすくなる傾向があります。

・シュド思考……「〇〇すべきだ」「〇〇しなければならない」と、何事においてもシュド（Should）で考えてしまう思考です。

この思考に縛られていると、怒りに駆られやすくなる傾向があります。第2章で述べた「秩序愛が強いタイプ」が典型。「ルールに従うべきなのに、アイツは平気で破っている」などと、「〇〇すべきだ」を守らない人たちに怒りや敵意を抱きやすくなります。

・「屈折フィルター」思考……自分の「歪んだフィルター」や「色メガネ」を通して物事や他人を見て、歪んだ判断や色のついた判断をしてしまう思考です。

とくに、相手と自分を比較して「自分の価値を落とす要素」をクローズアップしてしまう傾向があります。「自分がこんなに不幸せな境遇なのに、アイツが幸せそうなのが許せない」「なんで自分ひとりだけがこんな目に遭うのか」といったように、歪んだ判断を下して不満感や不遇感を高めてしまうのです。

●「根拠のない決めつけ」思考……何の根拠もないのにもかかわらず、自分のイメージで物事を決めつけてしまう思考です。

「あの人は自分の悪口を言っているに違いない」「自分が上司から叱られたのを、どうせみんな心の中でバカにして笑っているんだろう」といったように、他人の心を読みすぎて、周囲に対して猜疑心《さいぎしん》や敵対感情をふくらませてしまう傾向があります。

●「全部自分のせい」思考……何か悪いことがあると、それが自分のせいで起こったかのように思い込んでしまう思考です。

「上司の機嫌が悪いのは自分のことを気に入らないせいだ」「売り上げが下がったのは自分のせいだ」というように、勝手にストレスをふくらませてしまう傾向があります。第2章で述べた「抑圧・うつ傾向の強いタイプ」のようにストレスをため込みがちな人に多く見られます。

●「いいね」欲求不満……「ほめられたい」「評価されたい」という承認欲求が強く、その欲求が満たされなかったときに大きなフラストレーションを抱いてしまう思考です。

「SNSで『いいね』が欲しいのに、誰も見てくれないし評価してもくれない」というパターンが典型です。「こんなにがんばっているのに、まったく見向きもされないなんて間違っている」「どうせ自分は誰からも評価されない人間なんだ」といった解釈をし、不満だけでなく、周囲や他人に対する怒りを高めていってしまう傾向も見られます。

みなさんの中にも、知らず知らずのうちにこういった見方や考え方のクセがついてしまっている人がいるかもしれません。

では、こういった考え方のクセを修正するために、「セルフ認知療法」ではいったいどんなことを行えばいいのかを説明していきましょう。

①悪い流れを呼ぶ思考パターンに気づく

人は誰でも自分なりの思考パターンを持っています。その中には「この流れのとき、自分はいつもイライラして腹を立ててしまう」「ここで腹を立てると、自分はいつもバッドサイクルにハマっちゃうんだよな」といった悪い流れを呼ぶ思考パターンもあります。そういうときに「**悪い流れにハマるのは、自分の見方や考え方に問題があるせいかもしれないな」と気づく**ことがファーストステップです。

②自分の思考パターンを客観的に捉える

その気づきが得られたら、セカンドステップでは自分の思考パターンを客観的に捉える習慣をつけていきます。

たとえば、人間関係で誰かから心理的プレッシャーを受けているようなときに「いつもの自分だったらこう考えて対処するけど……でも待てよ、こういうふうに別角度から考えて対処したら相手の態度も変わってくるかもしれないな」といったように、**意識的にパターンを変えて対応してみる**のです。そうすると視野が広がって、いろいろな考え方や行動の仕方があって、それによって相手の反応パターンも違ってくるということが見えてきます。

その際、より客観的に自分の思考パターンをとらえるには、自分の考えや行動をノートなどに書き出してみるといいでしょう。

言葉として文字に起こしてみると、「ああ、じつは自分はこの相手に対して興味を持っていたんだな」「このシチュエーションで腹を立てる必要はまったくなかったんだな」といった具合に、自分の心の動きがより鮮明に浮かび上がってくるはずです。

また、それと同時に、自分の見方や考え方の修正すべき点なども明らかになってくることでしょう。

③修正した考えを行動に移す

さらに、サードステップでは、**修正した考えを行動に移し、「そのほうがよい結果が出るんだ」**ということを学んでいきます。

自分の考え方の傾向が見えてくると、だんだん「ダメなときの思考パターン」と「いいときの思考パターン」があることがわかるようになってきます。そして、自分で考えを修正して「いいときのパターン」で行動できたときには、怒り、不満、不安などの感情にとらわれることもなく、いままでよりも「いい結果」に結びつきやすいということがわかってくるのです。

つまり、考え方を修正したほうが、悪い流れにハマることもなく、自分をいい流れに乗せていきやすいんだということが感覚的につかめるようになるわけです。

このように、「セルフ認知療法」では、考えを修正したほうがよい結果につながるという成功体験を積み重ねることで、自分の考え方や行動を変えていくのです。

ここではおおまかなアウトラインを紹介しましたが、認知療法についてもっとくわしく知りたい方は、書籍やネット情報もたくさんあるので、参考にしながら取り組んでみるといいでしょう。

他人の考えはなかなか変えられませんが、自分の考えは変えられます。

自分の考え方のクセを修正し、行動を変えれば、「怒りやすかった自分」から怒らずに済む自分へとシフトしていくことも十分に可能なのです。

思考パターンの歪みを修正するメソッド

認知行動療法

Step 1　気づく

悪い流れを呼ぶ自分の
思考パターンに気づく

↓

Step 2　客観的にとらえる

客観的にとらえたら意識して
パターンを変えてみる

↓

Step 3　行動に移す

修正した思考パターンで
行動してみる

↓

いい結果に結びつく感覚をつかむ

「怒らないわたし」に変える

↓行動習慣を変えるだけでも怒り方が違ってくる

「セルフ認知療法」以外にも、自分の日頃の行動や習慣を変えて怒らないように仕向けていく方法はいくつかあります。ここでは、誰にでも気軽に実践できそうなスキルを選んで紹介していくことにしましょう。

「6D3S」の口ぐせをやめる

口ぐせには、日頃の考え方のクセが現れます。自分の思考パターンが「無意識に口をついて出る言葉」に投影されるのです。

そのため、日頃からネガティブな言葉を口ぐせにしている人は、考え方や行動もネガティブな方向へ引っ張られがちになります。たとえば、次の「6D3S」で始まる否定的な言葉には注意が必要です。

6D……「**ど**うせ」「**で**も」「**だ**って」「**ダ**メだ」「**ど**うしよう」「〇〇**で**きない」

3S……「**し**ょせん」「〇〇**す**べきだ」「〇〇**し**なければならない」

いかがでしょう。ついついこれらの言葉を口にしてはいませんか?

「どうせ」「でも」「しょせん」などの次には、たいてい否定的な言葉がつながります。普段から口ぐせにしていると、考え方や行動が卑屈でネガティブなものになりやすく、そうした否定的態度が人間関係に影響をもたらすようになっていくことも少なくありません。

また、先述したように、「〇〇すべきだ」「〇〇しなければならない」はシュド思考に陥りやすく、これらを口ぐせにしていると他人に対して不寛容になり、不満や怒りを感じやすくなっていきます。

逆に、こうした口ぐせを意識して使わないようにすれば、それだけでも気持ちが変わってくるはずです。

そして、代わりに「**きっとできる!**」「**いける!**」「**よっしゃあ!**」「**大丈夫!**」「**何**

とかなる」といった前向きな言葉を意識的に口にするようにしてみてはいかがでしょう。

そうすれば、考え方や行動も前向きでおおらかな方向へと変わっていきます。人間関係もスムーズに運ぶようになり、いままでは怒っていたようなことに対しても怒らずに済むようになっていくのではないでしょうか。

ちなみに、私たちは通常、肯定的な思考と否定的な思考の両方を持ち合わせています。しかし、心理的な苦痛を感じると、まずは否定的な思考のほうが優勢となってしまいます。すると、思考に柔軟性がなくなり、ひずんだ考えに傾いてしまいがちです。

つまり、心に何らかのストレスが加わると、ネガティブな思考にとらわれてしまい、そのせいで脳は受け取った情報を正常に処理できなくなるのです。よって、普段ならどうでもいいようなことに過剰に反応してイライラしたり、何事も悪いほうにばかり解釈して怒りが湧いてきたりしてしまうことがあるわけです。

このネガティブな思考は、「無力感」と「愛されていないという感じ」の2種類に大別されるとした研究があります。

なお、心理的な苦痛が軽減されると、今度は肯定的な思考が優勢となるとされていますので、「自分には何もできない」「どうせ私なんて……」といった無力感を抱いたり、「私は誰にも愛されていない気がする」などという感情が湧いてきたりしたら、その感情が怒りに発展する前に、まずは現状で受けているストレスをあなたに合った方法で発散することを心がけてみてください。

悪口や噂話の輪に加わらない

当たり前ですが、人は悪口を言われたら怒ります。怒りを顔に出さない人もいるかもしれませんが、少なくとも嫌な気持ちにはなります。

ですから、人の悪口は言わないのが基本。なぜなら、**自分の口から出た言葉は、いずれ自分の身に返ってくるもの**。因果応報《いんがおうほう》ではありませんが、他人をけなしたりしているいると、その話が人から人へ伝えられて、いずれ自分が同じような悪口を言われる身になっていくのです。

回りまわって自分が悪口を言われるようになったら、今度は自分が怒るハメになってしまいますよね。したがって、自分が怒らずに済むようにしていくためにも、他人の悪口は口にしないに限るのです。

そして、悪口や噂話の輪にも加わらないようにすることをおすすめします。輪に加わっていると、たとえ何も話さず沈黙を守っていたとしても、悪口に同意したものと受け取られかねません。誰かが悪口を言っていたら、その場を離れたり話を混ぜ返したりして加わらないように努めるのがいいでしょう。

なお、これは対面のコミュニケーションだけでなく、メール、ラインやツイッターなどのSNSでも同じです。ネット上では言葉がひとり歩きしやすく、何気なくつぶやいた他意のない言葉が「悪口」と受け取られるようなこともあるので、よりいっそう気をつかうべきでしょう。

とりわけ、匿名投稿によるネット上での悪口はエスカレートしがちなので、十分注意するようにしてください。

「自分にコントロールできないこと」は気にしない

怒らないで済むようにするには、まずは「自分にコントロールできないこと」に対して怒りの火をつけないように習慣づけていくことも大切です。

たとえば、不景気に怒りを感じていても、近所で選挙カーがうるさくても、自分にはコントロールできません。こういった「自分にコントロールできないこと」に怒りを感じたってしょうがないんだと腹をくくっていると、かなり怒りの頻度を少なくできるものなのです。

その点で言えば、他人の言動も自分ではコントロールすることができません。だから、たとえ誰かから悪口を言われたり、上司から小言を言われたりしたとしても、「**自分にコントロールできない他人に対して腹を立てても無駄だ**」と思えば、悪口や小言が気にならなくなってくるはずです。

ひとつのエピソードをご紹介しましょう。

国民栄誉賞を受けた松井秀喜選手が巨人からニューヨーク・ヤンキースに移籍したばかりの頃の話です。

当時の松井選手は極度のスランプに陥っていて、試合で打球が上がらず、いつもゴロばかり打っていました。そんな松井選手を、手厳しいことで有名なニューヨークのメディアは「ゴロキング」といって連日酷評していました。そんなとき、ある日本の記者から「ゴロキングなんて呼ばれて気にならないか」と聞かれた松井選手は、平然として次のように答えたのです。

「まったく気になりません。記者さんが書くことは自分にはコントロールできません。僕は自分でコントロールできないことには興味を持たないようにしているんです」

つまり、松井選手は「自分にコントロールできないこと」を怒ったり気に病んだりしても自分のパフォーマンスを落とすだけだと心得ていたのです。そして、日々のバッティング練習やトレーニングなど「自分にコントロールできること」だけを追求して、結果を出そうとしていたわけですね。

現代では、SNSでの自分の評価を気にしたり、自分への悪口を気に病んだりして、「自分にコントロールできないこと」に振り回されている人がとても増えています。松井選手のように「自分にコントロールできないこと」と「自分にコントロールできること」をきっちり分けて考えるようにすれば、だいぶ精神的にラクになりますし、つまらないことでいちいちカッとせずに済むようになるのではないでしょうか。

「扁桃体」を自分で飼いならす感覚を持つ

怒りの感情がエスカレートするのは、脳の扁桃体が興奮するのが原因です。

たとえば、この扁桃体を暴れ馬のようなものだと考えるとわかりやすいでしょう。

扁桃体が興奮して暴れそうになったときには、「どう、どう、おとなしくしていろ」と言い聞かせて興奮を静めてやるのです。

このように、扁桃体という「馬」を調教して飼いならすような感覚を持っていると、怒りがエスカレートするのを防げることが多いのです。

馬をうまく乗りこなせるようになってくればきっと、怒る必要がないときは怒らないで済ませることができるようになるでしょう。

ちなみに、このように自分の思考や行動を客観的に捉えて、評価したり修正したりしながらコントロールしていくメソッドのことを「メタ認知」と呼びます。

簡単に言えば、**自分の置かれた状況を自分でモニタリングし、チェックしていく**のです。慣れてくれば、怒りに火がつきそうなときも、冷静に自分の状況を観察しながら感情をコントロールしていけるようになるはずです。とくに、カッとなると自分を見失いやすい人は、この「自分モニタリング」を心がけて怒りや興奮を抑えていくようにするといいでしょう。

ネットとのつき合い方を工夫する

↓SNSの「進化した怒り」に対応するコツ

匿名で投稿をすることができるサイトなどには、過激な表現で人を批判したり中傷したりしているものも少なくなく、怒りの感情がいささか暴走気味の傾向もあります。

そういった「ネット上の怒り」は、リアルな日常の人間関係で生じる怒りとは、いささか異なります。いちばん大きな違いは、「ネット上の怒り」はSNSなどによって勝手に拡散し、勝手に成長してしまう側面があるところでしょうか。

わたしたちは、こうした「ネット上の怒り」に対しても、リアル世界の怒りと同様にかしこく対応していかなくてはなりません。ここでは、そのための「おすすめの対応スキル」をご紹介していくことにしましょう。

夜は「怒りのメール」を書かない、送らない

「夜に書いたラブレターは、翌朝もう一度見直してから出せ」という話をご存じですか？　夜は感情のモードが感傷的になっているため、後で自分でも思わず赤面してしまうような甘くて恥ずかしい文言を書き連ねていることが多いものです。だから、翌朝、冷静なモードでもう一度読み直してから出しなさいというわけです。もちろん、メールでも同じことが言えます。

それにしても、朝と夜とで感情のモードに違いが出るのはどうしてなのでしょう。

じつは、これには自律神経が関係しています。

よく知られているように、わたしたちの自律神経は、午前中は「がんばるモード」の交感神経が優位に働き、午後から夕方、夜にかけて次第に「リラックスモード」の副交感神経が優位に働くようになります。そして、この自律神経の切り替えに合わせて、感情のモードも変化していくのです。

すなわち、交感神経優位の午前中は、脳が物事を論理的でクールに捉える傾向が高くなります。一方、副交感神経優位の夕方や夜は、脳が感情的になり、そのときの喜怒哀楽の情感や思い込みで物事をとらえるようになるのです。

しかも、ここで強調しておきたいのは、午前中と夕方・夜とで怒りの感情処理の傾向も変わってくる点です。これをまとめると、次のようになります。

午前中　交感神経優位（冷静・論理的・クール）
⬇ 怒りや不平不満などの感情も冷静に処理できる

夕方・夜　副交感神経優位（感情的・感傷的・思い込みが強くなる）
⬇ 怒りや不平不満などの感情がエスカレートしやすい

つまり、脳が物事をクールに捉える午前中は、怒りや不満を比較的冷静に処理できる場合が多いのですが、**脳が物事を感情的に捉えるようになる夕方や夜は、怒りや不満の感情がむくむくとふくらんできてしまい、しかも、そのふくらんだ思いを表に吐《と》露《ろ》してしまいがち**です。

そこで想像してみてください。

たとえば、同僚の尻ぬぐいのような仕事で、夜遅くまで残業させられていたとしましょう。嫌々ながら仕事をしているうちに同僚に対する不満がふくらんできて、不平や文句を延々と書き連ねたメールを送信してしまう……。

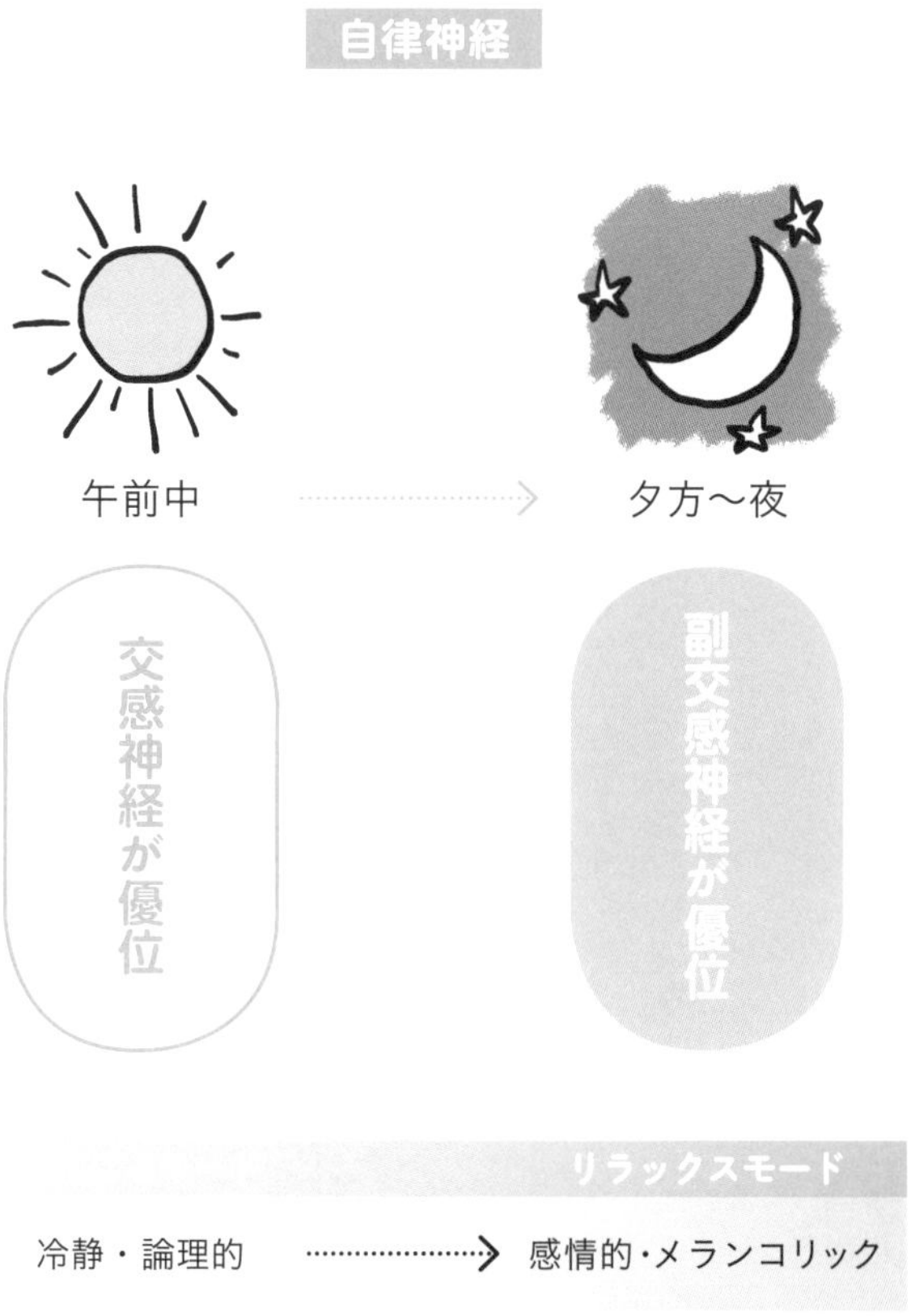
自律神経
午前中
夕方〜夜
交感神経が優位
副交感神経が優位
リラックスモード
冷静・論理的
感情的・メランコリック

あるいは、仕事がうまくいかず滅入っているときに夜遅くまで電話のクレーム対応をしていて、ついカッとなって大切な顧客に怒鳴り声を上げてしまう……。いかにも起こりそうなことだとは思いませんか？

ですから、夜に書いたラブレターをそのまま出してはいけないのと同じように、夜は「感情的になりそうな仕事」はしないほうがいいのです。

とくに、夜にメールを書く場合は重々気をつけたほうがいいでしょう。夜に書くメールは思い込みの感情が先走っていて、書く必要のないことまで書いてしまったり、ついつい感情的な言葉を並べてしまったりすることが多いのです。そのまま送信してしまったら取り返しのつかないことにもなりかねません。

ちなみに、夜遅くにネットショッピングをすると、買う必要のないものを買ってしまったり、ついつい買いすぎてしまったりするものですが、これも同じ理屈で起こること。夜間の脳は欲求が先走って商品への思いが高まるため、非常に購入ボタンをクリックしてしまいやすいのです。

ですから、夜に書いたメールは、翌朝もう一度見直してから送信したほうがいいですし、夜のネットショッピングでカートに入れたものは、翌朝もう一度チェックしてから「購入する」をクリックするほうがいいでしょう。きっとそのほうが、つまらないトラブルや後悔を少なくできるはずです。みなさんも習慣づけてみてはいかがでしょうか。

深夜のSNSへの匿名投稿はやめておく

先ほど「夜は怒りや不平不満などの感情がエスカレートしやすい」と述べましたが、その傾向は深夜になるとよりいっそう高まります。

そこで気をつけておきたいのが、SNSなどでの匿名投稿です。

匿名投稿サイトの中には、口汚い言葉を並べて相手を攻撃したり誹謗中傷したりしているものが少なくありません。責任を問われることのない匿名の投稿は、もともと言葉が先鋭化しやすいのですが、深夜になると、そういった言葉がよりいっそう過激にエスカレートしやすくなるわけです。やられたらやり返すといった感じで過激な言葉の応酬合戦になっていくこともめずらしくありません。

おそらく、こういった匿名投稿サイトに夜な夜な集う人の中には、言葉で誰かを攻撃することが、ストレス解消やうっ憤晴らしになっている人もいるでしょう。誰かを徹底的にやり込めるとすっきりとした気持ちになるのであれば、それは自分の中の攻撃衝動を満たしているということです。言わば、SNSなどで怒りを吐き出すことで自分の感情をコントロールしているわけです。

しかし、こうした行為は、とても健康的とは言えません。

このように真夜中にSNSなどで感情をエスカレートさせていると、神経が興奮して眠れなくなってしまいます。睡眠障害に陥りやすくなるのはもちろんですが、ホルモンのバランスや自律神経のバランスもくずれやすくなるでしょう。さらに、ホルモンや自律神経のバランスがくずれると、心身のさまざまなコントロール機能が低下してくるため、体調面や精神面の不調を訴えるようになっていくケースも少なくありません。

ですから、**心身のリズムを日々健康に保っていきたいなら、深夜のネット匿名投稿にはタッチしないことをおすすめ**します。

どうしても参加したいなら、朝や午前中にしてはどうでしょう。朝や午前中は脳がクールに覚醒した状態になっているので、怒りがメラメラと燃えさかったり感情がヒートアップしたりすることは少ないはずです。

それに、匿名投稿の過激なやりとりも、醒めたクールな目で見れば、まったく違って映るでしょう。朝に眺めてみれば、きっと「いったいこの人たちは何を熱くやり合っているんだろう」「自分はなぜこんな投稿をしたんだろう」といった具合に不思議なやり取りに見えてくるのではないでしょうか。

SNSでは感情のテンションを2段階下げる

最近はツイッター、ライン、フェイスブック、インスタグラムなどを利用する人が増え、そこにアップされる他人の反応を気にする人がたいへん多くなってきました。相手からなかなか返信がこないことでイライラしたり、自分が発信したことに対する閲覧数や「いいね」の数が気になって仕方なかったり、さらに、自分の発信に対して他人が反応して書き込んできた言葉によろこんだり、頭にきたり、悲しんだり、傷ついたり……。みなさんの中にもこうした経験をしたことのある人が多いのではないでしょうか。

私はこのようにSNSの他人の反応をあまりに気にしすぎるのは考えものだと思います。しょせん、他人の言動は自分の思い通りにはならないもの。先にも述べたように、「自分ではコントロールできないもの」です。そういう「コントロールできないもの」の反応に、いちいち一喜一憂して心を乱されていたら、そのうち振り回されっぱなしで疲れ果ててしまいます。

ですから、のめり込みすぎないように意識したほうがいいのです。

のめり込みすぎるのを防ぐため、私は、SNS利用の際、**感情のテンションを2段階低くする**ことをおすすめします。「最高にうれしい」「めちゃくちゃ頭にきた」「どん底まで悲しい」と感じるのが「5」のレベルだとすれば、あらかじめ「3」のレベルにまでテンションを落として接するようにするのです。

そうすれば、自分の感情が熱くなるのを防げます。

「3」レベルであれば、他人の反応がよくなくても「まあ、そんなものか」くらいに受け止められるはず。他人の反応に対する「期待度」が下がるので、相手が自分を評価してくれなかったようなときもあまり悲しまずに済むのではないでしょうか。

また、あらかじめ感情のテンションを下げておくと、相手が自分を挑発してきたりケンカを売ってきたりしたようなときも、そうカッカせずに済みます。

たとえば、相手が「こんなクソつまらないことを書いてよく恥ずかしくないな」などと言って挑発してきたときも、**「いいアドバイスをありがとう、では、さようなら」**といった具合にまともに取り合わず、ヒートアップを回避できるのではないでしょうか。

とにかく、ＳＮＳでは何かと喜怒哀楽の振れ幅が大きくなりがちだからこそ、意識して「醒めた感情モード」で接するように心がけるべき。

冷静さを失わないように、〝ちょっと体温低め〟で気楽に言葉をやりとりするくらいがちょうどいいのです。

就寝前にこんなことはしてはいけない

最近は、朝から晩までスマホを手放さず、食事中やトイレの中でも「ながらスマホ」をして、一日中スマホ漬けのような生活を送っている人もいると聞きます。

ただ、夜遅くまでのスマホ使用は気をつけるべきです。なぜなら、その習慣が睡眠障害につながっていくケースがたいへん多いからです。

問題は、夜更かしによる睡眠時間の不足だけではありません。スマホ画面が放つ光はたいへん強く、夜に強い光を浴び続けていると、睡眠を誘うホルモンのメラトニンの分泌が減ってしまいます。これによって、スムーズに寝つけなくなったり、眠りが浅くなったりしていきます。

そして、睡眠時間が足りなかったりよく眠れなかったりする日が続くと、てきめんに脳のパフォーマンスが落ちるようになります。

そもそも、脳は睡眠という休息なしには働くことができません。寝不足の翌日、頭のボーッとした感じがなかなか抜けない人も多いと思いますが、それは、疲れが回復しないまま働かされ、脳の活動が全体的に停滞しているせいなのです。

睡眠という休息がとれていないと、集中力、記憶能力、学習力、意欲、創造力、コミュニケーション力などたいへん幅広い脳機能が低下します。また、**感情コントロール力も低下し、突然怒り出したり泣き出したりといったように感情の抑制がきかなくなってくる**こともあります。

だから、「最近どうも怒りっぽくなったな」「小さなことですぐイライラするようになったな」と感じるのは、連日夜遅くまでスマホを使って寝不足が続いているのが原因である可能性もあります。スマホのせいで睡眠が妨げられ、脳機能が低下して怒りをうまく制御できない状態に陥っている可能性もあるわけです。

私は、スマホの過剰使用から心身に不調を訴えている人には、「せめて、ふとんの中ではスマホを使わないように」とアドバイスするようにしています。スマホに依存気味の人は一気に使用時間を減らそうとしても無理なので、せめて夜、ふとんの中で使用するのをやめると、それだけでも睡眠が改善傾向へと向かい、それに伴い感情の

ネット時代の怒りの対応スキル

- **夜に「怒りメール」を送らない**
  必ず翌朝、見直そう
- **深夜にSNSへの投稿はしない**
  参加するなら翌日の午前中に
- **SNSではテンションを２段階低く！**
  意識して冷静に
- **就寝時間にスマホの画面を見ない**
  睡眠を誘うホルモン「メラトニン」分泌の減少につながる

抑制も以前よりききやすくなったということが多いのです。

スマホの使用時間が長い人は、「せめてこれだけでも」という気持ちで実践してみてはいかがでしょうか。

男女の怒り方には違いがある

↓パートナーとのすれ違いはこうして防ぐ

女性の怒り方の傾向と男性の怒り方の傾向には、多少の差があります。男女ではホルモン分泌や脳の働き方に違いがあり、それによって怒りの発し方や受け止め方に傾向の違いが出てくるのです。

性別によって、医学的に無視できない差があるのは事実です。

また、男性と女性は何かとすれ違いが多く、ささいなことでケンカをすることが多いもの。お互いが「怒り方の傾向の違い」をちゃんと理解すれば、恋人同士のケンカや夫婦ゲンカを減らせるようになるかもしれません。

私は、怒りの傾向の男女差について知り、その知識を活かして異性に接していくのも大切なアンガーマネジメントのひとつだと思っています。

女性の怒りは根深く、男性の怒りは衝動的

男女の怒り方の違いにもっとも影響をもたらしているのは性ホルモンです。なかでも影響が大きいのは、女性ホルモンのエストロゲンと男性ホルモンのテストステロン。まず、これらがどんな違いを生むのかをざっと説明しておきましょう。

よく知られているように、エストロゲンは女性の生理周期をつくり、肌や髪の美しさにも大きな影響をもたらしているホルモンです。

ただ、他にもさまざまな働きがあり、女性が男性よりも長生きだったり、男性よりも痛みに強かったり、男性よりも体がやわらかかったりするのもエストロゲンの力によるところが大きいとされています。女性には出産という大きなイベントがあるため、痛みに強い体、やわらかくて丈夫な体を維持できるように設定されているのです。

さらに、エストロゲンには、脳の海馬に働きかけて記憶力を高める働きもあります。ところで、この「エストロゲンの記憶アップ作用」がどういうときに高まりやすいかをご存じですか？

それは、恋愛をしたり、デートをしたり、セックスをしたり、結婚をしたり、妊娠・出産をしたりといった「**男女がらみの思い出イベント**」**があったとき**です。こういう

とき、ここぞとばかりにエストロゲンが分泌されて記憶力が高められるのです。ですから、女性は「初デートのときに相手が着ていた服の柄」や「結婚式の日に友人に歌ってもらった曲の歌詞」「妊娠したときに夫からかけられた言葉」など、じつに細かいことを覚えていることが多いのです。

ただし、いいことばかりを覚えているとは限りません。たとえば、「夫とケンカをしたときの細かい状況」「夫に浮気されたときのショックな経験」などもしっかり覚えています。むしろ、こうした嫌な記憶や怒りの記憶は「決して忘れない」というくらいに強力に焼きつけられていると言ってもいいでしょう。

ですから、女性の怒りは根深いのです。しかも、なかなか消えることがありません。男性側がもうすっかり忘れているような昔の過ちを持ち出して、ねちねちと責めてくるようなこともあります。また、「夫や恋人がまた同じ過ちを繰り返すのではないか」という思いから、疑い深さを強める傾向もあります。それもこれもエストロゲンの影響が大きいわけですが、過去にうしろめたさを抱える男性サイドから見れば、とても厄介な作用なのかもしれません。

一方、テストステロンは、攻撃性や性欲、支配欲、競争意識を高める男性ホルモン。

衝動性にも関係していて、ちょっとしたことでカーッとなったり、キレると暴力に及んだりする人はテストステロン値が高いと言われています。

エストロゲンの怒りが根深く長持ちするのに比べると、テストステロンの怒りは「その場しのぎ」の側面があります。すなわち、目の前に現れた敵と闘ったり、ライバルと競い合ったりするときに、ワーッと集中的に衝動性の強い怒りが発動されるのです。

とりわけ、テストステロンの多い男性は、「少しでも他人より上に立ちたい」「相手を支配下に置きたい」という欲求が強く、その欲求を叶えるために相手を怒鳴ったり威嚇したりする傾向も見られます。男女間であれば、ときとしてパートナーに対して衝動的に声を荒らげるようなこともあるかもしれません。

つまり、すぐにカーッとなってキレたり怒鳴ったりするのには、テストステロンに突き動かされている部分もあるのです。言い換えれば、**「勝ちたい」「上に立ちたい」「支配したい」といった声に突き動かされているようなもの**。テストステロンは男女ともに分泌されていますが、分泌量の多い男性は、子どもの頃からずっとこういう声に突き動かされていると言ってもいいのです。

女性の「共感脳」と男性の「解決脳」はすれ違う

男女間のもつれは会話のすれ違いからスタートすることが少なくありません。

たとえば、つき合い始めて3か月のカップル。女性側がなんとなく彼の声を聞きたくなって電話をしたとします。すると、彼のほうは、電話をかけてきた理由をあれこれ問いただして、たいした理由はないとわかると「じゃあ、なぜ電話してきたの？用がないなら切るよ」という対応……。きっと、彼女のほうは「わたしの話を全然聞いてくれない！」と言って怒るのではないでしょうか。また、それを聞いた彼のほうも、「なんで怒られなきゃいけないんだ」と、不満げに怒り出すかもしれません。

よく言われていることですが、**女性脳は「共感脳」、男性脳は「解決脳」**です。

女性が会話に「共感」を求めるのに対し、男性は会話に「解決」や「結論」を求めます。すなわち、女性のほうは「なんとなく声が聞きたい」という思いにただ共感してほしいだけ。共感して話を聞いてくれさえすれば、それで満足なのです。これに対して、男性のほうは「電話をしてきた理由」を探し出し、その問題を解決して結論を出さないと気が済みません。それで、「何の問題もないなら、いちいち電話なんかするな」とばかりに、女性の期待をスルーしてしまうわけです。

このようなすれ違いの会話が続けば、お互い相手に対してどんどんイラ立ちや腹立たしさを抱えるようになってしまうのではないでしょうか。ですから、そうした事態を避けるには、女性側は男性の解決脳の特徴を理解し、男性側は女性の共感脳の特徴を理解していく姿勢が必要なのです。そのうえで、お互いに譲歩しつつ、尊重し合いながら会話をするようにしていくべきなのです。

愛情ホルモンと「憎しみ」との皮肉な関係

近年、「オキシトシン」というホルモンに注目が集まっています。

これは、脳に愛情・愛着を感じさせたり、信頼感・親近感をアップさせたりして、人と人との絆を深めるホルモン。このため、「愛情ホルモン」や「愛着ホルモン」などと呼ばれることがあります。

オキシトシンは、近しい人とスキンシップをとったり同じ空間に長くいたりすると分泌されるのが特徴です。男女とも分泌されますが、女性のほうがけた違いに多く分泌されることがわかっています。とくに大量に分泌されるのは分娩のときで、出産後に母乳の分泌を促すのもオキシトシンの働きです。また、セックス時にも多く分泌され、相手と触れ合いたいという欲求を高めるとされています。

ただ、このオキシトシン、じつは愛情だけでなく、**憎しみやねたみなどの感情を増すのにも関わっている**のです。

「愛憎」という言葉があるように、もともと「愛」と「憎しみ」は表裏一体のようなもの。相手への愛が深ければ深いほど、その愛や信頼が裏切られたときの憎しみも大きくなるものです。そういった「憎しみ」が愛情ホルモンのオキシトシンによって生み出されているというわけです。

アンガーマネジメントの視点から見ると、こういう「愛から生まれる憎しみ」は、なかなかコントロールしづらいもの。人を愛する気持ちがふくらむのは、自分の意思では抑えられないものなのです。

ただ、「憎しみ」が広がらないよう気をつけることはできます。

口ゲンカで女性が勝ち、男性が黙る理由

夫婦や恋人同士の口ゲンカでは、たいていの場合、女性サイドに軍配が上がります。

理由は、女性の脳のほうが言語を操るのが得意であり、次から次へと言葉がポンポ

ンと出てくるためだと言われています。応戦して抵抗しようとしても、男性はこれに時間がかかり、ポツリポツリとしか言葉が出てきません。それに比べて女性のほうは機関銃のようにガンガン言葉を繰り出してくる、というわけですね。

アメリカ・ワシントン州立大学のジョン・ゴットマン名誉教授は、こうしたカップル間のコミュニケーションのすれ違いを長年研究しています。その中で、夫婦間の口ゲンカで追いつめられた男性がどういう状態に陥るかを調査した研究があるので、ちょっと紹介しておきましょう。

女性側から機関銃の一斉掃射を受けた男性は、抵抗もむなしくどんどん劣勢に追い込まれていきます。そして、劣勢になるとともに言葉数が減り、最終的には何も話さず押し黙るようになるのだといいます。そうなると、女性側からさらなる銃弾を撃ち込まれようとも完全無視。プライドを粉々に撃ち砕かれ、「反撃してやろう」「こんな仕打ちをされてたまるものか」という攻撃的感情は残っているものの、プイと押し黙って無視するしかない状況に追い込まれるのだそうです。

なお、このとき、男性の心拍数が口論のエスカレートとともにどんどん上昇することもわかっています。しかも、男性が「沈黙」「無視」という行動に出るのは、決まって心拍数が100を超えたあたりなのだそう。どうも、**心拍数が100を超えると、**

アドレナリンが大量に流れ、血流や血圧が上がって、人の話をまともに聞けなくなってきて、言葉を出そうにも出せなくなってくるらしいのです。

さらに、それ以上口ゲンカが続いてもっと心拍数が上がると、急に部屋を出ていき、「その場を立ち去る」という行動に出る男性も少なくないと言います。言わば、敵に背を向けて逃亡するわけです。

この本の最初のほうで、危険が身に迫ったとき、動物は「闘争」か「逃走」かのどちらかを選ぶのだと述べましたが、この場合、「これは到底かなわない」と悟った男性が、女性と「闘争」するのを回避して、「逃走」するほうを選択したと言えます。

それにしても、こういう「究極の選択」をしなければならないのは、男性側がかなりの身の危険を感じているという証拠。ケンカの理由がどんなことであれ、何もそこまで追いつめなくてもいいような気もします。

女性は、口ゲンカの最中、男性が何も言わず押し黙るようになったなら、「このあたりが潮時」と考えて、攻撃をストップしてあげてはいかがでしょうか。

「冷静さを取り戻す方法」を持つ

↓ヒートアップしないための気分転換法があれば安心

怒りをうまくコントロールしていくには冷静さを保つことが肝心です。

「これを行えば自分はいつでも冷静になれる」

「これをやればどんなときも心を落ち着かせられる」

という自分なりの方法を持っていると、怒りがヒートアップしそうなときにも平常心を取り戻して相手に冷静に対応していくことができます。

ここでは、「冷静さを取り戻すスキル」の代表的なものを紹介していくことにしましょう。「これなら自分にもできそうだな」という気分転換法を選んで役立てていくようにしてください。

空を見上げて、落ち着きを取り戻す

怒りがおさまらないとき、また、焦りや不安、イラ立ちがおさまらないとき、空を見上げて気持ちを落ち着けてはいかがでしょう。下界の騒々しさと違って、天のかなた、どこまでも広がっている空はいたって静かです。

詩人・吉野弘の『争う』というタイトルの詩に次のような一節があります。

青空を仰いでごらん。
青が争っている。
あのひしめきが
静かさというもの。

「静」という字は、「青」が「争」って成り立っているんですね。こういう気持ちで空を見上げると、ざわついた心がスッと静かになって、冷静さを取り戻せるのではないでしょうか。

数を唱える、おまじないを唱える

「緊張や不安を感じたら、手のひらに『人』と3回書いてのみ込むといい」——。そんな話を聞いたことがある人も多いことでしょう。

非科学的と思われるかもしれませんが、こういう「**おまじない**」**じみたことを行うと暗示にかかったように落ち着きを取り戻す人も多い**のです。別に「手のひらに『人』3回」でなくてもいいですが、自分なりの「冷静さを取り戻すための呪文やおまじない」のようなものを持っていると、役立つのではないでしょうか。つまり、「これを心の中で唱えれば大丈夫」という自己暗示法です。

たとえば、数学好きであれば、素数や円周率を心の中で順に唱えて落ち着くのもおすすめ。プロ野球ファンであればひいきのチームの選手と背番号を心の中で順に挙げていってもいいし、鉄道ファンであれば山手線の駅名や東海道新幹線の駅名を唱えていくのもいいかもしれません。つまり、ヒートアップしそうな状態で、これらをちゃんと唱えたりすることができれば、「大丈夫、自分はまだ冷静なんだな」と再認識することができるわけです。

とりあえず、その場を立ち去る

「とにかく、そこを立ち去る」――これは古典的ではありますが、冷静さを取り戻すにはいちばん効果的な方法かもしれません。

ヘタに食い下がったり抵抗しようとしたりすると、かえって自分に都合の悪い展開になるかもしれませんし、それだけ多くの地雷を踏むことにもなりかねません。ですから、**とにかくその場を離れ、冷静に状況を振り返ってみる。**そのうえで、次のアクションはどう起こせばいいかを考えましょう。

気持ちが落ち着くものを見たり聴いたりする

スマホや携帯のホーム画面で自分の子どもの写真やペットの写真を壁紙にしている人も多いことでしょう。イライラしているときやカッカしているようなとき、その写真を見ると気持ちが癒やされて落ち着いてきませんか？　このように、「これを見ると気分が落ち着く」というアイテムを持っていると、冷静さを取り戻しやすいのです。

別に写真でなくてもかまいません。たとえば、「深海魚が泳いでいる動画を見ると心が落ち着く」「犬の動画を見ると心が癒やされる」などと感じるなら、お気に入りの動画をスマホで見るのもいいでしょう。

あるいは、「このスライムのおもちゃを手でギュッと握ると気分が落ち着く」「このハンカチで額を拭けば冷静になれる」といったように、お気に入りの「気分転換アイテム」を準備しておいて活用するのもいいと思います。

また、スマホやタブレットなどにお気に入りの音楽を入れておいて、「この曲を聴けば心が落ち着く」というように自分に暗示をかけておくのもおすすめです。

とにかく、写真でも動画でもグッズでも音楽でもいいので、**自分なりの落ち着きアイテムを何かひとつは持っておくようにしましょう。**

甘いものをひと口食べる

怒り、焦り、不安、イライラなどにとらわれそうになったら、とりあえずアメやチョコなどの甘いものを口へ放り込む――。これも古典的ではありますが、効果の高い気分転換法のひとつです。

糖質はたいへん吸収が早く、甘いものが口に入ると、ブドウ糖がすぐに脳に届くこ

冷静さを取り戻すスキル

- 空を見上げてみる
- 数を数える、おまじないを唱える
- その場を立ち去る
- 癒やされる気分転換アイテムを用意する
- 甘いものをひと口食べる

とになります。これにより、**脳が一時的に満足して冷静さや落ち着きを取り戻す**のです。また、甘いものにはセロトニン分泌をアップする作用があるため、これも精神をより安定させることへとつながります。

ですから、心や感情が乱れそうになったときのための〝非常食〟のようなつもりで、普段からバッグにアメやチョコなどを入れておくのもいいでしょう。また、自動販売機で甘い缶コーヒーなどを買って飲むのもいいと思います。

ただし、甘いものをしょっちゅう口にしていれば当然太ることになりますから、「困った状況に陥りそうになったときに、ひと口だけ」を守ることをおすすめします。

セロトニン分泌をアップさせる

↓イライラしない体質に変える

これまで述べたように、セロトニンは脳を穏やかに安定させるのに重要な役割を果たしている脳内物質です。セロトニンが不足すると不安や落ち込みを感じやすくなり、うつ病になりやすくなることが広く知られています。

ただ、セロトニンが不足すると不安定になるだけではありません。たとえば、ちょっとしたことでパニックになったり、すぐにイライラするようになったり、つまらないことで怒り出すようになるなど、焦り、不満、怒りなどの感情を自分の中でうまく抑えられなくなってくることが多いのです。

ですから、わたしたちは怒りという感情をうまくコントロールしていくためにも、セロトニンを安定的に分泌させるようにしなくてはなりません。ここでは、セロトニン分泌をよくするために、日常生活でどんなことを行えばいいのかを述べていきます。

光で生活リズムを整える

セロトニンの分泌をよくするカギは、「光」が握っていると言っても過言ではありません。

とくに重要なのは、朝、太陽の光を浴びることです。

朝の太陽光は脳を目覚めさせるスイッチのようなもの。日光を浴びることでセロトニンが大量分泌され、それにより脳が覚醒するのです。言わば、朝、光の刺激でセロトニンが活発に分泌されることによって、わたしたちは「今日も1日がんばるぞー」という気分になるわけです。

なお、朝、大量のセロトニンが分泌されると、日中の時間帯、このセロトニンを原材料として睡眠ホルモンの「メラトニン」が生成されます。そして、朝の光を浴びてからおよそ15時間後、このメラトニン分泌が高まってきて自然な眠気をもたらすようになるのです。すなわち、いつも朝の7時に日光を浴びるようにしていると、15時間後の夜の10時くらいにメラトニン分泌が高まって眠くなってくるわけです。

そして、メラトニンに誘われるままぐっすり睡眠をとれば、翌朝すっきりと起きられて、また朝の太陽の光を浴び、セロトニンが活発に分泌されるようになる——。セロトニンの分泌をよくしていくためにもっとも必要なのは、このように一日一日をリズミカルに生活していくことなのです。

ところが、現代ではこうしたリズミカルな生活を阻む要因が少なくありません。なかでも問題なのが、夜、遅くまで起きていて「強い光」を浴びている点。じつは夜に強い光を浴びると、メラトニンの分泌が抑えられてしまい、スムーズに寝つけなかったり眠りが浅くなったりするようになるのです。睡眠にこうした問題があると、朝、いつも通り起きられなくなり、生活リズムが狂ってセロトニンの分泌にも支障が出てくることが多いのです。

ですから、**夜はなるべく強い光を浴びないほうがいい**のです。部屋の照明も明るすぎないほうがいいですし、パソコンやスマホのディスプレイの光もかなり強いので、夜はなるべく操作を控えたほうがいいでしょう。先の項目で「スマホをふとんの中で使うのはやめるべきだ」と述べましたが、できれば、就寝の1時間前くらいからはこうした機器のディスプレイを見ずにゆっくり過ごしましょう。

このように、日々のセロトニン分泌は、朝の光、夜の光をどのようにコントロールしているかで大きな差がついてくるわけです。私は、自分の感情を安定させてうまくコントロールしていくには、朝晩の光に気をつかって生活リズムを整えていく姿勢が朝の太陽の光を浴びて、1日の生活リズムを整えることが大切！

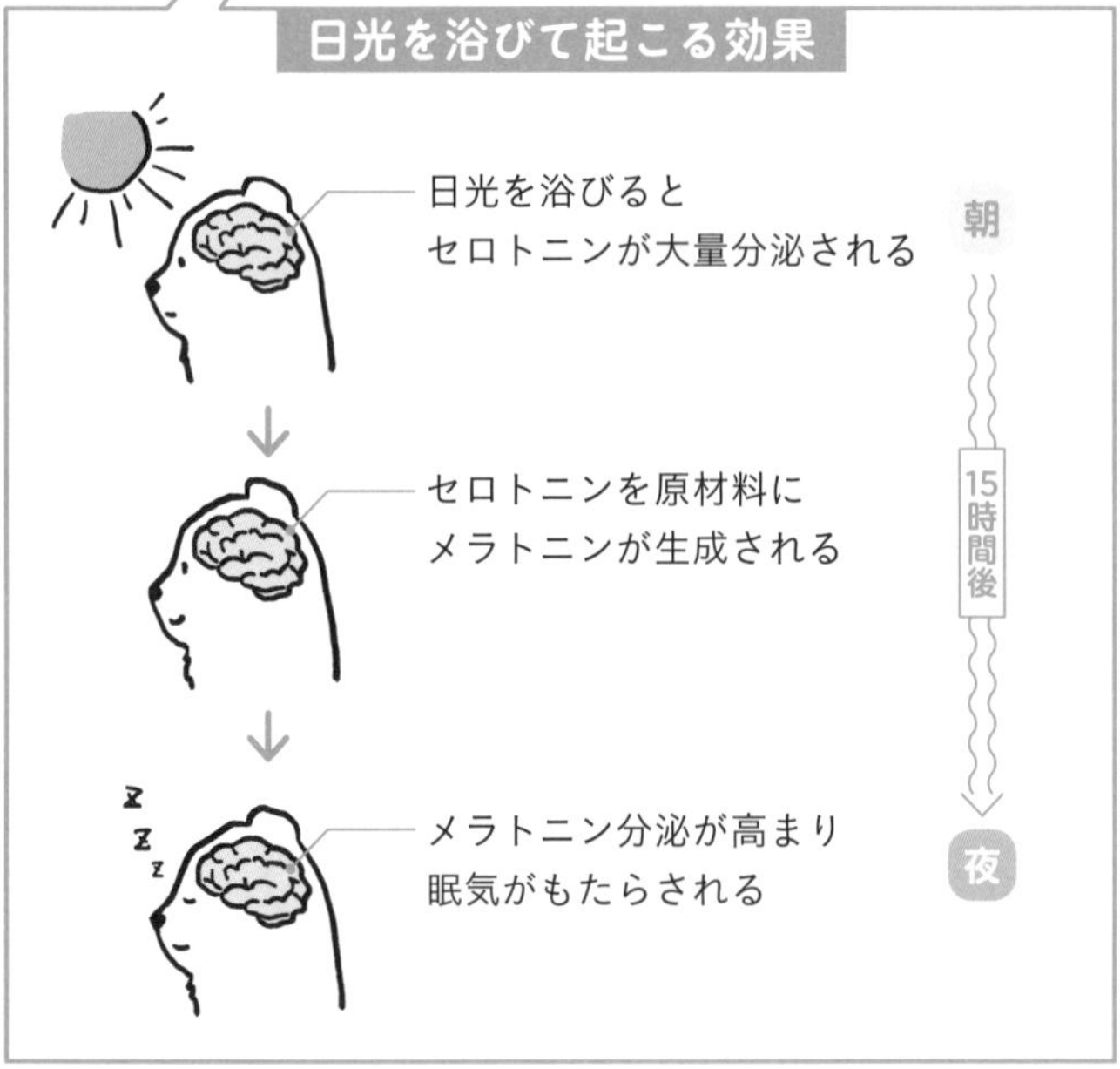

日光を浴びて起こる効果
日光を浴びると
セロトニンが大量分泌される
セロトニンを原材料に
メラトニンが生成される
メラトニン分泌が高まり
眠気がもたらされる
朝
15時間後
夜

非常に大切だと考えています。

つまり、怒り、不安、イライラなどの自分の感情をうまくマネジメントしていくには、朝晩の光をうまくマネジメントする姿勢が必要不可欠なのだということです。

朝のウォーキング

セロトニンは、**テンポよくリズミカルに体を動かすことによって活性化**します。とくに、一定間隔で手足を動かして、同じ動きを反復するリズム運動がおすすめです。そうした運動の代表がウォーキングです。

ウォーキングで効果的にセロトニンを分泌させるには、とにかくサッサッとリズミカルに足を出すことが大切。できれば、15分から30分くらいかけて早歩きをするといいでしょう。誰かと一緒に歩くときは、互いに会話をしながら歩ける程度のスピードで早歩きをするのがおすすめです。

なお、日々の生活シーンの中でウォーキングをするなら、毎朝の通勤で最寄り駅の1駅先まで歩くのはいかがでしょう。朝の通勤時間帯はちょうどセロトニンが上昇するタイミングと重なります。朝、起床して太陽の光を浴び、ごはんを食べ、駅までの道を早足でリズミカルに歩く――。そういう習慣をつけていけば、しっかりとセロトニンレベルを高めることができるはずです。

肉を食べてストレス耐性を上げる

みなさんは肉を食べると、何だか元気が出てストレスに強くなったような気になりませんか？　これには理由があるのです。

肉類にはセロトニンの原料となるアミノ酸のトリプトファンがたいへん豊富に含まれています。このため、**肉を食べるとセロトニン合成が促進されやすくなります**。セロトニンレベルが高まると、精神が安定して不安やプレッシャーに対する耐性がアップします。これにより心がタフになったような気になるわけです。

トリプトファンは、肉類以外にも魚、チーズ、牛乳、卵、豆類などのたんぱく質に多く含まれています。こうした食品をバランスよく摂取して、セロトニンを不足させないようにしていきましょう。

女性が冬にイライラしやすい訳

とくに女性の方にお聞きしますが、秋から冬の季節、理由もなくもの悲しい気分になって落ち込むことはありませんか？

じつはこれ、「冬季うつ病」「季節性気分障害」「ウィンターブルー」などと呼ばれる〝冬限定のプチうつ〟なのです。

症状は「もの悲しさ、寂しさ」「イライラ」「意欲低下」など。症状に見舞われるのは女性がほとんどで、甘いものが無性に欲しくなって過食気味になったり、どんなに寝ても眠気がとれず過眠になったりすることもあります。なかには、食べてばかり、寝てばかりで太ってしまい、自己嫌悪をつのらせて家に引きこもってしまう女性も少なくありません。

こうした不調が現れてくるのは、だいぶ日が短くなって木枯らしが吹き始める晩秋あたりです。

寒い冬の間は、うつうつと気分が晴れない不調の日々がずっと続くのですが、春になり、気温が上がって日差しが暖かくなると自然に一連の症状が治ってしまうことが多いようです。そして、このパターンが毎年のように繰り返されます。

いったいどうして、冬に限って症状が現れるのか。その理由は、「日照時間が短くなってセロトニンが不足するせい」という説が有力です。

セロトニンの分泌は日光の照射と深い関係があり、日が短くなって日光を浴びる時間が少なくなると、自動的に分泌レベルが下がってきてしまうのです。

しかも、女性は生理周期の影響でセロトニン分泌が不安定で、日頃から欠乏しがちな傾向があります。要するに、**女性の場合、もともと少なめのセロトニンのレベルが冬場の日照時間減少によってさらに少なくなってしまい、セロトニンのレベルが低下することで情緒が不安定になってくる**というわけです。

ですから、女性は、とくに冬場はセロトニンを不足させないように努めてください。生活リズムに気をつけたり、リズム運動を行ったり、肉を食べたりして、不足解消に取り組むようにするといいでしょう。

秋や冬は「日向ぼっこ」をして意識的に光を浴びることをおすすめします。天気がいい日にベランダや縁側、公園のベンチなどでゆっくり日差しを浴びれば、おのずと気分がやわらいでくるはずです。

また、医療機関でもセロトニンを増やす薬を処方したり、人工的に光を照射してセロトニンを増やしたりする治療を行っています。症状にお困りの方は医師に相談してみるといいでしょう。

つくり笑いでストレスフリー

当たり前ではありますが、セロトニンを不足させないためには、ストレスをため込まず、日々小まめに解消していくことが大切です。

そこで解消法としておすすめしたいのが「**1日1回、大笑いをすること**」。大笑いをすると心の中のもやもやがスーッと消えたように感じることがあるのではないでしょうか。

これは、大笑いをすることによって、ストレスホルモンの「コルチゾール」の量が減るためです。

また、大笑いをすると非常に深く呼吸をすることになるので、大量の酸素が体内に送り込まれます。心がすっきりするのには、その酸素供給により脳がリフレッシュして元気を取り戻すことも影響しているのでしょう。

また、笑いは脳の活性化にもひと役買っています。笑うと、顔の表情筋がさかんに動かされ、その刺激が顔面の神経を通じて脳に届くようになっているのです。

セロトニンの分泌をアップさせるには…？

- 朝は日光を浴び、夜は強い光を浴びない
- 朝は最寄り駅まで歩く
- セロトニンの原料「トリプトファン」が豊富な肉類を食べる
- 女性は日照時間の短い冬、セロトニン不足に注意
- 1日1回は大笑いする

ちなみに、この**脳を刺激する効果は「つくり笑い」でももたらされる**ことがわかっています。ですから、イライラしたり腹が立ったりしたときも、つくり笑いでもいいので口角を上げて笑みを浮かべていれば、脳に刺激が届いてストレスを紛らわせることができるわけです。

このように、笑いがわたしたちにもたらす効果はたいへん大きいのです。

テレビのお笑い番組を観るのでもいいですし、友人や家族とバカ話に花を咲かせるのでも効果があります。

身体感覚に訴える怒りコントロール法

↓呼吸・歩行・筋肉・自律神経に働きかける

怒りの感情のコントロールは、考え方や行動を変えてアプローチしていくだけが手段ではありません。**体からアプローチをすることによって自分の感情を制御していくことも可能**なのです。

ここでは、身体感覚からアプローチして怒りをコントロールしていくスキルを取り上げていきましょう。

ゆっくり歩き、ゆっくり行動する

現代では、とても多くの人が「せわしいテンポ」「速いテンポ」で動いています。

おそらくみなさんもイライラしているときや焦っているとき、無意識のうちに行動のテンポが速くなっているのではないでしょうか。

しかし、怒り、焦り、不安などを感じているときにせかせかと速いテンポで行動していると、気持ちもどんどん前のめりに突き進んでしまい、怒りなどの感情がよりいっそうふくらんでしまいがちなのです。

なかでも注意してほしいのが、「歩く速さ」です。

歩行スピードは自律神経と連携していて、速く歩いていると興奮モードの交感神経が高まり、ゆっくり歩いているとリラックスモードの副交感神経が高まってくるようになっています。これは、**怒り、焦り、不安などの感情にとらわれそうなときも、せかせかと歩くのをやめて意識的にゆっくりと歩くようにすれば、副交感神経が刺激されて気持ちをリラックスさせられる**ということ。ですから、自分の気持ちが揺れたり感情が乱れたりして焦っているようなときこそ、ゆっくりと歩くことを心がけるべきなのです。

怒りでキレそうなときやイライラが爆発しそうなときには、スローモーションのようにゆっくり歩くようにしてみてください。そうすれば、気持ちもゆったり静まって、いつもの落ち着きを取り戻せるはずです。

呼吸で自律神経をコントロールする

呼吸は自律神経をコントロールできるもっとも手軽な方法だと言っていいでしょう。本来、自律神経は自分の意思ではなかなかコントロールできないもの。でも、呼吸の速さを調整すれば、自力でコントロールしていくことが可能なのです。

つまり、浅くて速い呼吸をすれば、自律神経を興奮モードの交感神経優位にシフトすることができ、ゆったりとした深い呼吸をすれば、自律神経をリラックスモードの副交感神経にシフトすることができるのです。

ですから、忙しさのせいで焦っているようなときや思うようにいかないことにイライラしているようなとき、目の前の相手に怒りがふつふつと湧いてきたようなときには、**意図的に深くゆったりと呼吸をするようにすれば、心身をすみやかにリラックスモードにシフトすることができる**わけです。

自律神経が副交感神経優位に切り替わると、心身が落ち着くだけでなく、血流がよくなったり血圧や心拍数が下がったりといった効果も期待できるようになります。ゆったりとした深い呼吸は、心だけでなく、体にも健康的な余裕をもたらすのです。

心と体を落ち着かせる「筋弛緩法」

筋肉からのアプローチで心身を落ち着かせる方法もあります。

簡単なので、いますぐトライしてみましょう。

❶両肩に力を込めてギューッと上げます。

❷肩の筋肉にできるだけ力を込め、首をすぼめて両肩を上げた姿勢を15秒間キープします。

❸一気に力を抜いて、ストンと両肩を下ろします。

肩の筋肉の緊張が瞬間的にとれ、心と体の緊張がストンとほぐれたような気分になりませんか?

これは、「筋弛緩法」と呼ばれていて、**筋肉の緊張を一気にゆるめ、脱力させることで心身をリラックスさせる**方法です。

普段から怒ったりイライラしたりしていると、交感神経が興奮し、筋肉が緊張してこり固まりがちになります。この筋弛緩法は、そうしたこり固まった筋肉をほぐすと

筋弛緩法

STEP 1

両肩に力を込めて
ギューッと上げる

↓

STEP 2

肩の筋肉にできるだけ力を込め、
首をすぼめて両肩を上げた姿勢を
15 秒間キープ

↓

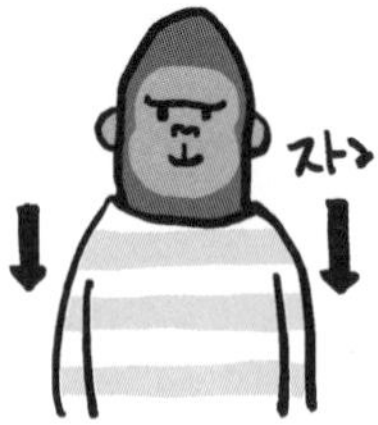

STEP 3

一気に力を抜いて、
ストンと両肩を下ろす

同時に、心の緊張もほぐすことができるのです。

冷感刺激で脳をシャキッとさせる

怒りや興奮にとらわれた状態から、いつも通りの状態に戻ることを「頭を冷やす」と言いますね。

その言葉の通り、冷たい水でバシャバシャッと顔を洗ったり、キンキンに冷えた缶コーヒーを額に当てたりすると、「冷たい！」という刺激で気分が変わり、冷静さを取り戻せることが多いはず。

脳は皮膚から冷感刺激が入ると、スイッチが切り替わったようにシャキッと覚醒します。これが重たい気分やイラ立った気分をリフレッシュするのにたいへん有効なわけです。そこで、怒りでヒートアップしそうになったときは、皮膚から冷感刺激を加えて落ち着きを取り戻すようにしてはどうでしょう。

また、頭に血が上ったときには、冷たい水をゴクゴクッと飲むのも有効です。ちなみに水を飲むと、気持ちを落ち着かせるだけでなく、血液の流れをよくして脳卒中などの脳血管障害を防ぐ効果も期待できます。

ゆっくり風呂に入り、とっとと寝る

日中、仕事などで嫌な出来事があり、家に帰ってもその怒りや不満、イライラが消えないようなこともあるかと思います。そういうときは、ぜひゆっくりお風呂に浸かって気分転換をはかるようにしてください。

入浴のストレス解消効果は絶大で、これを有効利用しない手はありません。ただ、その効果を十分に引き出すには、いくつか心がけてほしい点があります。

まず、お湯の温度。熱いお湯に浸かると、交感神経が刺激されてかえって興奮してしまうこともあるので、ぬるめのお湯に浸かるのを基本としてください。39度くらいの湯温で20分前後ゆっくり湯船に浸かるのがおすすめです。

また、湯船に浸かっているときは、なるべく心身を解放してリラックスするようにしてください。昼間の出来事などがあれこれ脳裏に浮かんでくるかもしれませんが、あまり深く考えず、気持ちよさに身をゆだねてしまうほうがいいのです。温かさと浮揚感に包まれながらひたすらボーッとしましょう。

なかには、湯船に浸かりながらスマホを見たり本を読んだりするのが好きな人もいるかもしれませんが、神経がイラ立ったり気が滅入ったりしているときは、あまり頭を使うようなことはせず、無心になってお湯に浸かっているほうがいいでしょう。

さらに、リラクゼーション効果をより引き上げたいなら、入浴剤を活用したり、アロマテラピーの精油を垂らしたりするのもおすすめ。入浴剤や精油の香りは、脳の嗅覚神経をダイレクトに刺激するので、日中の活動で疲れた神経をより効率よく解きほぐしてくれるはずです。

そして、お風呂から上がったら、体がポカポカしているうちに床に入るようにしましょう。入浴後は深部体温が少しずつ下がり、ゆっくり体温が下がるとともに自然な眠気が訪れるようになります。その流れのまま眠りにつけば、間違いなくぐっすりと快眠することができるはずです。

ぐっすりと眠れば、翌朝目覚めたときには「昨日の嫌な出来事」など気にならなくなっているかもしれません。

じつは、睡眠には嫌な記憶のストレスレベルを下げる働きがあります。

睡眠中の脳は日中に経験した記憶の整理整頓作業をしていて、その作業のプロセスで「嫌な記憶」が消されたり弱められたりすることになるのです。この働きによって、昨日はかなりつらく感じた出来事も、翌朝になると「ま、そんなにたいしたことじゃないか」と思えるようになるわけですね。

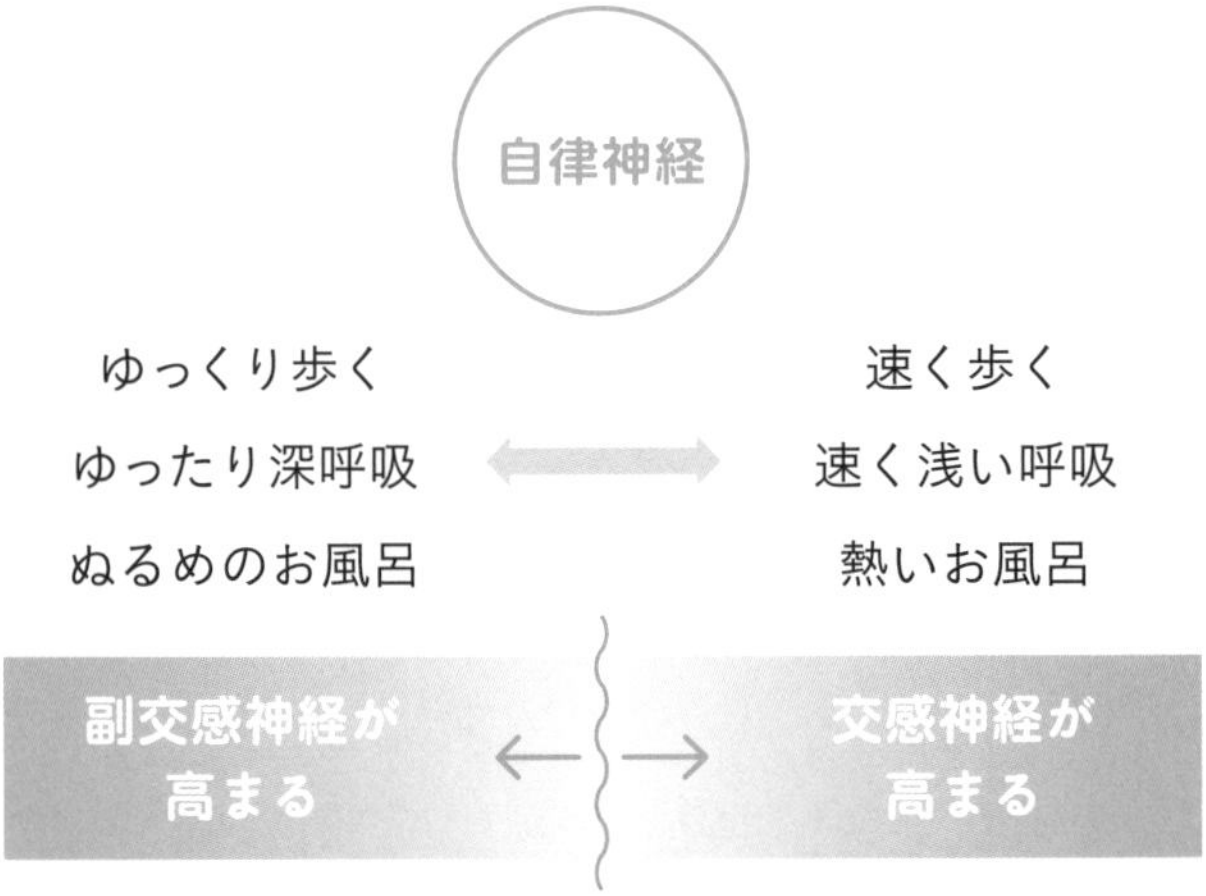

体からアプローチして怒りをコントロールするには

- **ゆっくり歩き、ゆっくり行動する**
- **ゆったりと呼吸する**
- **筋弛緩法で緊張をほぐす**
- **冷感刺激でリフレッシュする**
- **湯船につかってリラックスする**

ですから、嫌なことがあって怒りや憤懣がおさまらないような日は、**「ゆっくり風呂に入って、とっととふとんをかぶって寝る」**のが正解です。

こういったお風呂や睡眠の効果を活かして、日々のストレスをうまく解消し、イライラをため込まないようにしてください。

第4章

怒り方にはコツがある

怒り方・叱り方・怒られ方の秘訣

怒り方、叱り方のスキルを磨く

↓責めるのではなく、相手の可能性を広げるために怒る

これまで述べてきたように、「怒り方」と「怒りの抑え方」は表裏一体です。怒りをうまく抑えられる人は、怒り方、そして叱り方もうまいもの。自分の中の怒りという感情を制御できる冷静さを持っているから、誰かを怒ったり叱ったりするときも「相手を傷つけない冷静な怒り方」をすることができるのです。

言い換えれば、怒りという感情をしっかり自分のコントロール下に置いていないと、ついつい相手のことを考えずに自分本位に怒ってしまいがち。しょっちゅうそんな怒り方をしていたら、相手を傷つけてしまったり、相手から反感を持たれたり、相手との関係にヒビが入るような事態になりかねません。

他人を怒ったり叱ったりするときには、ある程度のテクニックを心得ておくことが必要です。

ここでは、基本的な「怒り方のスキル」をいくつかご紹介していきたいと思います。

「ダメな怒り方」とは

まず、「こんな怒り方をしていてはダメだ」というNGな怒り方を頭にインプットしておきましょう。

✕ 相手を責めない

「おまえのせいだ」「なぜこんな失敗をしたんだ⁉」などと相手を責めて追いつめるような怒り方をしてはいけません。

人がもっとも傷つくのは「自分の落ち度を責められたとき」だと言ってもいいでしょう。

「怒る」という行為は、相手を責めるのではなく、相手の今後の可能性を広げるために行うものです。その点をしっかり頭に入れておき、相手をできるだけ傷つけないようにしてください。

✕ 相手の存在や人格を否定しない

怒っていいのは、相手の態度や言動に対してのみ。相手の存在や人格を否定したりするのは絶対にNGです。

「おまえなんかいらない」「チャラチャラしてるからそんな失敗するんだ」「いったいどういう教育を受けてきたんだ」「おまえのようなやつはこの仕事に向かないんだよ」――こんな怒り方をしているようでは、人はついてきませんし、相手の心に反感を生じさせるばかりです。むしろ、自分の評価を自分で落としているようなものです。

✕ 自分本位で怒らない

「怒る」という行為は、相手をより成長させるために行うものでもあります。自分本位の都合で怒ってはいけません。

イライラしているときや不機嫌なときに、相手に当たり散らすように怒りをぶつける人がいますが、それは相手を自分の怒りの感情のはけ口にしているようなものです。「おまえのせいでわたしの評価が下がるんだ」といったように、自分の世間体や保身のために怒るのは論外です。そんな自分勝手な怒り方をしていたら、誰もついてきません。

NG! ダメな怒り方

- 相手を責める NG
- 相手の存在、人格を否定する NG
- 自分本位で怒る NG
- モノに当たる NG

× モノに当たらない

机をバーンと叩いて怒鳴る、電話をガチャンと荒々しく切る、ゴミ箱や壁をいきなり蹴飛ばす……。

そういうふうにモノに当たり散らすのも、自分本位の身勝手な怒り方の形態のひとつ。自分の中の怒りの感情をコントロールできていないから、周りのモノや人に当たるのです。

周りの人は怒りの矛先がいつ自分に向かってくるかと戦々恐々としているのではないでしょうか。

怒り方の3つの基本

人を怒る際は、次の3つの基本を徹底するよう心がけるといいでしょう。

◎そのとき、その場で怒る

幼い子どもが危ないものに手を伸ばそうとしたら、親はその瞬間「ダメッ!」と叱りますよね。これと同じで、相手が何らかの過ちを犯した「そのとき、その場」で怒るのがもっとも効果的です。

ただ、多くの人の前であったり、公共の場や第三者がいる場であったりすると、たとえ相手が子どもであっても恥をかかせることになってしまうので、シチュエーションには十分配慮しましょう。

◎相手の目を見て、対面で直接怒る

対面して直接怒るのが原則。相手の目を見て、「君のために怒るんだ」「君を信頼しているからこそ怒るんだ」という誠意を込めつつ、冷静に言葉を選びながら怒るようにするといいでしょう。

怒り方の3つの基本

- そのとき・その場で怒る
- 相手の目を見て、対面で直接怒る
- 相手の立場に立って怒る

対面せずにメールなどで怒るのはよくありません。

メールだと、書いて伝えた内容が違った意味にとられてしまう場合も少なくありません。そして、そういうちょっとした言葉の行き違いで、感情がすれ違っていってしまい、のちの後悔へとつながることが多いのです。メールで怒るのは極力避けましょう。

◎相手の立場に立って怒る

これから怒ろうとする相手が「もし自分だったら」と考えてみてください。

どういう場所でどういう怒られ方をされたら納得をするでしょうか。

あるいは、どこでどう怒られたら素直に

なることができなくなるか。

どういう言葉で怒られたら、すんなり受け入れられるでしょうか。

あるいは、どう言われたら、反省どころか反発しか感じられなくなるか。

怒り方では「相手の立場に立つ」ということがいちばん重要なのかもしれません。

怒られる相手の立場に立っていれば、自分の気持ちも相手に伝わりやすくなります。

「この人は本当に自分のことを心配して怒ってくれているんだ」ということが伝われば、相手も素直に反省して行動を改めてくれるはずです。

人前で怒ってはいけない？

怒り方のマニュアル本などにはよく、「みんなの前で怒って、人前で恥をかかせてはいけない」「あとで当人を個室に呼んで1対1で叱るべき」といったことが書いてあります。

ただ、私はこれに関してはケースバイケースだとも思います。たとえば、チームが全体的に緊張感に欠けているときは、いちばんだらけているような部下をみんなの前で怒るようなことも必要でしょう。また、みんなの前で自分がまじめに話をしているときに、ちゃちゃを入れてくるような人がいたら、その場でビシッと怒っておかないと示しがつかない場合もあると思います。

ですから、「人前で怒るか」「人前で怒るのは避けて、あとで1対1で怒るか」は、**その場の空気や状況、相手の性格やキャラクターなどを見極めたうえで決めるように**すればいいでしょう。

「怒る／怒らない」の境界線をはっきりさせる

怒る側の姿勢にブレがあると、怒られる側は納得しにくくなります。

たとえば、怒られるたびに言うことがころころと変わったり、「同じことをして、この前は怒られたのに、今日は怒られなかった」なんていうことが続いたりしたら、怒られる側としては釈然《しゃくぜん》としません。

つまり、**怒る側に「ブレない軸」があることが大切**なのです。

怒るという行為には、ある種のわかりやすさが必要です。

「こういうときは必ず怒るんだ」というブレない軸があると、怒る側も怒られる側も得心がいくものです。

ですから、「ここまでは許せるけれど、ここを越えたら許せない」という「怒る／怒らない」の境界線を自分なりに明確にしておくといいでしょう。そうすれば、相手も「ああ、この場合は怒られるんだ」というラインがわかり、その境界線を越えないよう注意するようになるはずです。

とくに、人を叱ったり怒ったりするのが苦手な人は、意識して「自分なりの境界線」を設定して「怒る／怒らない」の判断の基準としていくことをおすすめします。

相手に具体的な言動を思い出してもらう

後悔しないような怒り方をするためには、一般論ではなく、具体的な内容を伝えるようにすることでしょう。

まずは、**「いつ・どこで・誰と・誰が・やりとりしていたか」などを相手に想起させることが重要**です。

また、そのときに相手がどのような会話や振る舞いをしたかを思い出させることも重要です。なぜなら、こちらは相手の言動を不快に思っても、相手はそれを無意識のうちにしていることがよくあるからです。

ですから、具体的な言動を相手に思い出させることにより、相手がみずからの言動を修正する可能性が高まります。

一方で、最悪の怒り方は、次のようなことを相手に言ってしまうことです。

「あなたのやり方は全然ダメ」

「あなたの基本的な考えは間違っている」

こういった相手を全面的に否定してしまう言葉を口にしてはいけません。

クレームを正しく伝えるものの言い方

第三者から突然クレームを伝えられたら、多くの人がパニックを起こしてしまいます。

その理由として、第一は「相手の真意がわからないから」です。

金銭的なものを要求しているのか、訴訟を起こそうとしているのか、なぜ激しく怒っているのかなど、さまざまな考えが浮かんできてしまうからです。

正当なクレームを伝える場合には、**相手にどこをどう直してもらいたいのかを正確に伝え、具体的に「いつ・どこで・誰が・やりとりしていたのか」を相手に想起させ**

ることが重要です。

また、損害賠償などを要求することを考えているのならば、それについても正確な情報を伝えることが重要だと言えます。

子どもの怒り方は年齢で変える

子どもを怒ったあと、自己嫌悪に陥る親は少なくありません。

わが子のためを思うからこそ怒るわけなのですが、少し厳しい物言いをしすぎたかもしれない、もっと適切な怒り方というものがあったのかもしれない……などと、誰もが多かれ少なかれ悩むものです。

子どもへの怒り方は、年齢によって変える必要があるといえます。なぜなら、成長につれて親と子の関係性が変わっていくからです。

わたしたち人間を含む哺乳類は、鳥類や爬虫類とは違い、子どもが生まれるとすぐに授乳したり、密着して世話を焼いたりします。この間に親と子が互いに相手を確認する方法は、嗅覚と視覚によるものが主となります。このような関係性は、就学前の幼児や小学生になっても、ある程度は継続しているものと考えられています。

ですから、中学生未満の子どもに対しては、親から見て子どもが間違ったことをしていると感じた場合には、率直にそれを指摘して、怒る理由を説明することが重要ですが、その際、親が感情的に怒ってもある程度は子どもにも受け入れられることが多いはずです。

しかし、相手が中学生となると、この親子の関係性に変化が表れてきます。

中学生にもなると、親と手をつないで歩いたりすることはまれでしょう。そして、多くの場合、さまざまなクラブ活動に所属したり、特定の趣味を持ったり、得意なことができてきたりしますし、親しい友人関係もある程度は固定されてくるものです。

そんな中学生を怒る場合は、**相手の置かれている状況を十分に把握したうえで、相手が納得するような怒り方をするほうがいい**でしょう。

絶対に感情的になるな、というわけではありませんが、感情をむき出しにした怒り方は、むしろ子どもの反発を招くだけで逆効果となる可能性が高くなります。

基本的な怒り方

- ダメな怒り方をしない
- 怒り方の３つの基本を心得る
- 場の空気・状況・相手のキャラクターを読む
- 怒る／怒らないの境界線をはっきり設定
- 相手に原因となった具体的な言動を思い出させる
- クレームは具体的に真意を伝える
- 子どもの怒り方は年齢で変える

「怒りを吐き出すコツ」を身につける

↓たまったストレスは定期的に吐き出そう

怒りや不満の感情を過剰にため込むのはよくありません。というのも、たまりにたまったうっ憤が何かの拍子に爆発したり、ストレスが心や体にさまざまな不調をもたらしたりする可能性があるからです。

ですから、そういったもやもやとした感情は定期的に吐き出しておきたいもの。ここでは怒りや不満などのストレスを積極的かつ上手に吐き出すためのスキルをご紹介しましょう。

「グチのこぼし先」を確保しておく

友人などに怒りや不満などをあれこれグチって、すっきりとした気分になったことはありませんか？

じつは、グチをこぼすのは、脳内にたまったストレスを吐き出すのにたいへん有効な手段です。**グチをこぼすという行為には一種の自己カウンセリング効果があり、話しているうちに自分のストレスの原因に気づいたり、話すことによって論点が整理されて問題解決の糸口が見えてきたりすることが多いのです。**

ただ、これをストレス解消に有効な方法とするには、グチをこぼす相手をよく選ばなければなりません。会社の同僚に上司への不満をグチったりすると、あとでつまらないあつれきを生む可能性もあります。ですから、そのあたりをちゃんと吟味しつつ、なるべく差し障りのない相手を選ぶようにするといいでしょう。

おすすめなのは、会社関係、家族関係以外に3か所くらいの「グチのこぼし先」を確保しておくこと。たとえば、自分とは違う業界で働く学生時代からの友人などが狙い目です。

もっとも、一方的にこちらからグチをこぼしてばかりではいけません。ときには相手のグチも聞いてあげて、お互いに「効率的にグチをこぼし合える関係」を築いていくといいでしょう。

頭の中のもやもやを書き出してみる

仕事などでむしゃくしゃすることがあって、なかなか怒りがおさまらないようなときは、とにかく頭の中に巣食っているもやもやとした気持ちをあらいざらいノートに書き出してみるのがおすすめです。

グチをこぼすのと同様に、頭の中の怒りや不満を文字として書き起こす作業には、自己カウンセリング効果があるのです。つまり、脳内にたまったストレスが「言葉」というかたちで吐き出されるだけでなく、

「自分が抱えていたストレスの正体が見えてくる」
「問題の在りかが客観的に見えてくる」
「問題解決の糸口が見えてくる」

といった作用が期待できるわけですね。

別に、きちんとした文章にせずとも、怒りや不満、うっ憤などを思いのままに書きなぐるだけでかまいません。

言ってみれば、こうしたストレスは、脳内にたまった「ゴミ」のようなもの。たまったゴミを大掃除するつもりでノートに書きなぐっていけば、あちこちのゴミが吐き

出され、脳内がきれいに片づいて、すっきりするはずです。

破壊衝動を満たす

ときには破壊衝動を抑えきれないくらいに怒りが湧き上がってくることがあるかもしれません。そういうときは「**どうでもいいもの**」や「**不要なもの**」**を思い切り壊して、自分の中の破壊衝動を満たす**のはどうでしょう。

たとえば、要らなくなった皿や茶わんをレジ袋などに入れ、破片が飛び散らないようにに縛ったうえで、床に思い切り叩きつけるのです。ガシャーンという音が響くとともに皿や茶わんが粉々になれば、けっこうもやもやとした感情がすっきりするものです。

ただし、家族やご近所の迷惑にならないように、時と場所を選び、あくまで適度な範囲で破壊することをおすすめします。

「ひとりカラオケ」で大声で歌う

みなさんの中にも、カラオケを歌いまくってストレスを発散させている人が多いのではないかと思います。

ストレスを吐き出すには、大きい声を出すだけでも有効です。しかも、自分のお気に入りの曲を歌いまくるとなれば、気分もいいしテンションも上がります。カラオケには、けっこう大きなストレス発散効果が期待できるのです。

ただ、誰かと一緒だとどうしても気をつかってしまうので、こうした効果を最大限に引き出すには、「ひとりカラオケ」のほうがいいでしょう。選曲や順番を気にしなくていいし、歌がヘタでも大丈夫です。

「今日は歌いまくる日」と決めて思い切り発散してみてはどうでしょうか。

運動で汗を流して発散する

スポーツで汗を流すのも、日頃たまったストレスを発散することにつながります。環境や条件が整っているなら屋外でも屋内のスポーツ施設でも、あるいは自分の部屋やリビングでもいいでしょう。ジョギングでも筋トレでもいいし、ボクシングのエクササイズでサンドバッグに向けてパンチを繰り出すというのもいいかもしれません。

こうしたスポーツは、自分の中の破壊衝動を満足させる行為でもあるのです。体を動かすのが好きな方は、定期的に行ってストレスやうっ憤を蹴散らしていくといいでしょう。

「ランナーズハイ」という言葉が知られていますが、マラソンのような激しい運動をすると、脳内で麻薬に類似するオピオイドという物質が増え、快感を得られることがわかっています。オピオイドには、不安や痛みを軽くする効果があります。

また、7割程度の強度でランニングを続けると、気分を改善するアナンダマイドという脳内物質が増加したという研究もあります。

おいしい食事の思いがけない効果

イライラしていても、好きなものを食べると怒りを忘れることはないでしょうか。

これはおいしい食事を摂ると、脳が刺激されて快楽物質のドーパミンなどが分泌されるからです。また、胃腸も活発に動き出し、怒りに向けられていた意識が食べることに対して向けられるようになります。

さらに、食事を摂ると、自律神経が交感神経優位から副交感神経優位へと切り替わり、ピリピリとした興奮モードからゆったり落ち着いたリラックスモードへとシフトするようにもなります。

こうした、食べることによるもろもろの作用によって、怒りやイライラが静まっていくことが多いのです。

大多数の人は、この「食べれば自分の中の怒りやイライラがおさまる」ということを経験的にわかっています。そのため、会社で嫌なことがあったり、失恋をしてショックを受けたりすると、「よし、ヤケ食いをして嫌なことを忘れるぞー」という行動に出ることが多いわけです。

つまり、**ヤケ食いにもストレスを解消させる効果があるということ**。

ただ、ストレスがたまるたびにヤケ食いをしていたら、てきめんに太ってしまいます。ですから、ヤケ食いをストレスマネジメントの手段とするのはおすすめできません。やはり、日々適正な量の食事をおいしくいただくのを基本とすべきでしょう。

怒りを吐き出すコツ

- グチのこぼし先を確保
- 怒りや不満を書き出す
- 不要な食器を割る
- 「ひとりカラオケ」で発散
- 体を動かして汗を流す
- おいしいものを食べる

相手を怒らせない技術を磨く

↓そもそも怒りの火を起こさないために

最後に、「怒られ方」のテクニックを紹介します。

怒っている人を前にすると、売り言葉に買い言葉で、ついこちらにも怒りが湧いてきてしまうものですし、相手が怒れば怒るほど、こちらも黙ってはいられなくなり、結果、互いに怒りの火を燃やしてしまい、あとで後悔することにもなりかねません。

そもそも相手を怒らせてしまうことのないように、ぜひ磨いておきたいのがコミュニケーションスキルです。

怒りの火というものは、どんな言葉を使うかで大きくもなれば小さくもなります。ときにはちょっと言葉遣いを間違っただけで相手に怒りの火をつけてしまうこともありますし、ちょっと言い訳をしたり不服そうな態度をとったりしただけで相手を激高させてしまうこともあるのです。

しかし、しっかりとコミュニケーションのテクニックを身につけていれば、相手の怒りの火を大きくするのを防いだり、相手の怒りの火を小さく鎮めたりすることも可能です。ここでは、相手を怒らせない基本スキルをいくつか紹介していくことにしましょう。

相手を怒らせやすい「6つのタイプ」

相手を怒らせやすい人には、全体的な態度に問題があることが少なくありません。たとえば、次のようなタイプは注意が必要です。

❶「でも」「だって」タイプ

言い訳がましい話し方は、相手の怒りに火をつけやすいもの。とくに「でも」「だって」などの反論の接続詞を会話の中で多用すると、相手はそのたびにカチンときて、頭に血がのぼってしまうことが多くなります。とくにクレーマータイプの相手は過敏に反応しやすいので、言い訳がましいワードは禁句と心得ましょう。

❷上から目線タイプ

「○○してやる」「せっかく○○してやったのに」といったニュアンスで、上から目線でものを言う人も相手を怒らせやすくなります。相手からすれば「いったいオマエは何様なんだ」という気持ちになってしまうのです。また、専門用語を多用したり、知識などをひけらかしたりして「え、こんなことも知らないの？」といった話し方をする人も気をつけたほうがいいでしょう。

❸KYタイプ

場の空気や話の流れを読まずに「え？　いまなぜその発言をするの？」という話し方をする人、また、こちらが話している最中なのに平気な顔でカットインしてきて話の腰を折ってしまう人……。そういったKYタイプも相手を怒らせやすい傾向があります。なかなか話が通じないという相手のイラつきが怒りに結びつくのです。

❹たらい回しタイプ

「部署から部署へ」「人から人へ」と何か所もたらい回しにされたら、誰でもイライラするし、「いい加減にしてくれ！」と叫びたくなるものです。長く待たされることで怒りに火がつく人も少なくありません。ですから、相手の話もろくに聞かずに事務的に電話を他に回したり、上司の許可をとるのに相手を長い時間待たせたりといった態度には注意をしたいところ。たらい回しにされる側の身になって接するべきでしょう。

⑤支離滅裂タイプ

話を論理的にまとめようとすることなく、思いついたまままとりとめのない話し方をするタイプです。支離滅裂で一貫性がなく、話が二転三転することもあります。このタイプは相手の話に耳を傾けるのもヘタで、話を聞かずに自分勝手にしゃべり続ける傾向があるため、相手から反感や怒りを買うことが多いのです。

⑥マニュアルタイプ

「店で決められたマニュアル通り」「会社で決められたマニュアル通り」に相手に対応していれば、問題はないと思っているタイプです。マニュアル通りだと、ステレオタイプで気持ちのこもっていない受け答えになりがちで、その対応が慇懃無礼《いんぎんぶれい》に感じられる場合もあります。そういった機械的で冷たそうな態度が相手を怒らせてしまうのです。

お気づきの方もいると思いますが、これら6つのタイプはどれも一方通行気味で、自分の都合のいいようにコミュニケーションを展開する傾向があるのです。そういう身勝手さが言葉や態度にほんのちょっとでも表れると、てきめんに相手の怒りや反感を買いやすくなってしまうわけです。

当たり前ではありますが、コミュニケーションとは双方向で意見や気持ちを通い合わせるものであり、相手の話にきちんと耳を傾けつつ、相手の立場をよく考えながら成立させていくものです。わたしたちは、まずそうした「基本」を見失っていないか、反省する必要があるのかもしれません。

声の大きさやトーンを工夫する

コミュニケーションのテクニックで意外に見落とされがちなのが「声」です。

野生動物は敵が現れたときに鋭い声を発して仲間に危険を知らせたり、目の前に現れた敵に対して唸り声を上げて威嚇したりします。大きな声や鋭い声は危険から身を守る大事な手段であり、多くの動物は仲間のそうした声に対して瞬時に反応するようになっています。

これは人間も同じ。そのため、わたしたちは他の人が怒鳴り声を上げたり叫び声を上げたりすると〝いったい何事か〟と過敏に反応します。相手が怒声を張り上げると、こちらもついヒートアップしてしまいがちですが、それも「声」につられて反応してしまっている側面が大きいのです。

つまり、**人の感情は、相手の声のトーンにつられやすい**ということ。こちらがイラついたトーンで話せば相手もイラつきやすくなりますし、こちらが穏やかなトーンで話せば相手も穏やかに話を聞いてくれやすくなるのです。

ですから、「相手をもうこれ以上怒らせたくない」という状況であれば、つとめて穏やかでゆっくりしたトーンの声で話すべき。低めの落ち着いた声で話せば「こちらが冷静である」ということが相手に伝わって、相手も「怒りを静めて冷静に話をしよう」と思ってくれるでしょう。

これはクレーム対応などさまざまな場面で使えるスキルなので、みなさんもぜひ覚えておくといいでしょう。

相手を怒らせない「大人のものの言い方」

言葉とは不思議なもので、同じことを言っていても「言い方」を少し変えるだけで大きく印象が変わることが少なくありません。

たとえば、次のような例です。

「協力してください」⇒「お力添えいただけませんか」
「どうか許してください」⇒「平にご容赦ください」
「納得できません」⇒「承服いたしかねます」
「すごく反省しています」⇒「猛省しております」
「教えてください」⇒「ご教示ください」
「わかります」⇒「重々お察しします」
「どうしようもなくて……」⇒「よんどころない事情があり……」

前者と後者ではだいぶ印象が違いますよね。前者は普通の言い方ですが、後者だと「道理をわきまえた大人のものの言い方」という印象があります。

つまり、こういう「大人のものの言い方」をすると、相手がこちらに対して「コイツちゃんとわかってるな」という印象を持ち、相手の怒りや不安、不平不満などの感情をあまり刺激せずに話を進めることができるのです。

このように、相手の怒りの火の勢いは、どんな言い方をするかで大きく変わるものです。

謝り方の4つのスキル

最近、テレビのニュースなどで、政治家、大企業のお偉方、芸能人などが謝罪会見をしている光景をよく目にします。

あれは「ただ頭を下げればいい」というものではありません。好印象を残す謝り方をしていれば問題ないのですが、誠意の伝わらない悪い謝り方をしようものなら、かえって世間の怒りや反感を大きくしてしまうことも少なくないのです。謝り方はけっこう奥が深くてむずかしいものです。

相手の怒りをこれ以上大きくしないためには、次の4つを頭に入れて謝ることをおすすめします。

はっきりとお詫びの言葉を述べる

まず大事なのは、言葉と態度にできる限りの誠意を込めて、はっきりとお詫びを述べることです。自分の犯した過ちを潔く認め、深々と頭を下げましょう。政治家などのお偉方にはあれこれと詭弁を弄《ろう》して謝罪の言葉をはっきり口にしない人もいますが、これだと相手から「謝る気がない」と受け取られかねません。決してマネしないでください。

「責任逃れ」のイメージを持たれないようにする

「本当は自分だけのせいではない」「責任を取らされるのは嫌だ」といった気持ちがどこかにあると、その気持ちの迷いが言葉や表情、態度などに微妙に表れてしまうものです。すると、相手から責任逃れや言い訳をしているように受け取られることにつながりかねません。こういったイメージは非常に大きなマイナス。絶対に「責任逃れ」と受け取られないように、あらかじめ迷いを振り切り、謝罪の気持ちをしっかり固めておくことが大切です。

また、「どうしてこんなことになったか」の経緯説明をすることも必要です。ただし、その説明の際も責任逃れや言い訳と受け取られないよう十分に注意しましょう。

相手の話にはとことん耳を傾ける

謝罪を受ける相手側にもいろいろ言いたいことがあるはずです。そういう相手側の話は全神経を集中して傾聴しましょう。途中でヘタに口を挟まないように気をつけつつ耳を傾け、相手が共感してほしそうなときには共感し、謝ってほしそうなときには謝るようにするのです。相手の怒りや不平不満のボルテージは、そうやって話しているうちに少しずつ下がってくることが少なくありません。なるべく、あらいざらい吐き出してもらうようにしましょう。

謝るだけでなく対応策を提案する

謝っただけでは事が済まない場合もたくさんあるでしょう。もし相手側が何らかの損失や不利益を被ったなら、その問題にどう対応するかの解決策を具体的に示す必要があります。また、二度と同じ失敗を繰り返さないように、今後どういう対策をしていくかを提案することも大事です。相手側がどんな対応を望んでいるかを読み、事前にしっかりシミュレーションをして解決策を準備しておきましょう。

どれも基本的なことかもしれませんが、その基本が意外とできていないケースが多いのです。

ぜひしっかり遂行して、相手に誠意が伝わる謝り方をするようにしてください。そして、相手側に許してもらうだけでなく、その謝罪をきっかけによりよい関係を築いていくようにしましょう。

おわりに
「うまく怒れる人」が生き残る時代

怒りとは、「諸刃《もろは》の剣」なのだと思います。

すなわち、片側だけでなく、両側とも刃になっている剣。気をつけて取り扱わないと、相手だけでなく、自分自身も傷つけてしまうかもしれない剣です。

諸刃の剣、つまり怒りの扱いに慣れている人は、剣を抜くことの重大さをよくわかっていて、必要がない限り剣を抜きません。ただ、必要があるときは、鞘からスッと刀身を抜いて最小限の範囲でだけ剣を振るって鮮やかに問題にカタをつけることができるのです。よく「一流の人は真剣に怒る」「一流の人は相手の心に届く怒り方をする」と言われますが、そういう人は剣の達人のようなもの。ここぞというときの剣の取り扱い方を心得ているから、相手のことも自分のことも傷つけることなく有効に剣を用いることができるわけです。

ですから、わたしたちは諸刃の剣をうまく扱えるようになるために練習をしていかなくてはなりません。どうすれば剣を抜くことなく自分を抑えられるのか、どういうときに剣を抜くのが正しいのか、どのように剣を振るえば相手も自分も傷つけることなく事をおさめることができるのか――。そういったことを毎日の生活の中で多くの経験を積みながら学んでいくのです。剣の腕前を上げるためには、日々修行を積んでいかなくてはならないわけですね。

きっと、みなさんも修行を重ねていけば、次第に怒りという剣の扱いに慣れ、コントロールできるようになっていくことでしょう。そして、必要のないときには怒らず、必要なときにだけちゃんと怒るというアンガーマネジメントのスキルが身についていくのではないでしょうか。

ときとして自分の怒りを抑え、相手の怒りを受け流し、自分の怒りを上手に打ち出し、相手のことを上手に怒りながら、怒りという感情をかしこくマネジメントしていってください。

参考文献

○精神医学全般

『精神医学総論』エミール・クレペリン〔著〕西丸四方　遠藤みどり〔訳〕みすず書房　1994

『臨床精神病理学序説』クルト・シュナイダー〔著〕西丸四方〔訳〕みすず書房　2014

『性格』宮城音弥〔著〕岩波書店　1960

『新・精神科医のノート』笠原嘉　高野晶　山岡昌之〔編著〕みすず書房　2006

『ヒトはなぜ人生の3分の1も眠るのか』ウィリアム・C・デメント〔著〕藤井留美〔訳〕講談社　2002

○パーソナリティー障害関連

『日常診療でみる人格障害』狩野力八郎　高野晶　山岡昌之〔編著〕三輪書店　2004

『診断名サイコパス』ロバート・D・ヘア〔著〕小林宏明〔訳〕早川書房　1995

○うつ病関連

『うつ病臨床のエッセンス』笠原嘉〔著〕みすず書房　2015

『うつと不安の認知療法練習帳』デニス・グリーンバーガー、クリスティーン・A・パデスキー〔著〕大野裕〔監訳〕岩坂彰〔訳〕創元社　2001

○発達障害関連
『ADHA臨床ハンドブック』中根晃〔編〕金剛出版　2001
『成人ADHAの認知行動療法』メアリー・V・ソラント〔著〕中島美鈴　佐藤美奈子〔訳〕星和書店　2015
○その他
『一流の人は本気で怒る』小宮一慶〔著〕文春新書　2015
『脳が知っている　怒らないコツ』加藤俊徳〔著〕かんき出版　2016
『「怒らない」選択法、「怒る」技術』苫米地英人〔著〕東邦出版　2014
『感情的にならない気持ちの整理術（ハンディ版）』和田秀樹〔著〕ディスカヴァー・トゥエンティワン　2017
『マンガでわかるアンガーコントロールガイド』清水栄司〔著〕法研　2018
『怒ることで優位に立ちたがる人』加藤諦三〔著〕青春出版　2018
『人はなぜ突然怒りだすのか？』北川貴英〔著〕イースト新書　2013
『人はなぜ怒るのか』ギャレット・カイザー〔著〕高瀬直美〔訳〕サンブックス／星雲社　2006
『心がスーッと軽くなる本』カナン〔著〕ダイヤモンド社　2013

参考論文

○パーソナリティ障害関連

Coid J：Epidemiology, public health and the problem of personality disorder. *Br J Psychiat 182* (Suppl. 44) : s3-s10, 2003.

Gunderson JG, England DW：Characterizing the families of borderlines：A review of the literature. *Psychiatr Clin North Am. 4* (1) : 159-168, 1981.

Gunderson JG：Personality disorders.　: *The Harvard guide to psychiatry, 3rd ed. Nicoli AM ed.* The Belknap Press, Cambridge, 1999.

Ingraham LJ, et al.：Twenty-five-year followup of the Israeli high-risk study：Current and lifetime psychopathology. *Schizophr Bull. 21* : 183-192, 1995.

Kernberg O：*Borderline conditions and pathological narcissism*. Jason Aronson, New York, 1975.

Kohut H：*The analysis of the self.* International Universities Press, New York, 1971.

Main M：Introduction to the special section on attachment and psychopathology：2. Overview of the field of attachment. *J Consul Clin Psychology 64* (2) : 237-243, 1996.

Meissner WW：Theories of personality. Nicoli AM Ed. *The Harvard guide to psychiatry, 3rd ed.* The Belknap Press, Cambridge, 1999.

Millon T：*Miiion T, Davis RD. Disorders of personality：DSM-Ⅳ and beyond, 2nd edition.* Wiley & Sone, New York, 1996.

Paris J：*Borderline personality disorder：A multidimensional approach.* American Psychiatric Press, Washington DC, 1994.

Perry JC：Problems and considerations in the valid assessment of personality disorders. *Am J Psychiatry 149* (12)：1645-1653, 1992.

Rutter M：Temparament, personality and personality disorder. *Br J Psychiatry 150* (4)：443-458, 1987.

Salzman L：*The Obsessive Personality.* Jason Aronson, New York, 1968.

Siever LJ, Davis KL：A psychobiological perspective on the personality disorders. *Am J Psychiatry 148*：1647-1658, 1991.

Spitzer RI, Endicott J, Gibbon M：Crossing the border into borderline personality and borderline schizophrenia. *Arch Gen Psychiatry 36*：17-24, 1979.

Torgersen S：Genetics in borderline conditions. *Acta Psychiatr Scand 89* (Suppl 379)：19-25, 1994b.

Torgersen S：Personality deviations within the schizophrenia spectrum. *Acta Psychiatr Scand 90* (Suppl. 384)：40-44, 1994a.

Widiger TA, Rogers JH : Prevalence and comorbidity of personality disorders. *Psychiatric Annals 19* (3) : 132-136, 1989.

○発達障害関連

Ami Klin, et al. : *Asperger Syndrome.* Guilford press, New York, 2000.

Baron-Cohen S, et al. : Prevalence of autism-spectrum conditions : UK school bases population study. *Br J Psychiatry 194*(6) : 500-509, 2009.

Baron-Cohen S, et al. : The Autism-Spectrum Quotient (AQ) : Evidence from Asperger syndrome/high-functioning autism, males and females, scientist and mathematicians. *J Autism Dev Disord 3*(1) : 5-19, 2001.

Baron-Cohen S : *Autism and Asperger Syndrome.* Oxford University Press, 2008.

Biederman J, et al. : Predictors of persistence and remission of ADHD into adolescence : results from a four-year prospective follow-up study. *J Am Aced Child Adlesc Psychiatry 35*(3) : 343-351, 1996.

Visser SN, at al. : Increasing Prevalence of Parent-Reported Attention-Deficit/Hyperactivity Disorder among children-United States, 2003 and 2007. *MMWR 59* (44) : 1439-1443, 2010.

Smoller JW : Cross-Disorder Group of the Psychiatric Genomics Consortium. Genetic Risk Outcome of Psychosis (GROUP) Consortium Identification of risk loci with shared effects on five major psychiatric disorders : A genome-wide analysis. *Lancet 381*(9875) : 1371-1379, 2013.

Fein D, et al. : Optimal outcome in individuals with a history of autism. *J Child Psychol Psychiatry 54* (2) : 195-205, 2013.

Gotham K, et al. : Trajectories of autism severity in children using standardized ADOS scores. *Pediatrics, 130* (5) : e1278-1284, 2012.

Kim YS, et al. : Prevalence of autism spectrum disorders in total population sample. *Am J Psychiatry 168* (9) : 904-912, 2012.

Kohyama J, et al. : Sleep characterisics of young children in Japan : internet study and compsrison with other Asian countries. *Pediatr Int 53* (5) : 649-655, 2011.

Lesch Kp, et al. : Association of anxiety-related traits with a polymorphism in the serotonin transporter gene regulatory. region. *Science 274* (5292) : 1527-1531, 1996.

Lionel AC, et al. : Rare copy number variation discovery and cross-disorder comparisons identify risk genes for ADHD. *Science Translational Medicine 3* (95) : 95ra75-95ra75, 2011.

McDougle C, et al. : Effect of tryptophan depletion in drug-free adults with autistic disorder. *Arch Gen Psychaitry 53* (11) : 993-1000, 1996.

Milteer RM, et al. : The importance of play in promoting healthy child development and maintaining strong parent-child bond: focus on children in poverty. *Pediatrics 129* : 2011-2953,

2011.

Neuman RJ, et al. : Prenatal smoking exposure and dopaminergic genotypes interact to cause a severe ADHD subtype. *Biol Phychiatry 61* : 1320-1328, 2007.

Polanczyk G, et al. : The worldwide prevalence of ADHD: a systematic review and metaregression analysis. *Am J Psychiatry 164*(6) : 942-947, 2007.

Shen Y, Dies KA : Clinical genetic testing for patients with autism spectrum disorders. *Pediatrics 125* (4) : e727-e735, 2010.

Soma Y, et al. : Prevalence of attention-deficit/hyperactivity disorder (ADHD) symptoms in preschool children: discrepancy between parent and teacher evaluations. *Environ Health Prev Med 14* (2) : 150-154, 2009.

Weaver ICG, et al. : Epigenetic programming by maternal behavior. *Nature Nueroscience 7*(8) : 847-854, 2004.

Young LJ, Wang Z. : The neurobiology of pair bonding. *Nature neuroscience 7*(10) : 1048-1054. 2004.

○うつ病関連

Garyfallos G, et al. : Personality disorders in dysthymia and major depression. *Acta Psychiat Scand 99* (5) : 332-340, 1999.

Perugi G, et al. : The role of cyclothymia in atypical depression : toward a data-based reconceptualization of the borderline-bipolar II connection. *J Affect Disod 73* (1-2) : 87-98, 2003.

○その他

Zak PJ, Kurzban R, Matzer WT : Oxytocin is associated with human trustworthiness. *Hormones & Behabio, 48* (5) : 522-527. 2005.

Zak PJ, Stanton AA, Ahmadi S : Oxytocin increases generosity in humans. *PloS one 2* (11) : e1128. 2007.

Boecker H, et al. : The runnner's high: opioidergic mechanisms in the human brain. *Cereb Cortex 18* (11) : 2023-31, 2008.

Sparling PB, et al. : Exercise activates the endocannabionoid system. *Neuroreport 14* (17) : 2209-2211. 2003.

Nanri A, et al. : Serum folate and homocysteine and depressive symptoms among Japanese men and women. *Eur J Chin Nutr 64* (3) : 289-296, 2010.

Shaw KA, Turner J, Del Mar C : Tryptophan and 5-hydroxytryptophan for depression. *Cochrane database Syst Rev* (1) : CD003198, 2002.

Bloch MH, Hannestad J : Omega-3 fatty acids for the treatment of depression: systematic review and meta-analysis. *Mol Psychiaty 17* (12) : 1272-1282, 2012.

Rustad JK, Musselman DL, Numeroff CB : The relationship of depression and diabetes: pathophysiological and treatment implications. *Phychoneuroendocrinology 36* (9) : 1276-1286, 2011.

Epel E, et al. : Stress may add bite to appetite in women : a laboratory study of stress-induced cortisol and eating behavior. *Psychoneuroendocrinology 26* (1): 37-49, 2001.

Fennel, M : *overcomming Low Self-esteem : A Self-Help Guide Using Cognitive Behavioral Techniques. :* Robinson, *London*, 1999.

Greenberger D, Padesky CA : *Mind Over Mood : A cognitive therapy Treatment Manual for Clients*. Guilford Press, New York, 1995.

[著者]
伊藤 拓（いとう・たく）
精神科医。昭和39年、東京都西東京市出身。東京大学理科二類（薬学部）卒業後に医師を目指し、横浜市立大学医学部医学科に再入学。卒業後に内科研修を１年受けた後、精神科に興味を抱き、東京都立松沢病院で２年間研修する。平成５年に医師免許、平成10年に精神保健指定医資格を取得。大内病院精神神経科医師。
精神科医としてこれまでの26年間でのべ５万人以上を診ている。統合失調症、気分障害（躁うつ）、軽症うつ病の分野で高い評価を得ている。

精神科医が教える後悔しない怒り方

2020年10月27日　第１刷発行
2024年５月31日　第３刷発行

著　者――――伊藤 拓
発行所――――ダイヤモンド社
〒150-8409　東京都渋谷区神宮前6-12-17
https://www.diamond.co.jp/
電話／03･5778･7233（編集）　03･5778･7240（販売）

カバーデザイン――斉藤よしのぶ
本文デザイン・イラスト―安賀裕子
構成―――――――高橋 明
編集協力――――――佐藤悠美子、磯野純子
DTP制作――――――伏田光宏（F's factory）
製作進行――――――ダイヤモンド・グラフィック社
印刷・製本―――――勇進印刷
編集担当――――――酒巻良江

ISBN 978-4-478-11166-6

2　意味に対する伝統的アプローチ

本節では「言葉の意味とは何か」という問題に対する古典的な回答である「真理条件意味論」の概略を解説する。最初に、単語の意味に関する真理条件意味論以前の考え方を準備作業として導入する（2－1節）。それを踏まえて真理条件意味論の基本的な考えを具体的に紹介する（2－2節）。最後に、真理条件意味論の観点からコミュニケーションと言葉の意味理解を捉えなおす（2－3節）。

AIに関心のある読者には不満かもしれないが、本節から次節ではAI研究からやや離れることになる。しかし、真理条件意味論について手短にでも考察しておくことは、最近の自然言語処理の分野における言語の取り扱いがどれほど革命的なのかを理解するのに有益だと思う。

2－1　単語と概念

単語は言語的意味を担う基本単位である。では、単語の意味とは何か。単語にもさまざまな品詞があるが、まずは一般名詞に限定して話を進める。

西洋哲学の伝統的な考え方によれば、名詞は何らかの「概念」を表現する。ここでいう概念とは外延と内包を構成要素としたペアである。概念の外延とはその概念が当てはまる対象の集合で、概念の内包とはその概念が当てはまる対象に共通する特徴の集合である。[5]

たとえば、**plant** という名詞は植物の概念を表す。この概念の外延はあらゆる植物個体の集合で、内包は｛運動能力をもたない、生き物｝といったところだろう。**spermatophyte** は種子植物という概念を表す。外延はあらゆる種子植物の個体の集合で、内包は｛散布体として種子を形成する、運動能力をもたない、生き物｝といったところである。

単語は概念を表すという見解を採用するメリットは、同義関係や上下関係といった単語間の「意味関係」を概念間の関係として特徴づけられることである。たとえば、二つの単語が同義であるのは、二つの単語が同じ概念を表すときである。上下関係というのは聞きなれないかもしれないが、**organism** と **plant** のように、一般性の高い単語と一般性の低い特殊な単語との関係のことである。上下関係は概念の外延（集合）の包含関係に基づいて特徴づけられる。たとえば、種子植物という概念の外延は植物の外延に包含され、植物という概念の外延は生物という概念の外延に包含される。したがって、**plant** は **spermatophyte** の上位語、**organism** は **plant** の上位語である。逆に言えば、**plant** は **organism** の下位語、**spermatophyte** は **organism** の下位語ということになる。

言葉より図の方が分かりやすい。概念間の上下関係を描いた図2－1のようなグラフは、哲学史では「ポルピュリオスの樹」という名称で親しまれている。[6]

名詞に限定して話を進めたが、名詞以外の内容語（動詞・形容詞・副詞）も同じ方法で扱えそうである。これらの内容語も、それが当てはまる対象や、当てはまる対象だけに共通する特徴を問題にできるからである。たとえば、**walk**という動詞が表す概念の外延は人々が歩行している出来事の集合、内包は｛徒歩、場所変更｝といったところだろう。上下関係を問題にすることもできる。**walk**の上位語には**move**や**locomote**がある。**walk**の下位語には**march**（行進する）、**toddle**（よちよち歩く）、**stagger**（よろよろ歩く）などがある。

しかし、単語は概念を表すという考え方が常にうまくいくわけではない。たとえば、単語を組み合わせるのに用いる機能語（助動詞、前置詞、限定詞、接続詞など）は一体どういう概念を表すのか。そもそも、これらは何かを表す言葉ではないように思われる。

この問題は単語の意味だけを考えても解決できない。逆説的なことに、単語から文に視点を移すと解決の糸口が見えてくる。

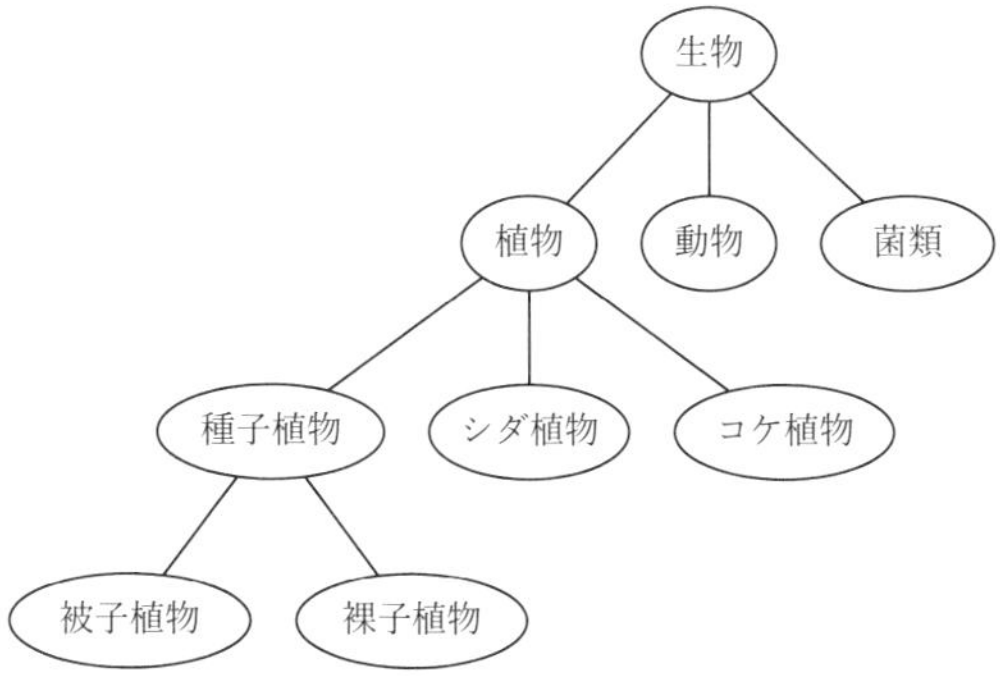

図2－1　概念の階層構造

2－2　文の真理条件

文の意味とは何か。この問題は直接答えようとすると難しいが、文の意味を知っている人は何を知っているのか、という風に問題の形を変えると答えやすくなる。

一般に、ある文がどんな状況で真になり、どんな状況で偽になるのかを知っている人は、その文の意味を知っていると言ってよいと思われる。たとえば、**Socrates sleeps.** という英文は、ソクラテスが眠っている状況では真、ソクラテスが起きている状況では偽である。**Socrates teaches Plato.** は、ソクラテスがプラトンの教師である状況では真、そうでなければ偽である。こういうことを知っている人は、これらの英文の意味を知っている、と言ってよいと思われる。

文がどういう状況で真になり、どういう状況で偽になるのかを「真理条件」という。[7] ある文の意味を知っている人は、その文の真理条件を知っているだろう。そして、文の意味とは文の意味を知っている人が知っている内容のはずである。よって、文の意味とは真理条件である。

文の意味と真理条件を同一視する理由は他にもある。二つの文が同じ意味を持つかどうかは、両者が同じ真理条件を持つかどうかという問題だと思われるのだ。たとえば、**Socrates teaches Plato.** と **Plato is taught by Socrates.** の意味は同じだが、それは二つの文が真（偽）になる状況が同じだからである。**Socrates sleeps.** と **Socrates teaches Plato.** の意味は違うが、それは一方が真で他方が偽になるような状況がありうるからである。

文の真理条件は文の真偽（真理値）とは異なる。たとえば、Socrates teaches Plato. という文の真偽を知らなくても、この文が何を意味しているのかを知ることはできるだろう。Socrates teaches Plato. の意味を知っているとは、この文の真偽ではなく、この文がどういう状況だと真で、どういう状況だと偽なのかを知っているということである。

ここで「状況」と表現したものを、真理条件意味論の研究者たちは「可能世界」や「可能状況」と呼ぶ。ソクラテスは現実にプラトンの教師だったが、ソクラテスがプラトンの教師ではないこともありえた、つまり、「可能」だった。Socrates teaches Plato. は現実世界では真だが、ソクラテスがプラトンの教師ではない別の可能世界では偽となる（現実世界も数ある可能世界のうちの一つである）。そのため、文の意味は「可能世界から真理値への関数」とも言われる。これは真理条件の数学的な表現である。

可能世界とは何なのかという疑問が湧くかもしれない。この問題は非常に厄介で、ここできちんとした答えを与えることはできない。ただし、可能世界はわれわれにとってまったく縁のない存在というわけではない（クリプキ1985, pp. 17–22）。たとえば、サイコロを振るときに、われわれは1の目が出る可能世界、2の目が出る可能世界、3の目が出る可能世界、4の目が出る可能世界、5の目が出る可能世界、6の目が出る可能世界という六種類の可能世界を考えるだろう。そして、こうした可能世界の集合に対して、0から1の実数値を確率として割り振る。[8] たとえば、「1の目が出る確率が1／6である」というのは、1の目が出る可能世界からなる集合に対して

1／6を割り振るということである。「偶数の目が出る確率が1／2である」というのは、2の目が出る可能世界と4の目が出る可能世界と6の目が出る可能世界からなる集合に1／2を割り振るということである。可能世界は確率という一見つかみどころのない現象を分析するための便利なツールである。文の意味を可能世界によって分析することについても同じように考えてほしい。「正体はよくわからないが便利なツール」程度の理解でもさしあたり問題ない。

実際、可能世界によって文の意味を分析することにはメリットがある。単語間に同義関係や上下関係といった意味関係があるように、文の間にも同義関係や含意関係といった意味関係がある。これらは可能世界と集合論の言葉を用いて次のように定義できる。

・二つの文が同義であるのは、同じ可能世界で真になるときである。
・二つの文の一方が他方を含意するのは、一方の文が真である可能世界の集合が他方の文が真である可能世界の集合に包含されるときである。

文の意味がある程度明確になったところで、次に、単語の意味と文の意味がどのように結びつくのかを考察しよう。ここで鍵になるのは、文の意味はその文に現れる単語の意味から（文の構文に基づいて）合成されるはずだ、という考え方である（合成原理）。この考え方から、内容語であれ機能語であれ、個々の単語には文の意味を計算するのに必要となる何かを意味として割り当てておけばよい、という方針が立つ。

文の意味とは可能世界から真理値への関数だった。ということは、文の意味を計算するには、任意の可能世界が与えられたときに、その可能世界で問題の文が真なのか、それとも偽なのかを単語の意味から決定する手段を与えればよい。

たとえば、ある可能世界における Socrates sleeps. という文の真理値を Socrates と sleeps の意味から計算したいとする。単純な方法は次のようである。まず、固有名 Socrates には指示対象であるソクラテスを割り当てる。動詞 sleeps にはその可能世界で眠っているものを入力すると真を返し、眠っていないものを入力すると偽を返す関数を割り当てる。次に、Socrates と sleeps を組み合わせて文を作る（図２－２）。単語と単語を組み合わせるという構文上の操作は、意味の上では関数適用に相当する。この場合、sleeps が表す関数をソクラテスに適用することになる。ソクラテスが眠っているのであれば真、そうでなければ偽が得られるだろう。これで真理値が計算できた。

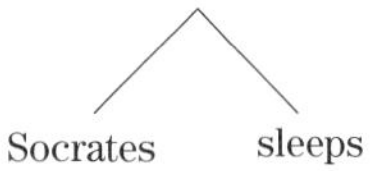

図2－2　自動詞を含む文の構文木

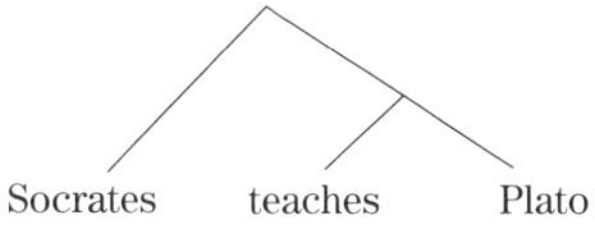

図2－3　他動詞を含む文の構文木

別の例も見ておこう。たとえば、ある可能世界における Socrates teaches Plato. の真理値を Socrates, teaches, Plato の意味から計算したいとする。固有名 Socrates と Plato には先ほどと同様に指示対象のソクラテスとプラトンを割り当てる。厄介なのは他動詞 teaches で、これは誰かが誰かを教えるという二項関係を表すはずだが、**Socrates teaches Plato.** という文は、まず**Socrates**と動詞句に分かれ、動詞句が**teaches**と**Plato**に分かれる、といった仕方で構文解析するのが一般的である（図2-3）。そこで、やや技巧的になるが、**teaches**には、何かを入力すると「その何かを教えるものを入力すると真を返し、それ以外の入力には偽を返す関数」を出力する関数を割り当てる。[9] この関数をプラトンに適用すると、プラトンを教えるなら真を返し、それ以外には偽を返す関数が得られる。そして、この関数をソクラテスに適用すると、ソクラテスがプラトンを教えるならば真、そうでなければ偽が得られる。

　内容語だけを含む文はこれでよいとして、機能語を含む文はどうか。機能語はそもそも何かを表す言葉ではないので、何らかの対象に当てはまることもないだろう、というのが2-1節で指摘した問題だった。しかし、機能語の中には、文の真理値にどのように寄与するのかはっきりしているものもある。そうした機能語は、内容語のように何かに当てはまらなくても、意味を割り当てることができる。

　たとえば、ある可能世界における**Socrates is a teacher of Plato.** の真理値を**Socrates, is, a, teacher, of, Plato** の意味から計算したいとする（図2-4）。**Socrates**と**Plato**にはソクラテスとプラトンを割り当て、**teacher**には先ほどの**teaches**と同じ関数を割り当てる。問題は**is, a, of**だが、これらには入力と同じものを返す恒等関数を割り当てよう。[10] そうすると、前置詞句 **of Plato** は**Plato**と同じくプラトンを表す。名詞句 **a teacher of Plato** と動詞句 **is a teacher of Plato** は、

teacher of Platoと同じく、プラトンを教えるなら真を返し、それ以外には偽を返す関数を表す。したがって、Socrates is a teacher of Plato はソクラテスがプラトンを教えるなら真、そうでなければ偽となる。ちなみに、これはSocrates teaches Plato. と同じ真理条件なので、二つの文の同義性が単語の意味に基づいて証明できたことになる。

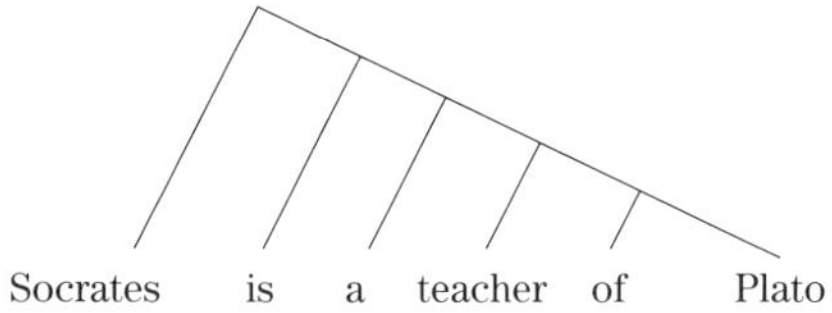

図2－4　be動詞を含む文の構文木

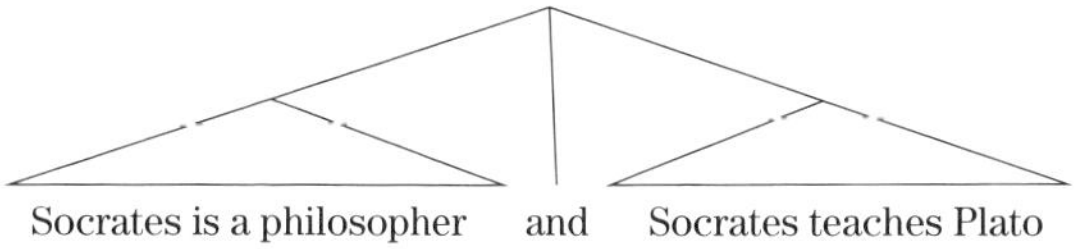

図2－5　文接続詞を含む文の構文木

文接続詞のandやorも、文の真理値に寄与する仕方が明確な機能語である。たとえば、Socrates is a philosopher and Socrates teaches Plato. が真であるのは、Socrates is a philosopher. とSocrates teaches Plato. が共に真のときであり、それ以外では偽である（図2－5）。したがって、andには、左右に現れている文の真理値を入力すると連言の真理値を出力するブール関数を割り当てればよい（1章2－2節も参照）。

以上の考察で、文の意味と単語の意味がどのように結びついているのか、おぼろげながら見えてきた。ここまでの歩みを振り返っておこう。

西洋哲学の伝統では、単語は概念（外延と内包のペア）を表すとされてきた。概念の外延は、その概念が当てはまる対象の集合、内包はその概念が当てはまる対象に共通する特徴の集合である。しかし、この考え方は内容語についてはもっともらしいものの、機能語には当てはまりそうにない。

そこで、われわれは単語から文に視点を移した。文の意味は、その文に現れる単語の意味から合成されるはずであるから、単語の意味とは、文の意味を計算するのに必要となる何かのことだ、と考えることができる。

真理条件意味論によれば、文の意味は可能世界から真理値への関数である。よって、個々の単語には、任意の可能世界が与えられたときに文の真理値を計算するのに必要な何かを割り当てるのがよいだろう。固有名には指示対象を、一般名詞や動詞にはそれが当てはまる対象を入力すると真を返す関数を、be動詞や不定冠詞には恒等関数を、文接続詞にはブール関数を割り当てれば、そこから文の真理値を計算できるようになる。これらは伝統的に「外延」と呼ばれてきたものに相当する。従来は内容語しか外延を問題にできなかったが、真理条件意味論では機能語、さらには文でさえ外延を問題にすることができる。文の外延は真理値である。

では、真理条件意味論には「内包」に相当するものもあるのだろうか。これは答えにくい問題だが、真理条件意味論では可能世界を入力すると外延を返す関数を「内包」と呼ぶことになっている、と言っておく。[11] 言語表現の内包は、かくかくの状況（可能世界）でその表現が何に当てはまるのかを教えてくれる。たとえば、名詞philosopherの内包は、かくかくの状況で誰が哲学者なのかを教える。文Socrates is a philosopher.の内包は、かくかくの状況でこの文が真なのか偽

	外延	内包（意味）
固有名	対象	
自動詞	対象から真理値への関数	可能世界から（対象から真理値への関数）への関数
他動詞	対象から（対象から真理値への関数）への関数	可能世界から（対象から（対象から真理値への関数）への関数）への関数
is, a, of	恒等関数	
文	真理値	可能世界から真理値への関数
文接続詞	ブール関数	

表2－1　言語表現ごとにさまざまな種類の内容を外延と内包として割り当てる

なのかを教える。内包が言語的意味だと言ってもよい。実際、文の内包は真理条件（文の意味）と一致する。

細かな話をすると、外延が可能世界に依存しない言語表現もある。そうした表現は、外延と内包の区別を無視できる。たとえば、機能語は内容語と違って何かに当てはまるわけではなく、どの可能世界でも常に同じように機能する。また、機能語ではないが、固有名の指示対象も可能世界に依存しないと思われる。誰が哲学者なのかは可能世界ごとに異なるが、Socratesは常にソクラテスを指示する（クリプキ1985）。一般名詞の外延は可能世界ごとに異なるが、固有名の外延は常に一定なのである。以上を踏まえて言語表現の種類ごとに外延と内包の関係をまとめると、表2－1のようになる。

2－3　コミュニケーションと意味理解

われわれが発する言葉は単語から組み立てられる。ところが、真理条件意味論は文という単位に特権的な地位を与えている。この措置は、実世界に関する情報は文によって伝えられるという仮定に基づいている。「ソクラテス」、「犬」、「青い」といった単語だけで実世界に関する情報を他人に伝えるのは難しい（ソクラテスがどうしたのか、犬が何なのか、何が青いのか）。実世界に関する情報を伝えるには、何らかの真理条件を表す文を発話する必要がある。文を発話すれば、その文が真である可能世界のどれか一つにわれわれが住んでいることを伝えられるからである。

実世界に関する情報のやり取りは、われわれが言語的コミュニケーションを行う目的の一つである。純粋に情報のやり取りをするだけのコミュニケーションは稀だろうが、そういう場面を想像することはできる。たとえば、大学生のグループが来学期にどの講義を履修するかを相談する、といった場面を想像してみよう。ある学生が「フォージャー先生の精神分析の講義は分かりやすい」と言えば、別の学生が「ヘンダーソン先生の歴史の講義は難しくて、単位をなかなかもらえない」などと言う。

真理条件意味論は、この種のコミュニケーションで起こっていることを、参加者たちが各自で持っている情報を交換することで、自分たちが住んでいる世界の範囲を狭めていくプロセスとして捉えなおす。参加者たちは最初、自分が過去に出席したことのある先生の講義についてしか情報を持っていなかったが、やり取りを通して、自分たちがどんな世界に住んでいるのかを以前よりも詳しく知るようになった。すなわち、彼らはフォージャー先生の精神分析の講義が分かりやすく、かつ、ヘンダーソン先生の歴史の講義が難しくて、単位をなかなかもらえない世界に住んでいる。

言うまでもないが、実世界に関する情報のやり取りは、他の参加者が発した言葉の字面を追いかけるだけの作業ではない。他の参加者が今までに耳にしたことのない文を発話したとしても、それだけで新規の情報になるわけではない。実際、ある参加者が提示する情報が他の参加者の知らない内容とは限らないし、参加者たちの持っている情報が相互に矛盾しないとも限らない。

コミュニケーションの参加者たちは、他の参加者の言うことを受け入れる場合もあれば反対する場合もあるだろう。どちらの態度をとるにせよ、他の参加者が発した文が表す情報（真理条件）を把握する必要がある。ただし、自然言語に属する表現は無限にあるので、あらゆる文の真理条件を丸暗記しておくことはできない。いままでに考えたこともない表現に遭遇する機会は無数にある。しかし、その気になれば、われわれはまだ与えられたことのない文であっても、その真理条件を構成要素の意味から計算する能力を持っている。われわれは、原理的に、あらゆる文の真理条件を知る立場にある。

そこで、言葉の意味理解とは、文の真理条件を知る能力である、と考えてみてはどうだろうか。すなわち、当該の言語（英語、日本語など）の広範囲の文について、その文はどういう状況で真になり、どういう状況で偽になるのか（＝真理条件）を知る立場にあるということが、言葉の意味を理解しているということなのである、と。

この回答はあまりに抽象的なので、強い不満が残るかもしれない。言葉の意味理解が何なのか分からないと途方に暮れている人々は、意味理解の仕様（スペック）を明らかにしたいと願っている。言葉の意味理解とは文の真理条件を知る能力であると言われても、真理条件の知識の有無は話者の言語行動に具体的にどんな違いを生じさせるのか、という疑問が湧いてくる。

この不満には共感するが、言葉の意味理解についてここまで述べた以上のことを述べるのが難しいのにはそれなりの理由がある。まず、実世界に関する情報を交換しあうコミュニケーションにおいて、言葉の意味理解は他の話者が言ったことを受け入れるか拒否するかを選択する上で役立つはずだが、どちらの態度をとるかは言葉の意味理解だけでは決まらない。たとえば、相手がどのくらい信用できる人物なのか、言っていることの確からしさも考慮しなければならない。また、言葉の意味を理解している話者であれば絶対に言わないようなことが存在するわけでもない。たとえば、頭の混乱や記憶容量の限界のために、われわれはときに筋の通らないことを言う。[12] それゆえ、言葉の意味を理解しているかどうかがくっきりと言語行動に現れるような状況を現実のコミュニケーション中に見出すのは極めて難しい。このことを哲学者のティモシー・ウィリアムソンは「意味理解のリトマス試験紙は存在しない」と表現している（Williamson 2013）。言葉の意味理解と言語行動の結びつきの緩さは、意味理解という現象を摑みどころのないものにしている。

したがって、真理条件意味論は言葉の意味理解とは何かを解明するのにあまり貢献しない。だが、そのことで評価を下げるべきではないだろう。なぜなら、真理条件意味論は「言葉の意味理解とは何か」という問題ではなく、「言葉の意味とは何か」という問題に答える理論だからである。すなわち、文の意味はその文の真理条件であり、単語の意味はその単語が現れる文の真理条件に対する寄与である。単語から組み立てられるどんな表現も、構成要素の意味から段階的に計算される何らかの真理条件的内容を持つ。言葉の意味とは真理条件的内容である。おおよそ以上が、「言葉の意味とは何か」という問題に対する真理条件意味論の回答である。

真理条件意味論は、言葉の意味が何かを教えてくれるが、言葉の意味理解とは何かを（ほとんど）教えてくれない理論である。この帰結は必ずしも悪いことではない。意味理解は本質的に摑みどころがない現象であり、意味理解とはかくかくの現象であると明確に特徴づけてしまう理論は欠陥がある、という可能性もある。逆説的だが、真理条件意味論が言葉の意味理解について明確なことを述べないのは、むしろ賢明である。

もっとも、言葉の意味理解は本質的に摑みどころがないと言い繕っても、言葉の意味とは真理条件的内容だという回答の正しさまで保証したことにはならない。真理条件意味論は論理学で用いられる人工言語の意味論から発展してきたという経緯をもつ。人工言語をターゲットに開発された道具立てを自然言語に適用すれば、どこかで無理が生じるのではないか。次節では、こうした疑問をより詳しく検討する。

3　真理条件意味論に対する疑い

真理条件意味論は言葉の意味を扱うエレガントな枠組みを提供する。しかし、自然言語の表現の意味を厳密に扱おうとすると、そこにはいくつもの高いハードルが待ち受けている。本節では、以下の三つの問題点を検討する。[13]

1. 現実のコミュニケーションで、われわれは単に言葉通りの意味を伝えるだけでなく、婉曲や皮肉、冗談といったメッセージを言外に伝えることもある。しかし、そうした裏のメッセージの意味は（言外である以上）単語の真理条件的内容から計算できそうにない（3−1節）。
2. 言葉の意味を真理条件という観点から問題にするのは意味に対する一面的な見方ではないか。そもそもコミュニケーションの参加者が純粋にお互いの情報をアップデートしようとする場面など、例外的にしか成立しない。われわれは主張の他に、約束や命令、命名、賞賛や罵倒などさまざまな言語行為をする（3−2節）。
3. 日常会話、新聞や雑誌では豊富な語彙と複雑な構文が用いられる。前節で行ったような自然言語の取り扱いをどこまで続けていけるだろうか（3－3節）。

これらの問題点は真理条件意味論にとって致命的ではないにせよ、その射程に限界があることを示す。

3－1　言葉通りの意味と言外の意味

日常のコミュニケーションでは、率直な物言いをして聞き手を傷つけないように曖昧で遠回しな言い方をすることがよくある。たとえば、どうでもよい人からの告白に「実は、私には好きな人がいるんです」と返事をすることで、あなたとは付き合えないというメッセージを伝える、隣人に「お子さんはピアノが本当に上手になりましたね」と言うことで、ピアノの音がうるさいというメッセージを伝える場合などである。

このように、言葉を本来とは違った意味で用いることは一般的である。一口に「意味」といっても複数の側面があるようだ。真理条件意味論は言葉通りの意味を捉えているかもしれないが、本来と違った意味で用いられる場合の意味は守備範囲外にあるように思える。「私には好きな人がいる」だけでは、私の好きな人があなたではないということまでは言っていない。「お子さんはピアノが本当に上手になりました」という文は騒音については何も言っていない。われわれが言葉を用いて伝える裏のメッセージは、真理条件的内容とは独立している。

この批判に対する一つの答え方は、真理条件意味論が言外の意味を扱うわけではないと認めつつ、言外の意味といえども言葉通りの意味と無関係ではない、と論じることである。想像力をたくましくすれば、言外の意味は言葉通りの意味から推論できる。たとえば、

うちの子のピアノの腕前は褒められるほど上達していないから、「お子さんはピアノが本当にお上手になりましたね」という隣人の発話は明らかに間違っている。明らかな間違いを言うのは普通の会話では避けるべきである。にもかかわらずあえて間違ったことを言うからには、言葉通りの意味とは別のことを意味しているのだろう。つまり……

自分はあなたという特定の人が好きだから付き合ってくださいと言っているのに、「実は、私には好きな人がいるんです」という返事は誰が好きなのかをボカしている。情報量が乏しいことを言うのは普通の会話では避けるべきである。にもかかわらずあえて曖昧なことを言うからには、言葉通りの意味とは別のことを意味しているのだろう。つまり……

もちろん、こうした推論がわれわれの頭の中で一瞬のうちに行われているというのはありそうにない。それでも、言外の意味を言葉通りの意味から再構成することは原理的には可能だろう。言外の意味がしかじかであるとなぜ分かるのか、と問われれば、ここに記したのと同じようなこ

とを述べるだろう。

また、コミュニケーションの参加者は、いつでも言葉通りの意味に立ち戻る用意ができていなければならないように思われる。言外の意味は後になってキャンセルされうるからである。たとえば、「お子さんはピアノが本当にお上手になりましたね」と言った後で、この言い方だと騒音を咎めていると受け止められかねないことに気づいて、話し手は「うるさいという意味じゃないですよ」と補足するかもしれない。告白を断ったと一瞬見せかけて相手を驚かせるために、「実は、私には好きな人がいるんです。……それはあなたのことです。あなたとお付き合いします」などと凝った返事をする人もいるかもしれない（川添2021, p. 49）。言外の意味は後でキャンセルされない限りで生じるのであり、[14]コミュニケーションの基礎はあくまで言葉通りの意味にある。

さらに付け加えるなら、コミュニケーションを円滑に進める上で、言外に伝えられる意味を読み取るスキルが重要になるにしても、大半の人間は常に完璧に言語を運用しているわけではないという事実がある。世の中には口下手な人もいるし、自閉スペクトラム症の人は裏のメッセージを読み取るのが苦手とされる。[15]彼らは言葉の意味をまるで理解していないとみなすべきなのか。そうではあるまい。言葉の意味理解を達成する度合いは人それぞれだが、大半の人は言葉通りの意味くらいは最低限理解していると想定できる。[16]

言葉の意味理解はグラデーションを許容するので、現在のＡＩが言葉の意味を理解するのかを問題にする場合には、最低限の意味理解を持ち合わせているのかどうかを問題にしたいものである。本章の冒頭で述べた通り、私は現在のＡＩが言葉の意味を理解するかしないかの二択でいえば「理解しない」と考える立場だが、そう考える理由は「ＡＩは皮肉やユーモアを理解できないから」といったものではない。

３－２　言語行為

言葉通りの意味に限定しても、真理条件意味論を自然言語に適用するのを妨げる要因は他にもありうる。そもそも、すべての文が真理条件をもつと考えるのは適切なのだろうか。一口に文といっても、平叙文のほかに命令文や疑問文などもある。命令文や疑問文は真でも偽でもないので、真理条件をもつとは考えにくい。

平叙文でさえ真偽を問題にするのが常に適切かどうかは疑わしい。平叙文を使って話者は約束や依頼、命名といったさまざまな言語行為（**speech act**）をするが、彼らの関心が実世界を記述することにあるわけではない。たとえば、上司に「一週間以内に結婚相手を見つけることを約束します」と言う人は、上司と約束を交わしたいのであって、何かを正しく記述したいわけではない。

しかし、真理条件意味論の側から、この種の疑問に答えるのはそれほど難しくないのかもしれない。一つずつ検討してみよう。

まず、命令文は平叙文と並行的に扱うことができる。平叙文は、どういう状況で真になり、どういう状況で偽になるのか（真理条件）を表現するのに対し、命令文は、どういう状況だとその命令は実行されたことになり、どういう状況では実行されていないことになるのか（実行条件）を表現する。そう考えれば、真理条件と実行条件の違いはほとんど用語の違いでしかない[17]。

疑問文に関しては次のように考えるとよい。疑問文の機能は、どんな情報を求めているのかを聞き手に伝えることにある。たとえば、「誰が犯人なのか」という疑問文は「Aが犯人である」「Bが犯人である」……といった応答を期待して発せられる。したがって、疑問文の意味は、その疑問文に対して可能な応答の真理条件を用いて定義すればよい。たとえば、可能な応答の真理条件の集合などである。この方針は強引に見えるかもしれないが、間接疑問文のような構文に注意を向ければ、その印象は薄れる。たとえば、「誰が犯人なのかを名探偵が突き止めた」といった例文にみられるように、疑問文は平叙文の中にも埋め込まれる。間接疑問文は平叙文であるから、その真理条件を計算するには、埋め込まれた疑問文にも何らかの意味を割り当てる必要がある。その際、疑問文に対して可能な応答の真理条件を参照するのは自然な選択肢となる。

約束や依頼をするために平叙文を用いる話者が実世界の記述に関心がないのは事実だろう。しかし、言語行為を表す動詞は、言語行為を遂行するときだけでなく、第三者がその場面を記述するときにも使われる（たとえば、「ロイドは一週間以内に結婚相手を見つけることを約束した」）。このことは、話者がある文を用いて言語行為するということと、その文が真理値をもつことは必ずしも対立しないことを示唆する（**Lewis 1970**）。たとえば、「一週間以内に結婚相手を見つけることを約束します」と言う話者は、上司に約束をしている一方で、同時に、約束している自分自身を記述しているとも解釈できる（自己記述を意図しているわけではないが）。この文の真理条件は、発話によって実際に約束がなされることである。

3-3 語彙の豊富さと多義性

ここまでの議論がうまくいっているなら、真理条件的内容はたしかに言葉通りの意味の中核をなすのかもしれない。しかし、自然言語のあらゆる平叙文に対して、その真理条件を厳密に特定することなど果たして可能なのだろうか。

2-2節では、英語の中でもごく単純で狭い範囲の例文しか扱わなかった。しかし、現実に用いられる英語表現ははるかに多様で複雑である。日常会話、新聞や雑誌に現れる文は構文解析が難しく、語彙数も膨大で、しかも、一つひとつの単語の意味が文脈に応じて微妙な異なりを見せる。

たとえば、含意関係認識の課題を取り上げよう[18]。この課題は、テキストから確実に推論できる情報を抽出することを目標にしており、テキストTと仮説Hという二つの文章を与えて、TがHを「含意する」、TがHと「矛盾する」、TがHに対して「中立である」の三つのカテゴリーに分類することを求める。次の問題を考えてほしい[19]。

T: Allen was renowned for his skill at scratch-building and creating scenery, and he pioneered the technique of weathering his models to make them look old and more realistic.

アレンはスクラッチビルドと情景製作の技能で有名で、模型を古く、より本物らしく見せる風化の技術を開発した。

H: Allen introduced a new technique of creating realistic scenery.

アレンは本物らしい情景製作の新しい技術を導入した。

正解は、ＴはＨを「含意する」である。このことは直観的には納得できるが、機械的な手続きによって文同士の含意関係を判定するのは容易ではない。

残念ながら、含意関係認識のような実践的課題が真理条件意味論の文献で議論されることはまずない。そもそも、真理条件意味論の研究者は、個々の単語が実際にどんな意味を持つのかに興味がない。２－２節末尾の表が示すように、固有名なら対象、自動詞なら対象から真理値への関数といった具合に、単語の種類ごとにどんな種類の意味を割り当てるべきかを議論する場合が多い[20]。個々の単語の意味や単語間の意味関係は、所与の前提として扱われる。

ただし、原理的には、真理条件意味論を用いて先ほどの例題のＴがＨを含意することを証明するのは不可能ではない。もちろん、そのためには多くの情報が必要になる。ＴとＨの構文解析は当然として、他にも、introduceが人を紹介することではなく、新しい技術を導入するという意

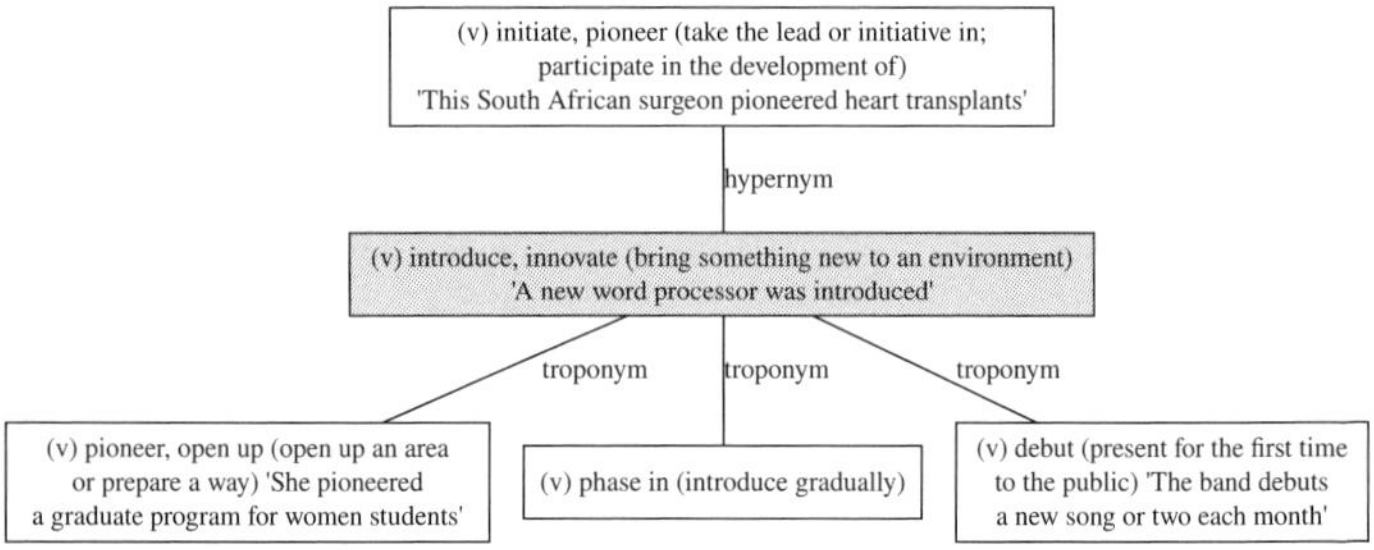

図2－6　WordNetのグラフの一部

味で用いられていること、この意味での introduce が pioneer とおおむね同義であることなどの情報も必要である。問題は、どうすればこうした情報にアクセスできるのか、という点にある。たとえば、ここでの introduce と pioneer の意味関係はどうすればわかるのだろうか。

心理学者のジョージ・ミラーらが構築した WordNet という有名な辞書がある。[21] この辞書は「シソーラス」と呼ばれる形式を採用している。[22] 語学学習者が標準的に用いる辞書は、アルファベット順に並べられた見出し語の隣に、語義の説明やその単語を用いた文例を記している。これに対し、シソーラスは語義の説明や文例に加えて、意味関係に基づいて単語を階層的に組織化している。コンピュータにとって階層構造は必要な情報へのアクセスが容易なので、WordNet はシソーラスを採用している。

WordNet の基本単位は、synset と呼ばれる同義語（synonym）の集合である。synset の間には上下関係をはじめとする意味関係のリンクが張り巡らされている。[23] たとえば、図2－6は introduce を含む synset を中心としたグラフの断片である。

この図からは多くのことが読み取れる。introduce は innovate と同義の動詞であり、語義は bring something new to an environment（環境に何か新しいものを持ち込む）と説明されている。上位語には initiate（先導する）、下位語には pioneer（分野を切り開く）、phase in（段階的に導入する）、debut（お披露目する）などがある。[24]

問題は多義語の扱いである。与えられた文の中で多義語がどの意味で使われているのかをコンピュータに認識させる前に、ある単語がいくつの意味を持つのかを明確にしたいのだが、そもそも単語がどんな意味をいくつ持っているのかがはっきりしないのである。実際、われわれが使う辞書でも、見出しがいくつかに分かれたり、ある見出しの中に小見出しが用意されたりして語義が区別されているが、分類の粒度は辞書によって異なる。意味の同一性は曖昧で不安定なのである。

WordNet による同義語と多義語の扱いにも恣意的なところがある。先ほどの含意関係認識の例題は、pioneer と introduce をおおむね同義語として扱っていると思われるが、WordNet にはこれらが共に属する synset は存在しない。WordNet は動詞の pioneer を「分野を切り開く」、「先導する」、「新しい領域を開拓し探検する」という三つの語義に分けている。例題と関連するのは最初の二つの語義だが、図2－6が示すように、前者は introduce の下位語、後者は上位語とされている。

このように、含意関係認識の問題を正攻法で解くのは厳しい。しかも、先ほどの例題はまだやさしい部類だと思われる。次の例題はもっと難しい。[25]

T: Parviz Davudi was representing Iran at a meeting of the Shanghai Co-operation Organisation (SCO), the fledgling association that binds Russia, China and four former Soviet republics of central Asia together to fight terrorism.

パルヴィーズ・ダヴディは、ロシア、中国、そして旧ソ連を構成する中央アジアの四カ国が共にテロと戦うために団結した新生の組織である上海協力機構（ＳＣＯ）の会合でイランを代表していた。

H: China is a member of SCO.

中国はＳＣＯのメンバーである。

自然言語処理の分野における含意関係認識の研究は、正攻法で解くのを諦めてもっと泥臭い方法を採用してきた。たとえば、最も単純な方法によれば、テキストＴと仮説Ｈに共通して現れる固有表現（人名や地名といった固有名、時間や数量の表現など）の個数などに基づいて、ＴとＨの類似度を計算し、類似度が高いほど含意関係が成り立っている可能性が高いと判断する。この例題であれば、Ｈに含まれる主要な単語はChina, member, SCOの三つであり、これらのうちChinaとSCOはＴにも現れる。三つのうち二つの単語、しかも固有表現が共通するということは、Ｔ

がHを含意すると肯定的に判断する材料になる、といった具合である（バード、クライン、ローパー 2010, pp. 254-256）。

当然ながら、こうした方法では高い正答率は望むべくもなかった。後で見るように、最近の自然言語処理は含意関係認識に対して異なるアプローチを採用している。

3-4 真理条件意味論のまとめ

「言葉の意味とは何か」という問題に対する古典的な回答である真理条件意味論を紹介してきた。これまでの議論から、利点と問題点の両方が浮かび上がったと思う。

最大の利点は言語の生産性と体系性（1章7-2節）を尊重するところだろう。自然言語の語彙数はたかだか有限なのに、われわれが無限に多くの有意味な言語表現を作れるのはなぜか。それは、文の構文と並行する仕方で最小の構成要素の意味内容から徐々に大きな単位の構成要素の意味内容を合成する手続きが存在するからである。それゆえに、これまでに使われたことが一度もない文であっても、文を構成する単語の意味から文全体の意味（真理条件）を計算できるなら、その文はきちんと意味をなすと保証できる。

しかしながら、真理条件意味論の射程には著しい限界があり、複雑極まりない自然言語を飼いならすには非力である。たとえば、含意関係認識のような実践的課題に応用しようとすれば、膨大な語彙数や意味の同一性が不安定であるといった困難に苛まれるだろう。われわれが日常的に用いる文の真理条件を単語の意味から計算するというのは、原理的には可能かもしれないが、現実には、ごく小さな言語断片しか扱えそうにない。コンピュータに自然言語を扱わせるには戦略を見直すべきなのだろう。以上を踏まえて、次節ではいよいよ最近の自然言語処理の研究動向に目を転じる。

4　コネクショニズム化する自然言語処理

単語は概念を表すという西洋哲学の伝統的な見解は、単語が実世界のどのような対象に当てはまるのか、という観点から単語の意味を特徴づけていた。この見解は、内容語に限れば真理条件意味論でも維持されている。

これに対して、単語の意味とはその単語がどのように使用されるのかに注目することで明らかになる、という考え方もある。「意味の使用説」と総称されるアプローチがそうである。一口に使用説と言ってもさまざまなバージョンがあるが。4－1節では近年の自然言語処理で広く利用されている使用説のバージョン（分布意味論）を紹介する。分布意味論を背景として、4－2節では単語の意味を、4－3、4－4節では単語列の意味を考察する。4－5節ではより最近の大規模言語モデルを紹介する。

4-1　分布仮説

分布意味論の出発点は、意味が似ている二つの単語は、周辺に出現する単語群も似ている傾向にある、という事実である。たとえば、「眼医者（eye-doctor）」と「眼科医（oculist）」は同義であり、よほどの例外を除けば、文中の「眼医者」を「眼科医」に置き換えても問題は生じない。したがって、これらの同義語は周辺に出現する単語群がよく似ている。

「銀」と「プラチナ」はどうか。これらは同義ではないので常に置き換えられるわけではないが、それでも、「銀」と「プラチナ」は、「銀」と「ぞうきん」などに比べれば、意味が似ていると感じる。実際、「銀」と「プラチナ」それぞれの周辺には同じ単語が出現しがちである（川添2017, p. 187）。

　恋人の指で銀のリングが光を放っていた。
　この鉱石には金と銀が含まれている。
　銀の食器は高価だ。
　プラチナのリングを鑑定してもらおう。
　金とプラチナではどちらが高価ですか？
　プラチナとパールが優しい光を放ちます。

そこで、発想を逆転させて次のように考える。

分布仮説　単語の意味はその単語が置かれうる環境によって決まる。[26]

ここでいう「単語が置かれうる環境」とは、単語の前後に出現しうる単語群のことだと考えればよい。たとえば、「銀」という単語は、一つ目の例文では「恋人」「指」「リング」「光」といった単語と共に出現していることになる（機能語は除外している）。これらの単語群が「銀」の置かれうる環境ということになる。もちろん、これらは「銀」が置かれうる環境の特殊例にすぎない。日本語のコーパスを調べれば、他のさまざまな環境にも置かれていることだろう。分布仮説が述べているのは、どのような環境のもとに置かれうるのか、ということが「銀」という単語の意味を決める、ということである。

4-2 Word2Vec

分布仮説によれば、単語の意味はその単語が置かれうる環境によって決まる。それなら、単語の意味を知っている人は、文章中でその単語が空白になっていても、周辺に出現している単語群に基づいて空白を（偶然以上の確率で）埋めることができると想像される。たとえば、「この鉱石には金と□が含まれている」の空白を埋める単語としては「銀」、「鉄」、「亜鉛」などが思い浮かぶ。一つには絞れないが、ある程度の見当はつけられる。

そこで、コンピュータに単語の意味を理解させるには、このような空所穴埋めの課題を解かせればよいのではないか、というアイデアが生まれる。トマス・ミコロフらグーグルの研究チームは、周辺の単語（たとえば、前後から2単語ずつとった4単語）を入力すると間に挟まれた単語を予測する、**Word2Vec**と呼ばれるニューラルネットワークを考案した[27]。

ネットワークの構造を手短に説明しておく（図2－7）。われわれはこのネットワークに単語を入力すると単語を出力するようにさせたい。そこで、まず、すべての単語に通し番号をつけて、割り当てられた値に相当する次元が1でそれ以外の次元は0となるベクトルをその単語に対応させることを考える。たとえば、「プラチナ」の番号が1250だとすれば、「プラチナ」に対応するのは1250番目の次元が1で、それ以外は0となるベクトルである。このように、一つの成分だけが1で他の成分は0のベクトルを「ワンホットベクトル（one-hot vector）」、単語をワンホットベク

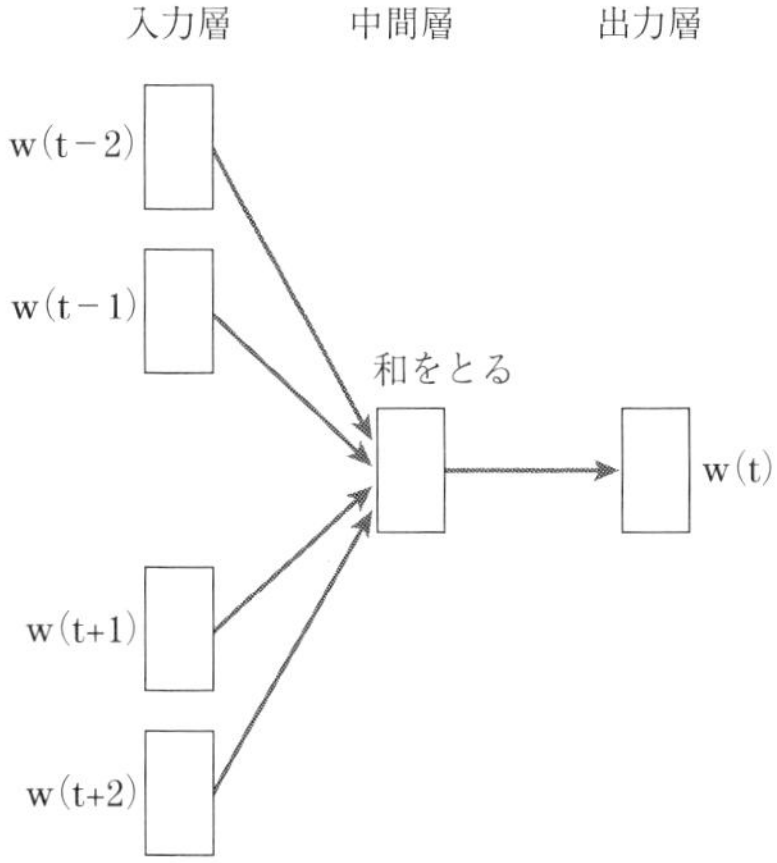

図2－7　Word2Vecのネットワーク構造
（Mikolov *et al.* 2013bをもとに作成）

トルに変換することを「ワンホット符号化」と呼ぶ。この「ホット」は「ホットな話題」と同じ用法で、注目を集めているという意味である。

単語の総数を30万、入力に周辺の4単語を用いるとすれば、入力層は120万のニューロン、出力層は30万のニューロンで構成されることになる。中間層には300個程度のニューロンを用意する。入力層と中間層のシナプスの重みは、どの単語についても同じで、中間層では個々の入力単語に重みをつけた結果を足し合わせて、出力層に送る。このネットワークでは、周辺の単語がどのような順番で出現しているのかは関係がない。出現している単語の情報だけに基づいて、間に挟まれた単語を予測する。

ネットワークの学習用データは文書の一部を空所にすることで作成される。ImageNetのような画像認識の教師データを構築するには、人間が手作業で一枚一枚の画像に正解ラベルを貼り付けねばならなかった（1章6−1節）。この作業は自動化できない。自動化できるなら、コンピュータに画像認識させるという本来の目的はすでに達成されているからである。他方で、いまの場合は、欠けている単語が何であるかは元の文書から明らかなので、教師データの作成を自動化できる。この手法は「自己教師あり学習」と呼ばれる。

ただし、Word2Vecを巨大コーパスで学習させても、手書き数字の画像を分類するときのような高い精度（たとえば、99パーセント）は得られない。しかし、それでよいのである。周辺に出現するいくつかの単語の情報だけでは、間に挟まれる単語の候補を一つに絞れるとは限らない。むしろ絞れないのが普通である。それでも、周辺に現れている単語群から間に挟まれた単語を偶然以上の確率で当てられるネットワークは、何らかのいみで言葉の使い方（≠言葉の意味）を理解するようになったと言えるのではないか。そう仮定すると、学習後のネットワークは、言葉の意味を理解している人の脳状態らしきものを反映していると考えられる。

　これは突拍子もないアイデアに思えるかもしれない。しかし、入力層のi番目のニューロンと中間層を結ぶ数百個のシナプスの重みが、i番目の単語の意味理解に対応していると想定しよう。そして、各単語に対して、重みを成分とする数百次元のベクトルを抽出する。こうして取得したベクトル間の距離は、人間による単語間の類似性の評価（たとえば、「金」と「プラチナ」は「金」と「ぞうきん」よりも似ているなど）と相関する。さらに、類推課題にもある程度答えられるようになる。[28] 類推課題とは、

A : B = C : ?（AにとってのBはCにとっての何か？）

といった形式のクイズである。**Word2Vec**から取得した単語ベクトルを用いると、この種のクイズは**B-A+C**という加減算で解くことができる。たとえば、

France : Paris = Italy : ?（フランスにとってのパリはイタリアにとって何か）

man : king = woman : ?（男にとっての王は女にとって何か）

といったクイズを解くには

Paris − France + Italy ≒ Rome

king − man + woman ≒ queen

と計算すればよい。この計算は直観的に理解できる。一問目のクイズを例にとると、まず、パリとローマはどちらも都市名なので、これらのベクトルは近くにある。フランスとイタリアはどちらも国名なので、これらのベクトルも近くにある。パリ−フランスという引き算は首都の成分に対応しており、これをイタリアに足すとローマになる（図2−8）。

あまりにも話ができすぎているので、この図は空想の産物に見えるかもしれないが、そうではない。ミコロフらの論文は、単語ベクトルを二次元平面に射影すると、各国の国名と首都名を結ぶ線分が（おおむね）平行に並んだ図を掲示している（図2−9）[29]。

こうした類推は、グーグルが提供しているWord2Vecの単語ベクトルで実際に試すことができる[30]。期待と異なる出力結果が得られることも多いが、国や都市のカテゴリーを明示的に教えたわけではないのに、個々の単語がどのような単語と共に出現しやすいかというパターンを学習させ

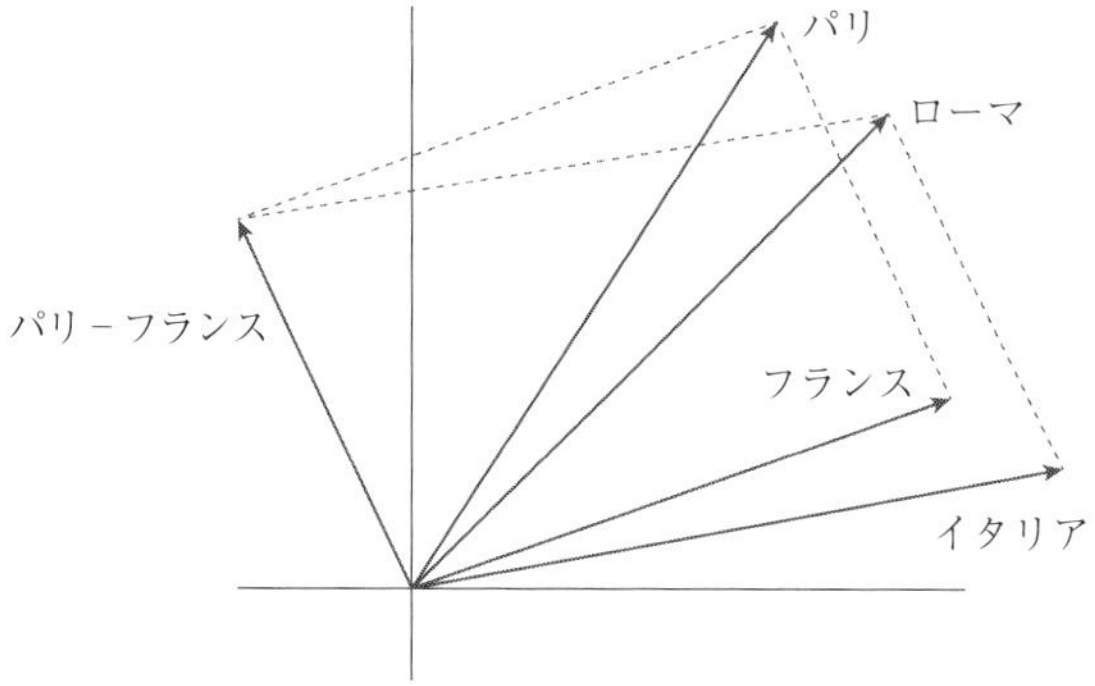

図2－8　フランスにとってのパリがイタリアでは何に相当するかは、パリ－フランス＋イタリアというベクトル算で求められる

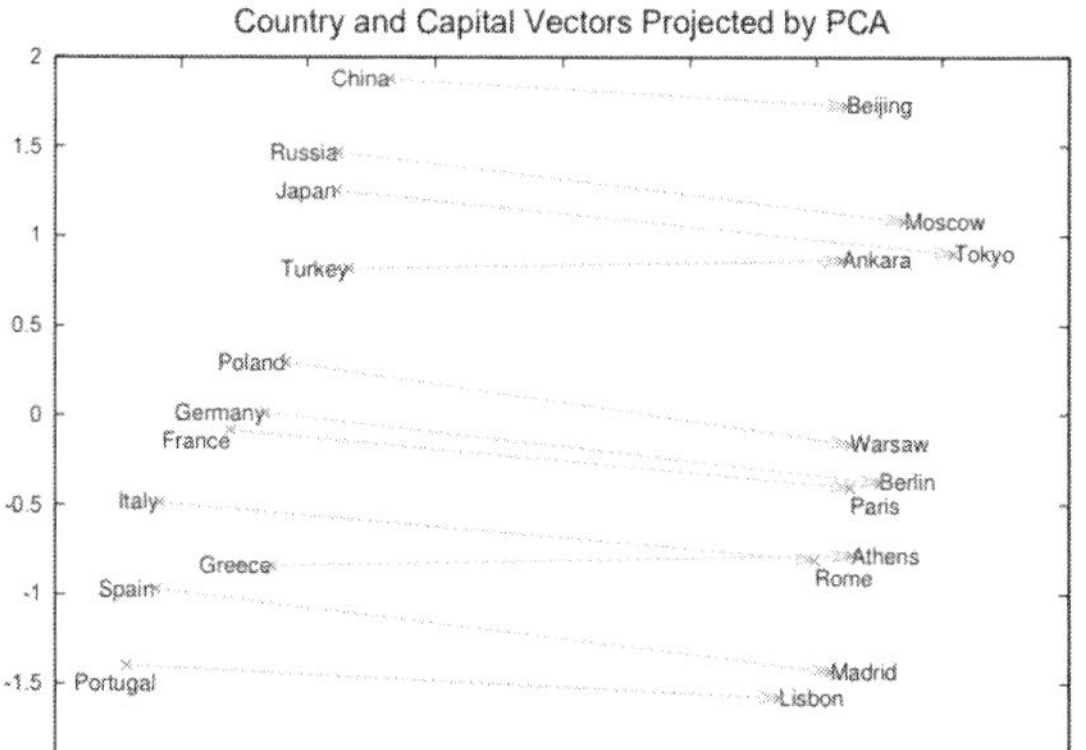

図2－9　国名と首都名を結ぶ線分は（おおむね）平行になる（Mikolov *et al.* 2013a）

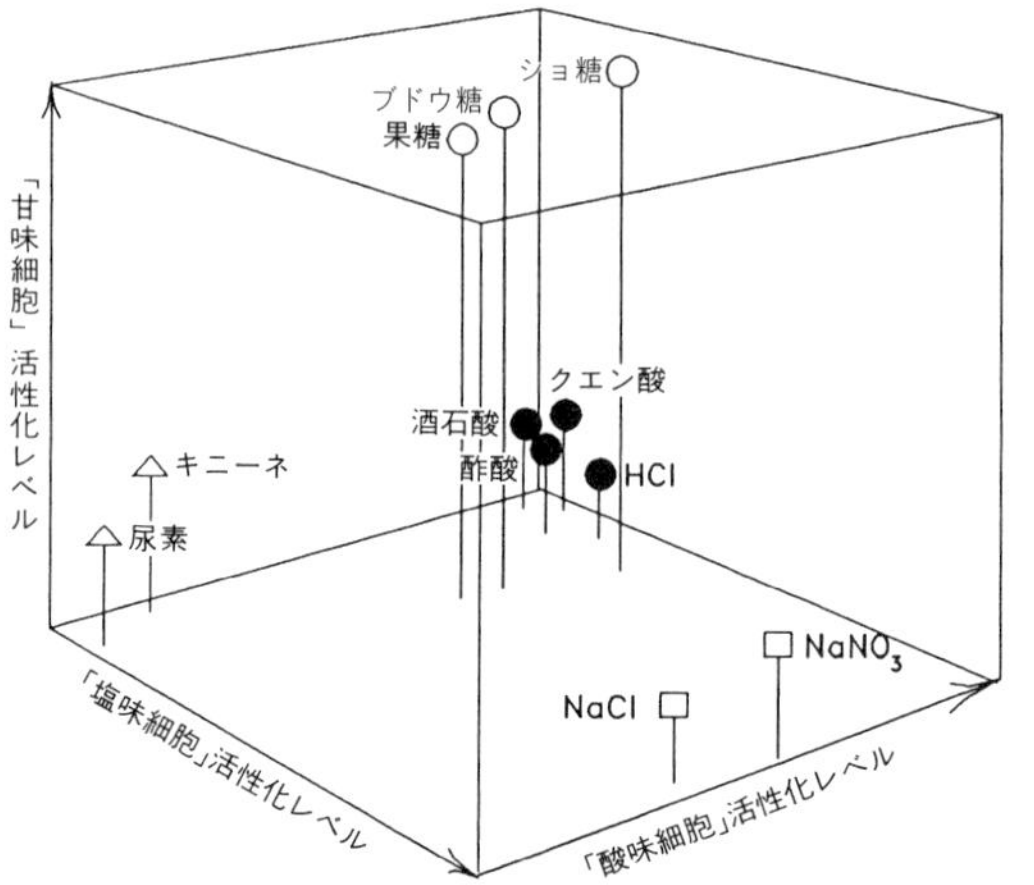

図2－10　味覚空間（churchland 1995の邦訳, p. 30をもとに作成）。三つの軸は甘味・塩味・酸味に対応する。四次元空間は図示できないので一次元を削減している。

ることで、図のような関係性を獲得できたというのは興味深い。

一見したところ、Word2Vecは周辺に出現している単語から間に挟まれた単語を予測するためのネットワークである。しかし、それは仮の目的にすぎない。Word2Vecの真の目的は単語をベクトルに（word to vector）すること、つまり、単語をベクトル空間に「埋め込む」ことにある。それがこのネットワークがWord2Vecと呼ばれる理由である。

Word2Vecによる単語埋め込みはワンホット符号化と対照的である。ワンホット符号化は、単語間の意味的類似性を考慮せず単語ごとに別個の次元を用意する。その結果、ゼロでない成分を一つしかもたないワンホットベクトルが得られる。ワンホットベクトルのように、ゼロ以外の成分を少数しか含まないベクトルを「局所表現」という。これに対し、Word2Vecによる単語埋め込みからは、多くの成分がゼロ以外の値をもつベクトルが得られる。こちらは局所表現との対比で「分散表現」と呼ばれる。分散表現はワンホットベクトルに比べて次元数がはるかに小さく、意味的類似性がベクトル間の距離に対応している。[31]

分散表現は突拍子もないアイデアに思えるかもしれないが、実は現代人にとって身近な表現様式である。たとえば、カラーディスプレイは、光の三原色に基づいて赤・緑・青の三つの要素に相当する整数の三つ組で膨大な数の色を表現している（ＲＧＢコード）。紫色なら（240, 5, 83）という三次元のベクトルで符号化されている。これは分散表現の一種である。ＲＧＢコードは膨大な数の色を効率よく表現し、ベクトル間の距離によって色同士の類似性を定量的に評価できるという点でも優れている。

色に限らず、感覚データは一般に分散表現と相性がよい。たとえば、味覚は四つの基本的な味（甘味・塩味・苦味・酸味）からなる四次元のベクトルで表せる（Churchland 1995, chap. 2）[32]。似ている二つの味は味空間における互いの距離が近いため、味の類似性はベクトル間の距離の近さとして表現できる（図２−10）。同様のアイデアが感覚を表す単語以外にも拡張できるというのは興味深い。[33]

４−３　単語から単語列へ

Word2Vecは、周辺に現れている単語から間に挟まれた単語を予測するという課題を解くことで単語の使用法を学習した。次に、文をはじめとする複雑な言語表現の使用法についてはどう考えればよいか考えよう。

出発点となるのは、単語列の出現確率という考え方である。言語表現は単語を並べて作られるが、単語列の中には出現しやすいものと出現しにくいものがある。「は東京行くに私」といった非文法的な単語列、「緑色の観念が凶暴に眠る」のように文法的だがほとんど意味をなさない単語列は、まず出現しない。他方、「今夜は月がきれいですね」のような単語列は比較的出現しやすい。このように、単語列の出現しやすさには、その単語列の文法的な容認可能性や有意味性に関する情報が詰まっている。

単語列の出現確率については、以下の等式が成り立つことが知られている。

$$\mathbf{Pr}(x_1\, x_2 \cdots x_t) = \mathbf{Pr}(x_1)\, \mathbf{Pr}(x_2 \mid x_1) \cdots \mathbf{Pr}(x_{n-1} \mid x_1\, x_2 \cdots x_{t-2})\, \mathbf{Pr}(x_t \mid x_1\, x_2 \cdots x_{t-1})$$

$\mathbf{Pr}(x_1\, x_2 \cdots x_t)$は、$x_1\, x_2 \cdots x_t$という単語列の出現確率を、$\mathbf{Pr}(x_{t+1} \mid x_1\, x_2 \cdots x_t)$は$x_1\, x_2 \cdots x_t$に続いて単語$x_{t+1}$が出現する条件つき確率を表している。よって、この等式は、単語列$x_1\, x_2 \cdots x_t$の出現確率が、x_1の出現確率、x_1に続いてx_2が出現する確率、$x_1\, x_2$に続いてx_3が出現する確率……、そして、$x_1\, x_2 \cdots x_{t-1}$に続いてx_tが出現する確率の積として表せる、ということを述べている。[34]

要するに、単語列とそれに続く単語（次単語）の出現確率が与えられれば、単語列の出現確率が求まるということだが、この事実は、単語列の使用法を特徴づける手がかりになるかもしれない。ある単語列の使用法を理解している人は、その単語列の次にどんな単語が出現しやすいのかを予測できるだろう。単語のときと同様に発想を逆転するなら、単語列の後に続く単語の出現確率を与える方法を身につければ単語列の使用法（意味）を理解したことになる、とも考えられる。

次単語の出現確率を与える装置を一般に「言語モデル」という。適切な言語モデルがあれば、文章生成も可能になる。最も単純なやり方（貪欲法）としては、まず何らかの単語列をタネとして入力し、そこから先は、各時点で最も確率が高いと予測された単語をそれまでに得られた単語列に加えて再び次の単語を予測する、という作業を繰り返すことが考えられる。[35]

しかし、以上の議論はいくらなんでも無理がある、と感じた人もいるかもしれない。単語列の意味を理解するとは次単語予測できるようになることだ、という仮説はにわかには信じがたい。少なくとも、言葉を発したり聞いたりするときに次単語を予測しているという感覚はない。言語学者の中には、そもそも言語表現を単語の「列」とみなすべきではないと言う人も多い。たとえば、以前に「黒髪の美しい少女が笑った」といった例文にみられる構文上の多義性を取り上げたが、そこでは、言語表現は単語の並びではなく、背後に木構造が隠れている、と述べておいた（1章3－1節）。

「言語モデル」という考え方は自然言語処理の分野に古くからあるものの、この分野の研究者たちでさえ、次単語予測が単語列の使用法（意味）だという立場に本気で肩入れする気はなかっただろう。言語表現の自然さを評価するのに言語モデルがあれば便利だ、という程度の意見だったかもしれない。

また、そもそもの問題として、言語モデルを作るのは難しい。確率を求める一つの方法は頻度を数えることである。たとえば、コインの表が出る確率を求める場合、コイントスを繰り返して表が出た回数を数える。同様の方法で単語列の出現確率を求めるなら、テキストコーパスを調べて各単語列の出現頻度を数えることになる。しかし、この方法には難点がある。自然言語の単語列は長さに上限がないため、確率を割り当てるべき単語列のパターンは無限にある。ところが、コーパスの大きさは有限である。そのため、自然な言い回しにもかかわらず、コーパスに含まれない単語列が無限に存在してしまう。

この難点のため、自然言語処理では「nグラム言語モデル」と呼ばれる近似法が採用されてきた。100単語や200単語も前に出現した単語は次単語に影響しないと「仮定」し、直前のいくつかの単語（n-1個の単語）に基づいて次単語を予測するのだ。[36] しかし、この仮定はあくまで近似であって、厳密に正しいわけではない。

こうしてみると、言語モデルは融通のきかないコンピュータに自然言語を扱わせるための妥協の産物のように思えてくる。それにもかかわらず、脳を統計的パターンの学習に長けたコンピュータだと考えるコネクショニストたちは、言語モデルの可能性を追求してきた。その背景には、言語獲得に関する以下のような描像があると思われる。

生まれたばかりの赤ん坊の心は「白紙」であり、自然言語についてほとんど何も知らない状態で生まれてくる。よって、言語表現の背後には木構造が隠れているなどと想定する理由はない。赤ん坊に与えられるのは、両親をはじめとする周囲の人々が発する限られた量の単語列だけだ。彼らは限られたデータの中から何らかの統計的パターンを見出して、自然な単語列の作り方を学習しなければならない。これは無理難題に思えるかもしれないが、現実の大人たちは自然な単語列を作りだせている。そうであるからには、人間の脳は限られたデータに基づいて自然な単語列の作り方（言語モデル）を獲得する素質を備えているに違いない……。

そこで、コネクショニストたちはニューラルネットワークによって言語モデルを実装することを試みてきた。驚くべきことに彼らの試みは豊かな成果を挙げ、自然言語処理の分野に強烈なインパクトをもたらした[37]。言語モデルとして用いられるニューラルネットワークを「ニューラル言語モデル」という。以前まで言語モデルはnグラム言語モデルが一般的だったが、最近ではもっぱらニューラル言語モデルが使われている。

4-4　RNN言語モデル

言語モデルとして使われるニューラルネットワークの一例として、「リカレントニューラルネットワーク」（ＲＮＮ）を紹介しよう。ＲＮＮのネットワーク構造を図２－11に示す。この構造は前章で紹介した多層パーセプトロンと似ているが、中間層からの信号が出力層だけでなく中間層にも送り返されるという点が異なる。「リカレント」には「循環する」という意味があり、ここでは中間層からの信号がループして戻ってくることを表している。

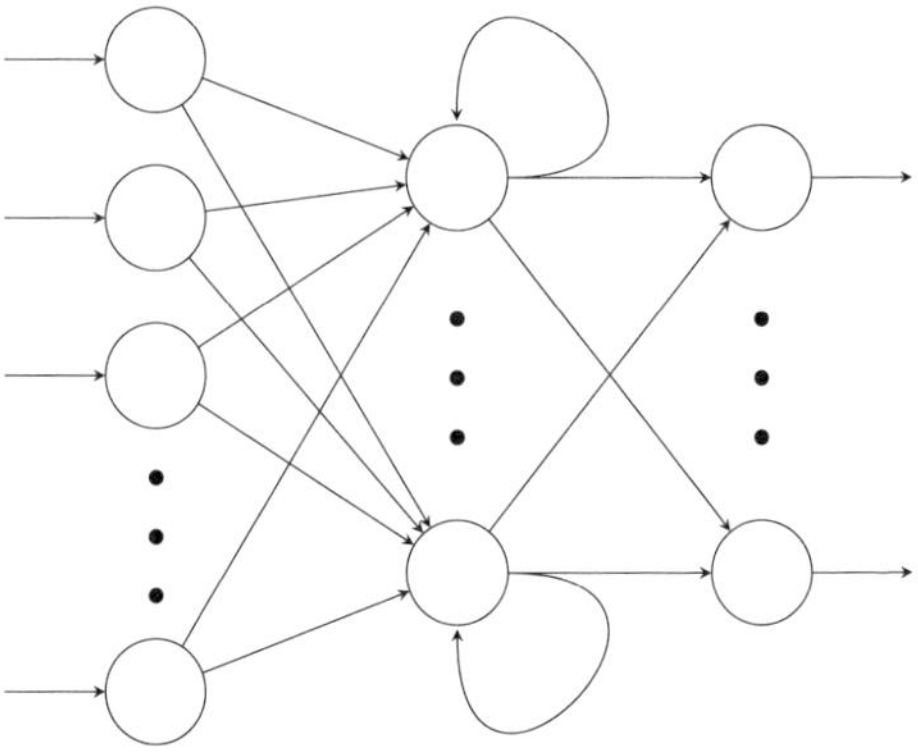

図2－11　RNNのネットワーク構造

　多層パーセプトロンは、静的なデータ（たとえば、画像）を扱うのに向いている。これに対し、ＲＮＮは入力データを逐次的に処理することから時系列データ（時間方向にデータを並べたもの）に適している。時系列データというと株価の変動などを思い浮かべるかもしれないが、単語列も単語が時点ごとに並べられているといういみで時系列データの一種である。ＲＮＮに単語列を入力するには、各単語をワンホットベクトル、あるいは、**Word2Vec**などで取得した単語ベクトル（分散表現）に符号化して、一つずつ順に入力すればよい。

　ＲＮＮがどのように動作するのか、もう少し細かく見てみよう。具体例として「少女は次男を」という単語列の次単語を予測させた場合を図２－12に示す。四角い箱はＲＮＮで、ここに

「少女」「は」「次男」「を」の順に入力していく。$\boldsymbol{x}_1$、$\boldsymbol{x}_2$、$\boldsymbol{x}_3$、$\boldsymbol{x}_4$は入力単語に対応する単語ベクトルである。$\boldsymbol{y}_1$、$\boldsymbol{y}_2$、$\boldsymbol{y}_3$、$\boldsymbol{y}_4$は数値ベクトルで、各成分は次に出現しうる単語の確率を表している。ここで予測したいのは「少女は次男を」の次単語なので、途中の出力$\boldsymbol{y}_1$、$\boldsymbol{y}_2$、$\boldsymbol{y}_3$は捨ててしまってよい。$\boldsymbol{y}_4$の中身を見ると、「少女は次男を」の次単語の確率がわかる（図の数値は適当なので真に受けてはいけない）。

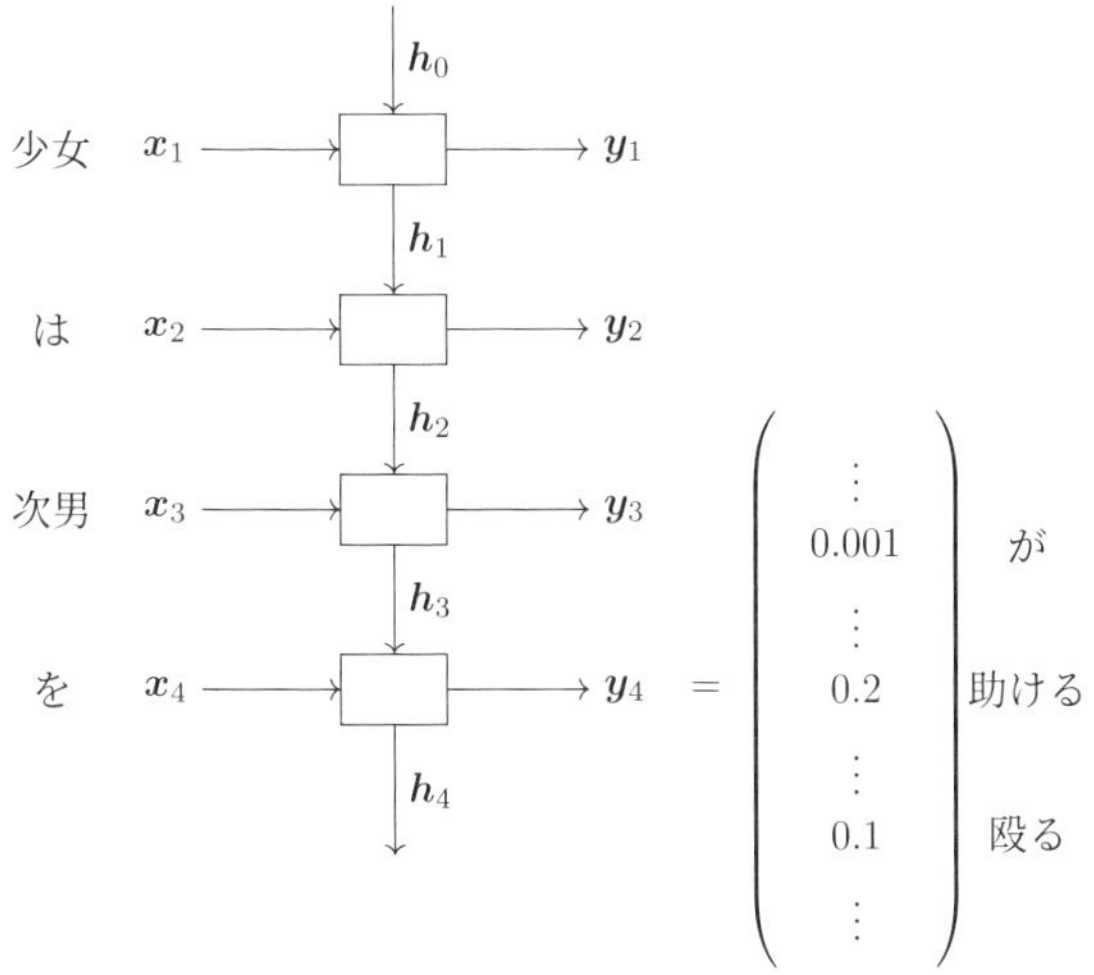

図2－12　RNN 言語モデルを用いた次単語予測のイメージ

中間層の出力$\boldsymbol{h}$は解釈が難しいが、これらは単語列を受け取る人の脳状態に相当すると考えておこう。初期状態$\boldsymbol{h}_0$から出発して、単語を入力するたびに$\boldsymbol{h}_1$、$\boldsymbol{h}_2$、$\boldsymbol{h}_3$、$\boldsymbol{h}_4$と更新されていく、というイメージである。一連の$\boldsymbol{h}$には、それまでに入力された単語列についての情報が凝縮されている。技術的には、ＲＮＮに入力される単語列の長さは任意であるにもかかわらず、$\boldsymbol{h}$はどの時点でも常に固定長のベクトルという点が重要である。

ここに概略を示したＲＮＮの原型は、ジェ

フリー・エルマンによって１９８０年代末に考案された。エルマン自身はＲＮＮに次単語予測をさせるために、23単語（8個の名詞、2個の固有名、12個の動詞、関係代名詞 who）と文末記号（ピリオド）からなる英語風の人工言語を用意した。この人工言語は冠詞を欠いているものの、主語の人称と動詞の語尾の一致を要求し、関係代名詞によって埋め込み文を作ることもできる。たとえば、以下の単語列はこの人工言語の文である。

mary walks.
boys chase dog.
dogs who chase dogs see girls.
dogs see boys who cats who mary feeds chase.

Word2Vec の単語穴埋めと同じく、次単語予測も高い精度を求める必要はない。次単語に唯一の正解は存在しないからである。しかし、不正解は存在する。たとえば、一文目の mary に続く単語は chases や who でもありうるが、walk や chase ではありえない。この課題の肝は、むしろ、四文目のように関係詞が複数回用いられた場合に主語の人称と動詞の語尾の不一致を避けることにある。たとえば、文末の chase の主語は cats なので、feeds の次単語として chases を予測してはならない。多くの言語学者はこうした長距離依存関係を自然言語の文法が備える本質的特徴とみなし、長距離依存関係を表現するためにも単語列の背後に木構造を措定すべきだと考えてきた。しかし、エルマンのＲＮＮは、木構造を用いることなく、長距離依存関係を捉えた予測をするようになった（Elman 1991; 1993）。

もちろん、エルマンが用いた簡素な人工言語は現実の自然言語とは程遠い。しかし、これは当時のコンピュータの処理能力を考えれば無理もない。一般に、ＲＮＮの学習は逆伝播法で行われるが、実行するのは容易ではない。中間層がたった一層でも、n個の単語を入力して次単語予測させるには、最初に入力したデータは中間層をn回通り抜けることになる。そのため、ＲＮＮの学習はディープラーニングの一種である（黒橋2019, p. 180）。大規模なＲＮＮの学習が実行可能になったのは比較的最近である。

ＲＮＮにはさまざまな応用先がある。前節で、言語モデルを使えば文章生成も可能だと述べたことを思い出してほしい。nグラム言語モデルで本格的な文章を生成するのは非現実的だが、ＲＮＮ言語モデルならある程度自然な文章が作れる。

また、ＲＮＮは単語列の続きを書くだけでなく、ある単語列をまったく別の単語列へと変換することもできる。たとえば、翻訳である（ニューラル機械翻訳）。そのためには、翻訳の起点言語と目標言語に対応する二種類のＲＮＮを用意する。起点言語に対応するＲＮＮは「エンコーダ」、目標言語に対応するＲＮＮは「デコーダ」と呼ばれる。翻訳の手順は以下である。まず、翻訳したい原文をエンコーダに入力して、最後に出力される状態$\boldsymbol{h}$を手に入れる。そして、この$\boldsymbol{h}$をデ

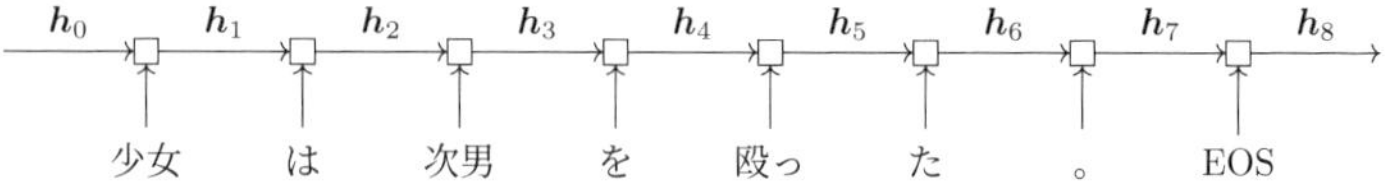

図2－13　エンコーダの仕組み:和文を一単語ずつ入力し、単語列の意味に相当するベクトルを取得する。

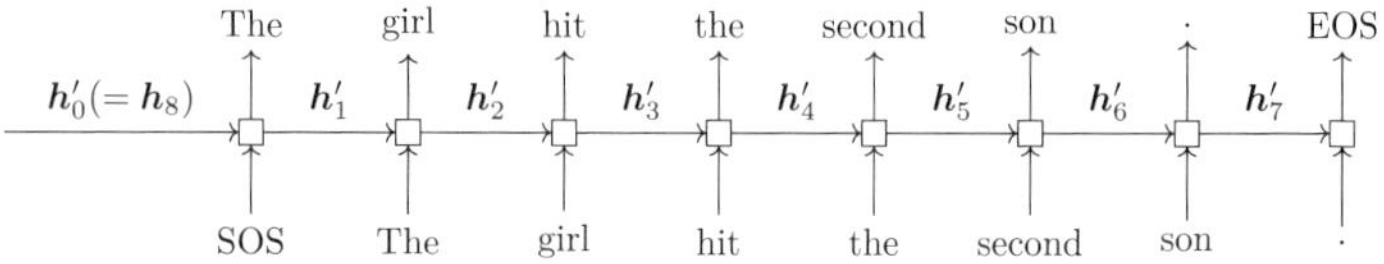

図2－14　デコーダの仕組み:エンコーダによる処理の結果をもとに一単語ずつ出力することで英訳を生成する。

コーダに入力して訳文を出力させる。
たとえば、「少女は次男を殴った。」という和文を英訳したいとする。まず下処理として、この文を「少女—は—次男—を—殴っ—た—。」という単語列に分解し、この単語列が一塊であることを明示するために、末尾に**EOS (end of string)**という特殊単語を挿入する。つづいて、この単語列を単語ベクトルの列に変換したうえでエンコーダに入力して、状態$\boldsymbol{h}_8$を手に入れる（図2－13）。

続いて、この$\boldsymbol{h}_8$をデコーダに対し、文頭を明示する**SOS (start of string)**という特殊単語とともに入力する。最も確率の高い次単語として**The**が出力されたら、次は**The**を入力する。最も確率の高い次単語として**girl**が出力されたら、今度は**girl**を入力する。このように、前の出力を次の入力としながら単語を繋いでいく作業がうまくいけば、訳文が得られるだろう（図2－14）。

素朴に考えると、翻訳とは起点言語の単語列をその意味を保存しつつ目標言語の単語列に置き換えることである。ここで概略を示した手法がうまくいくとすれば、エンコーダが出力する状態$\boldsymbol{h_8}$は原文の意味内容らしきものを捉えた固定長のベクトル表現とみなせる。いわば意味のタネをデコーダに入力することで、訳文が出力される。

4-5　大規模言語モデルの時代へ

ＲＮＮはニューラルネットワークで時系列データを扱う初期の試みだった。しかし、文章生成や機械翻訳といった目的に本格的に応用するとなると、ＲＮＮには問題がある。

一つの問題は、記憶がそれほどもたないことである。ＲＮＮの言語モデルに長い単語列を扱わせると、最初の方で入力した単語は中間層を何度も通り抜けることになり、その過程で信号が減衰していく。そのため、次々に単語を出力していくなかで、最初に何を言っていたのかが分からなくなってしまう、という現象が起こる（指数関数的減衰）。

二つ目の問題は、処理の重さである。ＲＮＮは、時点tの計算が終わるまで時点t+1の計算に取り掛かることができない。この処理方式は長い単語列を扱わせるときに不利になる。

長年にわたってＲＮＮの改良が続けられた結果、２０１７年にトランスフォーマーというディープニューラルネットワークが登場したことで、これらの弱点を克服する見込みが出てきた。トランスフォーマーはもともと機械翻訳を目的に開発されたが、これを利用した言語モデルは質問応答や文書分類などその他の課題でも高い性能を発揮することが判明し、自然言語処理の研究に

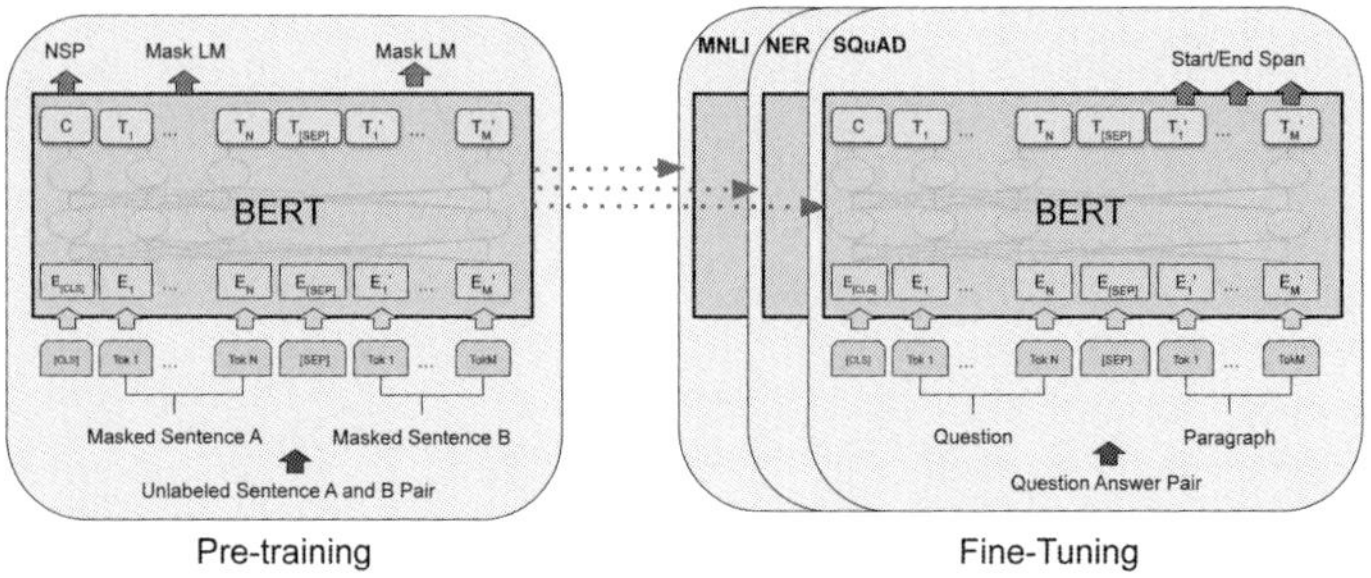

図2－15　BERTにおける二段階の学習（Devlin *et al.* 2019）。単語穴埋めによる事前学習を行った後、質問応答（SQuAD）、固有表現認識（NER）、含意関係認識（MNLI）といった課題ごとに整備された教師データで追加の学習を施し、パラメータを微調整する。

おける新たなパラダイムとなった。

トランスフォーマーのネットワーク構造はかなり複雑なので、本書ではとても解説できない。代わりに、トランスフォーマーから派生した言語モデルに何ができるのかを見ておこう。以下ではグーグルが開発したＢＥＲＴとオープンＡＩが開発したＧＰＴを主に紹介する。

ＢＥＲＴ（**Bidirectional Encoder Representations from Transformers**）は、その名前が示すようにトランスフォーマーのエンコーダ部分に由来する言語モデルである。ＲＮＮと異なり、ＢＥＲＴに単語列を入力すると同じ長さのベクトル列が一度に出力されるのだが、その際に、文中のいくつかの単語をランダムに隠したものを入力すると、元の単語を予測させることができる[38]。

本来、言語モデルとは直前までの単語列から次単語の確率を予測する装置のことだったが、ＢＥＲＴは前後から間に挟まれた単語を予測する。次単語予測と文中の単語穴埋めという違いはあるけれども、単語の先読みが言語モデルの性能の鍵を握る点はＲＮＮの頃から変わっていない。双方向的（bidirectional）という点がＢＥＲＴの特徴であり、「単語列の出現確率をモデル化する」という基本思想に大きな変更はない。

ＢＥＲＴはトランスフォーマーのエンコーダに由来すると述べたが、ニューラル機械翻訳を取り上げたとき確認したように、エンコーダからは入力文の意味内容らしきものを捉えた固定長のベクトルも取得できる。この種のベクトルは入力文に対して何らかの判断を下す際の材料として使われる。たとえば、入力が文法的に正しいかどうかを判定する（容認性判断）、映画のレビューが肯定的か否定的かを判定する（極性分析）、などの際に判断材料として使うことができる。

ＢＥＲＴの学習は二段階に分けて行われる（図２‐15）。「事前学習」と呼ばれる学習の第一段階では、一万冊以上の書籍を集めたBookCorpusという巨大な文書データを用いて、単語穴埋めの課題をひたすら解かせることでネットワークのパラメータ（シナプスの重み）を調節する。[39] 学習の仕上げとなる第二段階では、個々の課題に特化した教師データを用いてネットワークの最終層のパラメータに「微調整」を施す。

事前学習と微調整という二段階の学習方式は成功を収めた。たとえば、ＧＬＵＥ（General Language Understanding Evaluation）という、自然言語処理で標準的に用いられる課題セットがある。[40] ここには、文法的な容認性判断、極性分析、含意関係認識、ウィキペディアの記事に関する読解問題など、文章の理解度を測る９種類の課題が集められているのだが、ＢＥＲＴは平均して８割以上の正答率を達成して当時の最高性能（state-of-the-art）を更新した。単一のネットワークで構文論・意味論・語用論の課題を幅広くカバーしてしまった。
グーグルは、自社の検索エンジンにBERTを組み込むことで精度が改善したと報告している。たとえば、2019 brazil traveler to usa need a visa と検索したとき、従来のアルゴリズムは to を適切に処理できず、アメリカ人のブラジル旅行者向けの検索結果を返した。BERTによってこの問題は解消され、アメリカ大使館がブラジル人向けにビザの情報を記したウェブページが上位に表示されるようになったという。[41]
BERTの後継システムは大学入試のように本格的な課題でも成果をあげている。たとえば、日本の国立情報学研究所は、「ロボットは東大に入れるか」(通称、東ロボ)という研究プロジェクトを2011年から進めてきた。[42] 東京大学に入学するには、まずセンター試験(現在の共通テスト)を受験しなければならない。そこで、各科目のテストを解くことに特化したAIの開発が始まったが、AIは科目ごとに向き不向きがあった。主に知識を問われる世界史では高得点を獲得した一方、英語はかろうじて5割に届くという水準に留まった。東ロボのプロジェクトは2016年に一応終了した。ところが、2019年11月に東ロボの英語チームは同年1月に実施されたセンター試験英語で185点(200点満点)を獲得したことを発表した。長文を扱えるようにBERTを改良したXLNetという言語モデルと、中国の中高生向け英語テストを元に整備されたデータセットの登場が突破口になったという。[43]
しかし、序章で取り上げた「やさしいことは難しい」という経験則に立ち返るなら、センター試験は機械にとってやさしすぎた可能性がある。素朴な常識を試すような課題に取り組ませたら限界が露わになるのではないか。

ＧＬＵＥに含まれる課題の一つに、ウィノグラード・スキーマと呼ばれる課題がある。次のような問題を考えてほしい（Levesque *et al.* 2012）。

1. The trophy does not fit in the brown suitcase because it is too big. What is too big?
そのトロフィーはその茶色のスーツケースに収まらない。なぜならそれは大きすぎるからだ。大きすぎるのは何か。

2. Paul tried to call George on the phone, but he wasn't successful. Who wasn't successful?
ポールはジョージに電話しようとしたが、彼はうまくいかなかった。うまくいかなかったのは誰か。

この問題を解くには代名詞 it と he の先行詞を特定しなければならない。文法的には、it の先行詞は the trophy と the brown suitcase の可能性があり、he の先行詞は Paul と George の可能性がある。ウィノグラード・スキーマはこのように照応表現の多義性を解消するよう求める問題で構成されている。

複数ある先行詞の候補を一つに絞る方法としてまず思いつくのは、代名詞 he の先行詞は男性かつ単数である、といった規則を用いることである。しかし、ウィノグラード・スキーマはその程度の単純な手がかりだけでは解けない。先ほどの問題は形容詞を一語変えただけで先行詞が変わってしまうほど精妙に作られている。

3. The trophy does not fit in the brown suitcase because it is too small. What is too small?
そのトロフィーはその茶色のスーツケースに収まらない。なぜならそれは小さすぎるからだ。小さすぎるのは何か。

4. Paul tried to call George on the phone, but he wasn't available. Who wasn't available?
ポールはジョージに電話しようとしたが、彼は出なかった。出なかったのは誰か。

ウィノグラード・スキーマの問題はかなり凝っているので作成するのが難しい。しかし、解くだけならそれほど難しくない。先行詞の候補が二つあるというのは原理的な可能性であって、常識的に考えれば、一問目の正解はthe trophyで、二問目はPaulだと分かる。ウィノグラード・スキーマが難問なのはあくまでもコンピュータにとっての話である。コンピュータにとって、物体同士の空間的関係や電話に関する社会的慣習といった実世界の常識は自明でないからである。こうした繊細な問題をコンピュータに解かせるのは至難の業に思える。GLUEのほとんどの課題で好成績を収めたBERTでさえウィノグラード・スキーマの成績はふるわなかった。

コネクショニズムに批判的な論者は、ウィノグラード・スキーマが言語モデルの限界を示すと予想してきた（ミッチェル2021, p. 339）。だが、現在ではウィノグラード・スキーマに対するＡＩの正答率はすでに9割に達しており、人間の成績に近づいている。[44] 批判者たちの予想に反して、コーパスに含まれる単語列のパターンには常識に相当する内容が織り込まれていたようである。[45]

トランスフォーマーが登場した２０１７年以降の数年で言語モデルの性能は飛躍的に向上した。以前までは不可能だと思われていた課題でも、大量のデータで学習させれば数年で人間並に解けるようになってしまう傾向にある。２０１７年頃までの「ＡＩは〇〇を解けない」といった言説の中には時代遅れになったものも少なくない。

もっとも、ウィノグラード・スキーマは素朴な常識をテストする課題の一例に過ぎないとも考えられる。人間は、さまざまな課題を、たとえ今までに経験したことがなくてもそれなりの精度で解く柔軟性を備えている（1章5－1節）。課題ごとに毎度学習させなければならない融通の利かなさが機械の限界だ、という意見もありうる。

しかし、この限界が突破される日は近いかもしれない。ここで、２０２０年に発表されたＧＰＴ－３を紹介しよう。ＧＰＴ（Generative Pre-trained Transformer）はトランスフォーマーのデコーダ部分に由来する言語モデルである。ＧＰＴ－３はその第三世代にあたり、パラメータの数が文字通り桁違いに大きいことから「大規模言語モデル」と呼ばれる。[46] ＧＰＴ－３は次単語予測を徹底的に極めており、流暢な文章を生成する。途中まで書いた文章の続きを書かせるという使い方ももちろんできるが、質問応答システムとしても優秀で、自然科学や歴史、プログラミングなど幅広い話題に対応できる。これは書籍やウィキペディアに加えて、十年近い年月をかけてウェブから収集された**Common Crawl**という巨大コーパスで学習したおかげなのだろう。

驚くべきことに、GPT－3はパラメータを微調整せずとも入力に少数の具体例をデモンストレーションとして含めておくだけで多様な課題を解くことができる（**few-shot**学習）。たとえば、図2－16は英語からフランス語への翻訳をさせているところである。GPT－3の学習用コーパスは9割が英語だが、残り部分にはフランス語など他の言語の文書も混じっている。そのため、GPT－3は機械翻訳を主目的として開発されたわけではないにもかかわらずある程度の翻訳ができる。[47]

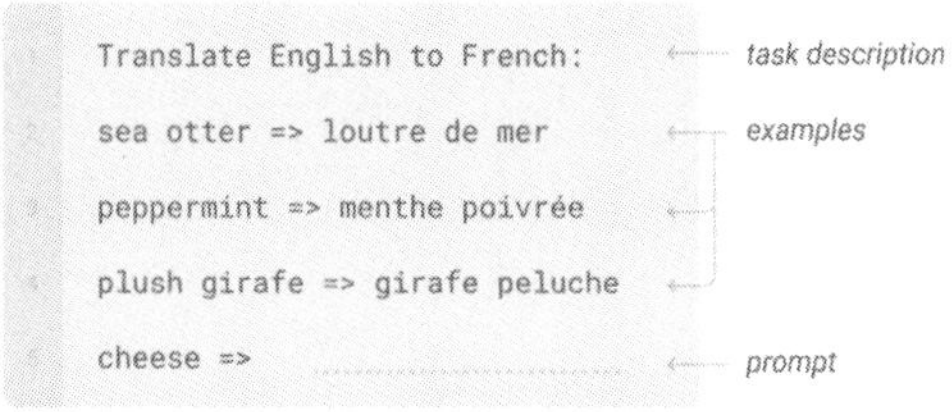
Translate English to French:
sea otter => loutre de mer
peppermint => menthe poivrée
plush girafe => girafe peluche
cheese =>
task description
examples
prompt

図2－16　GPT-3による翻訳（Brown *et al.* 2020）。単に英語からフランス語への翻訳を命じるのではなく、少数の具体例も提示すると精度が高まる。

GPT－3の論文は、翻訳以外のさまざまな課題に対して**few-shot**学習が有効であると論じている。特定の課題を解くべく本格的に調整を施した言語モデルの性能には及ばないものの、パラメータを変更することなくさまざまな課題に幅広く対応できる、というのがGPT－3の特徴である。[48]

ここには、旧来の機械観を覆すような凄みがある。一般に、機械は融通が利かず、特定の課題しかこなせないものと思われている。機械時計は時を正確に刻むが他のことは何もできない。コンピュータは計算可能な関数ならなんでも計算できるといういみで万能な機械だが、プログラムがなければ自力ではほぼ何もできない。半導体の微細化技術が向上してコンピュータの処理速度が高速化したところで状況は変わらない。こうした機械観は、われわれは融通の利かない機械とは根本的に異なる存在だという人間観とセットになっている。人間の思考はコンピュータほど正確でも高速でもないが、さまざまな課題を解くことができて、予期せぬハプニングにも柔軟に対応できる、と。しかし、いまや機械は人間との距離を縮めつつあるようだ。

5 分布意味論の批判的検討

4節では、最近の自然言語処理において、意味の使用説、すなわち、言葉の意味とは使用法であるとする意味観が優勢となっていることを確認した。同じような意味観を支持した言語学・言語哲学者は過去にもいただろうが、この考え方を精緻かつ大々的に展開してみせたところに最近の自然言語処理の面白さがある（Molino & Tagliabue 2023）。

しかし、疑問もある。英語の動詞の過去形を作るニューラルネットワークが言語学者から批判を浴びたように、分布意味論に基づく単語の扱いは伝統的な言語学の通説を裏切っている（5－1節）。単語分散表現は意味らしきものを捉えているとされるが、意味の合成原理を満たさない（5－2節）。そして、ニューラル機械翻訳の実験は、ニューラルネットワークが思考の体系性を欠くことを示唆している（5－3節）。

5－1　単語の内部構造

前節では、Word2Vecを用いた単語ベクトルの取得方法を紹介したが、この方法には一つ弱点がある。語彙に登録されていない未知語や使用頻度が極めて低いレア語の扱いである。未知語にはそもそもベクトルが割り当てられず、文書テキストにほんの数回しか出現しないレア語は学習が十分に行われない。そのため、未知語やレア語については適切な単語ベクトルを取得するのが難しい。

聞いたことがない単語に対応できないのは当然だと思うかもしれない。しかし、まったく対応できないのは問題がある。英語を母語とする話者でも新聞をひらけば接頭辞un-、接尾辞-lyや-nessが付加された未知語に少なくとも一つは出くわすとされる。ところが、彼らは大きな支障なく新聞記事を読めている。人間には単語中に含まれる形態素から単語の意味を推測するメカニズムが備わっているからである。たとえば、-nessが形容詞から抽象名詞を形成する接尾辞だと知っていれば、pinknessという単語を聞いたことがなくても、桃色の性質を意味すると推測できる（Pinker 1999, p. 122）。

このことは、単語未満の小さな言語単位でも意味を持ちうることを示唆する。たとえば、pinkness という単語は、pink と -ness という二つのパーツから構成されており、pinkness の意味はこれら二つのパーツの意味から計算されるのだ。一度も聞いたことがない単語でも意味を推測できることが多いのは、このように、意味を担う基本単位が単語よりも小さいからである。

単語に意味情報を担うベクトルを直接割り当てるのは効率が悪い。そこで、Word2Vec を改善するために、単語を部分文字列（サブワード）の集合として扱う手法（FastText）が提案された（Bojanowski *et al.* 2017）。すなわち、単語本体に直接ベクトルを割り当てるのではなく、代わりに、単語中に出現するサブワードにベクトルを割り当てるのである。そして、単語本体のベクトルは、単語中に出現するサブワードのベクトル和として派生的に求める。この手法は複合語が頻繁に用いられるドイツ語などで特に効果的で、単語間の類似性を以前より正確に評価できるようになった。

しかし、サブワードは直観的に有意味な文字列とは限らない。その結果、何の意味も担っていないと感じられる文字列にまでベクトルを割り当てることがありうる。たとえ

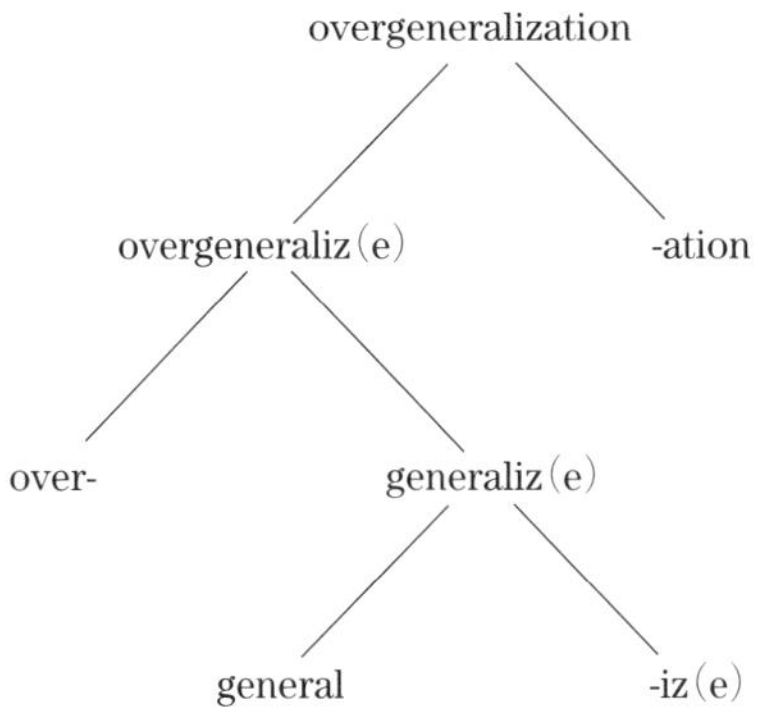

図2－17　単語（overgeneralization）の内部構造

ば、where の単語ベクトルを、whe や ere といった文字列に対して割り当てられたベクトルから計算することもありうる。このように細かく分割すると意味を持たないサブワードが多くなって単語の意味を正しく捉えられなくなる恐れがある。そのため、どの程度細かく分割するかは慎重に検討しなければならない。[49]

言語学者はそれほどアドホックではない説明を与えようとする。まず、意味を担う基本単位として形態素という単語未満の単位を措定する。形態素は単なる部分文字列ではなく、有意味な最小の言語単位である。pinkness という単語は、pink と -ness という二つの形態素から構成され、pinkness の意味はこれら二つの形態素の意味から計算される。他方、where の中に whe や ere といった形態素が含まれるわけではない。

単語を構成する形態素の数は三つ以上でもありうる。その場合、言語学者は形態素が一列に並んでいるとは考えず、二股に枝分かれする木構造を措定するのを好む。たとえば、overgeneralization という単語は図2－17のような構造を持つとされる（伊藤・杉岡2002, p. 5）。単語全体の意味は、［［過剰に［［一般］化する］］こと］のように形態素の意味から段階的に計算される。

ただし、単語の意味がいつもパーツの意味から計算できるわけではない。複合語の多くは形態素の意味に還元できない独自の意味を持つ。たとえば、blackboard（黒板）はただの黒い板ではない。lifeboat と deathbed は表面的には名詞が同じように並んだ構造を持つが、全体の意味と構成要素の意味の関係は同じではない（Frege 1991, p. 13）。lifeboatは命を救う「ために造られた」舟（救命艇）だが、deathbedは「その上で」亡くなる寝台である。こうした複合語の意味を規則に基づいて厳密に導出するのは困難で、丸暗記する以外ないと思われる。動詞の過去形を規則動詞と不規則動詞の二種類に区別したときに確認したのとよく似た「二重メカニズム」がここでも顔を出している（1章7－1節）。

5－2　分散表現は単語の意味を捉えているのか

Word2Vecを用いて取得した単語ベクトルは加減算によって類推課題に答えられる。このことは、単語ベクトルが単語の意味らしきものを捉えている証拠だと論じてきた。しかし、類推と単語の意味の間に本質的な結びつきなど存在するのだろうか。真理条件意味論からすると、そのような結びつきの存在は疑わしい。

たとえば、以前に取り上げた

France : Paris = Italy : ?（フランスにとってのパリはイタリアにとって何か）

という問題を振り返ろう。答えは「ローマ」である。しかし、フランス：パリ＝イタリア：ローマという比例関係は「フランス」、「パリ」、「イタリア」、「ローマ」という固有名の意味と関係があるだろうか。これらが比例関係にあるという知識は意味の知識ではなく地理の知識に思える。

分布意味論の支持者はこの疑問に対して、意味の知識と地理の知識は厳密に区別できないと応じるかもしれない。「フランス：パリ＝イタリア：ローマ」という簡単な類推すらできない人とフランス、パリ、イタリア、ローマについて会話するのは難しい。コミュニケーションを円滑に行うのに不可欠である以上、地理の知識も地名や国名の意味の一部に含まれると考えても差し支えなかろう、と。

ここでは「単語の意味の中に何が含まれるのか」という疑問をめぐって、二つの相反する直観がせめぎ合っている。似たような直観のせめぎ合いは固有名だけでなく一般名でも確認できる。以下の問題を考えてほしい。

he : surgeon = she : ?（男にとっての外科医は女にとって何か）

グーグルが提供している**Word2Vec**の単語ベクトルを用いてこの問題を解くと「看護師（**nurse**）」という回答が得られる。この原因は比較的はっきりしている。グーグルが提供している**Word2Vec**の単語ベクトルはグーグルニュースの記事に基づいている。[50] ニュース記事には記事の執筆者が職業とジェンダーの関係について抱いている偏見（ステレオタイプ）が反映されていると想定される。**Word2Vec**は偏見を含んだニュース記事から学習したために、「男にとっての外科医は女にとっての看護師である」という類推が行われてしまったのかもしれない。

こうした類推は「外科医」や「看護師」の意味と無関係に思える。外科医の仕事をするのに、あるいは、看護師の仕事をするのにジェンダーは関係がない。実際に、女性の外科医と男性の看護師は存在する。そもそも、特定の職業をジェンダーと結びつける偏見は、人々が自分のやりたいことを自由に追求し、有能な人材が適切な職業に就くのを妨げるという点でも有害である。

分布意味論の支持者は、言葉の意味も不平等の一部を構成しているのだと指摘するかもしれない。言葉の意味は現実の使用において現れる。ニュース記事という標準的な文書テキストの中に職業とジェンダーの結びつきを示すパターンが存在する以上、ステレオタイプは単語の意味の一部を構成している。「外科医」と聞いて暗黙に男性を連想してしまう人は少なくない。女性の外科医が存在することを知っていても、彼らはそうした連想が自動的に働くのを抑えられない。職業のジェンダー構成だけを変えるのではなく、言葉の意味そのものもジェンダー平等な方向に刷新せねばならない。

二種類の直観はどちらも尊重したいが、それでも言葉の意味に関して正しいのは前者だと私は思う。まず、首都に関する地理的情報を国名や地名の意味内容に含めるべきではない。なぜなら「ローマ」の意味の中にイタリアの首都であることや、フランスのパリに相当するイタリアの大都市であることが組み込まれてしまったら、「フランス：パリ＝イタリア：ローマ」は必然的真理になってしまうからである。この比例関係は偶然的真理に過ぎない。現実とは別の可能世界ではローマがイタリアの首都でないことも、ローマがフランスのパリに相当する大都市でないこともありえた。「フランス」、「パリ」、「イタリア」、「ローマ」の意味は指示対象だとすれば、トラブルは生じない。現実世界ではこれらの固有名の指示対象は比例関係にあるが、別の可能世界では比例関係にないからである。[51]

「外科医」と聞いて男性を、「看護師」と聞いて女性を連想する人々が大多数だったとしても、これら職業名の意味内容にジェンダーステレオタイプを組み込むべきではない。複雑な表現の意味はそれを構成するより単純な表現の意味から計算できなければならない（合成原理）。しかし、個々の単語と結びついた偏見は、それらの単語を組み合わせて作られた複雑な表現の意味内容に寄与しないだろう。たとえば、「女性の外科医」という名詞句にどんな偏見が結びついているにせよ、それを計算するのに「女性」と「外科医」に結びついた偏見が役に立つとは思えない。他方で、「女性の外科医」の内包は「女性」と「外科医」の内包から計算できるので合成原理と整合する。

したがって、単語ベクトルは意味らしきものを捉えてはいるが、意味そのものを捉えているわけではない。むしろ、単語ベクトルは単語が表すものに関して人々が抱いている通念の簡潔な表現だと述べる方が正確である。[52]

おそらく自然言語処理分野の大半の研究者は、「単語ベクトルは意味を捉えているのか」という思弁的な問題には関心がない。単語分散表現を利用する主たる理由はワンホットベクトルよりも性能を高めることができるという実用上の都合であり、それが本当に単語の意味を捉えているかどうかは焦点になっていない。最初から言葉の意味をターゲットにしている真理条件意味論と違い、最近の自然言語処理の研究において意味そのものについて考えること、あるいは、言葉の意味を正しくモデル化することは、本質的な役割を果たしていないように思える。

5-3 ニューラル機械翻訳は単語列の意味を保存しているのか

ニューラル機械翻訳はエンコーダとデコーダという二つのネットワークを通して行われる。エンコーダは起点言語の単語列を、その単語列の意味らしきものを捉えたベクトルに変換し、デコーダはそのベクトルを同じ意味をもつ目標言語の単語列へと変換する。しかし、このような方法で意味を保存した翻訳を実現できるのか。その可能性に疑問を投げかけるブレンデン・レイクとマルコ・バローニの研究を取り上げたい（Lake & Baroni 2018）[53]。

英語で書かれた指令を受け取ったらそれに対応する行為シンボルの系列を出力する、という単純な課題を想像してほしい。たとえば、**jump left**という指令を受け取ったら**LTURN JUMP**を返し、**jump twice and walk**という指令を受け取ったら**JUMP JUMP WALK**を返す、といった具合である。英語の指令を起点言語、行為シンボルの系列を目標言語と考えれば、この作業はある種の翻訳とみなせる。

指令の英文は表2-2に掲げた書き換え規則によって生成される。すなわち、Cから出発して、英語になるまで大文字のアルファベットを次々に書き換えていけばよい[54]。これらの書き換え規則は左辺と右辺に違う記号が現れているので、書き換えのステップは必ず有限回で止まる。ちなみに、生成される指令は全部で2万910個ある。

出力は6種類の行為シンボル（LTURN, RTURN, WALK, LOOK, RUN, JUMP）の系列である。指令から行為シンボルの系列への翻訳規則は表2－3で与えられている。詳しい説明は省くが、同じ指令が複数の行為シンボルの系列に翻訳されるようなことはないとだけ言っておく。

エンコーダとデコーダで構成されたネットワークは、受け取った指令を行為シンボルの系列へと図2－18のように正確に翻訳できるだろうか。レイクとバローニは、以下に示す三通りの条件下で教師あり学習を施し、翻訳の性能を調べた。

実験1　2万910個の指令のうち8割をランダムに選んで学習を施し、残り2割の指令を正確に翻訳できるかテストした。エルマン型のRNNを改良したLSTMと呼ばれるニューラルネットワークは99・7パーセントの正答率で行為シンボルの系列を出力した。

実験2　出力される行為シンボルの数が22以下となる1万6990個の指令を用いて学習を施し、それより長い行為シンボルの系列を出力する必要のある指令を正確に翻訳できるかどうかテストした。この場合の正答率は13・8パーセントにとどまった。

C → S and S	V → D[1] opposite D[2]	D → turn left
C → S after S	V → D[1] around D[2]	D → turn right
C → S	V → D	U → walk
S → V twice	V → D	U → look
S → V thrice	D → U left	U → run
S → V	D → U right	U → jump

表2－2　指令の英文を生成する書き換え規則

⟦walk⟧ = WALK
⟦look⟧ = LOOK
⟦run⟧ = RUN
⟦jump⟧ = JUMP
⟦turn left⟧ = LTURN
⟦turn right⟧ = RTURN
⟦u left⟧ = LTURN ⟦u⟧
⟦u right⟧ = RTURN ⟦u⟧
⟦turn opposite left⟧ = LTURN LTURN
⟦turn opposite right⟧ = RTURN RTURN
⟦u opposite left⟧ = ⟦turn opposite left⟧ ⟦u⟧
⟦u opposite right⟧ = ⟦turn opposite right⟧ ⟦u⟧
⟦turn around left⟧ = LTURN LTURN LTURN LTURN
⟦turn around right⟧ = RTURN RTURN RTURN RTURN
⟦u around left⟧ = LTURN ⟦u⟧ LTURN ⟦u⟧ LTURN ⟦u⟧ LTURN ⟦u⟧
⟦u around right⟧ = RTURN ⟦u⟧ RTURN ⟦u⟧ RTURN ⟦u⟧ RTURN ⟦u⟧
⟦x twice⟧ = ⟦x⟧ ⟦x⟧
⟦x thrice⟧ = ⟦x⟧ ⟦x⟧ ⟦x⟧
⟦x_1 and x_2⟧ = ⟦x_1⟧ ⟦x_2⟧
⟦x_1 after x_2⟧ = ⟦x_2⟧ ⟦x_1⟧

表2－3　指令から行為シンボルの系列への翻訳規則

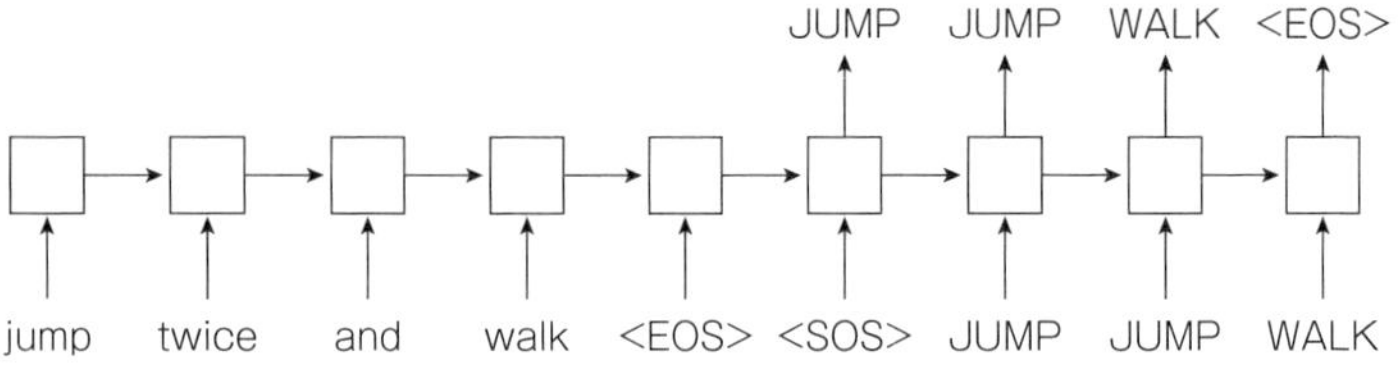

図2－18　エンコーダとデコーダを用いて英語の指令を行為シンボルの系列に翻訳する

実験1は、この翻訳がニューラルネットワークでも実行可能であることを示している。他方、実験2は、単純な指令と出力のペアから学習した規則性を複雑な指令にまで一般化する能力を、ニューラルネットワークが欠いていることを示唆する。ニューラルネットワークが実例から学習して翻訳できるようになるには、教師データに単純な命令と複雑な命令の両方を混ぜておかねばならない。

実験3　jump以外の動詞については単純な命令と複雑な命令の両方を与え、jumpについては単純な命令のみを与えて学習させた。この場合、jumpを含む複雑な命令の翻訳はほとんどできなかった（正答率0・08パーセント）。

実験3によれば、ニューラルネットワークに与える教師データには、単純な命令と複雑な命令を適当に混ぜておけばよいわけではないらしい。指令の中に出現しうるあらゆる語彙について、単純な命令と複雑な命令を混ぜておかねばならないようである。

われわれ人間なら、特定の単語（jump）を含む文例が少数しか与えられなかったとしても、同じカテゴリーに属する別の単語を含む文例が豊富に与えられてさえいれば、当該の単語をさまざまな構文の中に埋め込むよう一般化することも可能だろう。なぜなら、われわれの思考は体系性、すなわち、ある可能性を考えられるならそれと構造的に関連する別の可能性も考えられるという特徴を備えているからである。（1章7－2節）。ニューラルネットワークは一見したところ高度な一般化能力を持つ一方で、人間のような体系性を欠いている。

ニューラル言語モデルが体系性を欠くとして、それが果たして深刻な問題なのかと疑問に思う人もいるかもしれない。実際、あるいみでは大した問題ではない。一般に、言語モデルは大量の文書データを学習に用いている。適切な応答が得られる限り、大半のユーザーは言語モデルが少量のデータから一般化する能力を備えているかどうかなど気にしないだろう。しかし、英語や日本語のようにメジャーな言語ならともかく、マイナーな言語では大量の文書データが手に入るとは限らないので、低リソースの言語でも言語モデルの性能を向上させることには実用上の利点がある。それに何より、人間の言語能力に関心があるなら体系性を無視することはできない。1980年代の記号主義者の批判にコネクショニストが十分答えられたのかは疑問が残る。[55]

6　大規模言語モデルと言葉の意味理解

言語学の知見を援用しつつ、分布意味論に基づく自然言語処理に対していくつかの問題点を指摘してきた。もっとも、それらの指摘は重箱の隅をつつく難癖だと言われるかもしれない。大規模言語モデルが実用性という点で圧倒的な成功を収めているのは紛れもない事実である。意味の合成原理や体系性は人間の言語能力を考える上では重要だとしても、巨大コーパスで学習する言語モデルには関係のない話なのかもしれない。

ともあれ、ここまでの議論でニューラル言語モデルがどのように高度な言語処理（質問応答や翻訳など）をしているのか、という基本的な部分は見えてきた。そろそろ本章の冒頭で提起した「現在のＡＩ（大規模言語モデル）は言葉の意味を理解するのか」という問題に立ち戻りたい。私のターゲットは、言葉の意味理解に対する次のような描像である。

意味の使用説によれば、言葉の意味とは使用である。そこで、意味理解とは言葉を使用法通りに使いこなす能力のことだと考えよう。最近の言語モデルはかなり適切に言葉を使いこなしているように見える。よって、言語モデルは言葉の意味をある程度理解している。

本節では、一見もっともらしいこの描像に疑問を呈してみたい。まず、大規模言語モデルは実際どのくらい適切に言葉を使いこなせているのか批判的に検討する（6-1節）。次に、言葉の意味を理解しているはずの人間の言語使用は完璧から程遠いことを確認する。この観察は、意味理解とは使用法通りに言葉を使いこなす能力だとする使用説を退けるまでいかなくとも、少なからずプレッシャーをかけるはずである（6-2節）。

6-1　単語先読み装置に言葉の意味が理解できるのか

最近の文章生成ＡＩは新時代の到来を予感させる。ＧＰＴ-３は人間が書いた文章とほとんど見分けがつかない自然な文章を生成する。アメリカの大学生はＧＰＴ-３を用いて作成した記事をニュースサイトに投稿して、ランキング1位に輝いた。[56] ＧＰＴ-３を用いてＧＰＴ-３自身に関する学術論文を執筆させた強者もいる（トゥンストローム2023）。２０２２年には、ＧＰＴ-３の発展形としてチャットＧＰＴが発表された。[57] その人気ぶりは序章で紹介したので、ここでは繰り返さない。

大規模言語モデルは言葉をかなり使いこなしており、もはや言葉の意味を理解していると言ってよいのではないか。むしろ、これほど多様な課題に対処できる存在が言葉の意味を理解していないと言う方が不自然ではないか。

コネクショニズムの批判者は、言語モデルはどれほど大規模になろうと単語の先読みをしているだけだ、と揶揄してきた（Bender & Koller 2020）。チャットGPTはウェブ上の文書データに潜む単語の並びのパターンに基づいてもっともらしい単語列を紡ぐだけである、これでは言葉をまともに使えるようにはならない。したがって、言葉の意味を理解するはずがない、と。

この批判は、現に言葉の意味を理解しているわれわれ人間が単語の先読み装置でないと前提している。人間が単語先読み装置でないという前提は確かだろうか。

単語先読みの身近な例はスマートフォンの予測変換である。スマートフォンには次に入力される確率が高い言葉を候補として表示する予測変換の機能が備わっている。この機能は便利だが、予測変換だけを用いて作文を試みると無意味で滑稽な文ができあがる場合が多い（新井2018, pp. 138–139）。大規模言語モデルはスマートフォンの予測変換よりはるかに洗練されているが、単語先読み装置の域を出ないなら、その出力結果は意味を欠くはずだ。そう考えたくなる。

しかし、スマートフォンの予測変換を持ち出すのはアンフェアかもしれない。実際には、多言語で与えられるさまざまな質問にチャットGPTと同じくらい柔軟に対応できる者はまずいない。これは重要な発見である。単語の先読みを極めることでこれほど優れたパフォーマンスを引き出せるとは、つい最近まで誰も予想できなかった（Manning 2022）。

コネクショニズムを擁護する哲学者ポール・チャーチランドとパトリシア・チャーチランド夫妻は、意味理解に関する素朴な直観に依拠するのを戒めるために「明るい部屋」という思考実験を提出したことがある（チャーチランド&チャーチランド1990）。光の本質は明るさにあると考えている人が、暗い部屋の中で磁石を振り回しても部屋は明るくならないことを根拠に、光と電磁力の間には何の関係もない、と言い張る状況を想像しよう。もちろん、この主張は間違っている。可視光が電磁波の一種であるという仮説は、暗闇で磁石を振り回す程度の粗雑な実験では反証できない。同じように、単語の先読みは意味理解をもたらさないという意見も、常識には適っているが、即断するのは禁物である。

素朴な直観は修正する必要がある。以下のように考えてみよう。Word2Vecは空所穴埋め問題を解き続けることで国と首都の関係性に対応する知識を獲得した（4-2節）。前後数単語のテキストに対する空所穴埋めでこれだけの知識が獲得できるなら、数千あるいは数万の単語列からなる長大なテキストに対する空所穴埋め問題を解き続ければ、実世界について相当に豊かな知識が獲得できると期待してよいかもしれない。この類推は大雑把だが、単語の先読みを極めるとはどういうことかをイメージするのに役立つ。

大規模言語モデルが言葉の意味を理解しないことを示すトップダウンの論証を組むのは一見したほど簡単でないようだ。しかし、それでも、現在の言語モデルが言葉の意味を理解していると結論するのは「直観的に」どこかおかしい。チャットGPTを利用してみれば、そこには賢さと愚かさが奇妙な形で同居していることに気づく。要するに、チャットGPTは言葉をさほど適切には使いこなせていない。

たとえば、チャットＧＰＴはしばしばデタラメを吐く。特に、人名や地名にまつわる質問に弱いらしい。私はチャットＧＰＴが発表されてまだ間もない頃に、「千利休ってどんな人物ですか」と質問したことがある。そのときは次のような回答を得た（２０２２年12月17日時点）。

千利休（せんりきゅう）は、日本の歌人、詩人、文学者です。生没年は不詳ですが、推定されるところでは8世紀頃に活躍したとされています。
千利休は、日本古代文学の中で最も有名な詩人の一人であり、日本文学史上でも重要な地位を占めています。彼は、和歌の詩人として知られており、代表的な詩として「源氏物語」に登場する「月に還る」や「恋する水仙」があります。また、「和歌集」という詩集もあり、これは日本を代表する名詩集の一つです。

千利休について聞いたことがなければ信じてしまいそうだが、実在の千利休は古代の文学者ではなく、16世紀に堺を中心に活躍した商人・茶人で、豊臣秀吉の怒りを買って切腹を命じられた人物である。
チャットＧＰＴの学習用コーパスにこうした誤りが含まれていたとは思えない。言語モデルがコーパスに含まれていない誤情報を出力する現象を「幻覚」という。幻覚は、単なる無知や記憶違いの問題ではなく、言語モデルは自分が何を言っているのかをまるで分かっていないという印

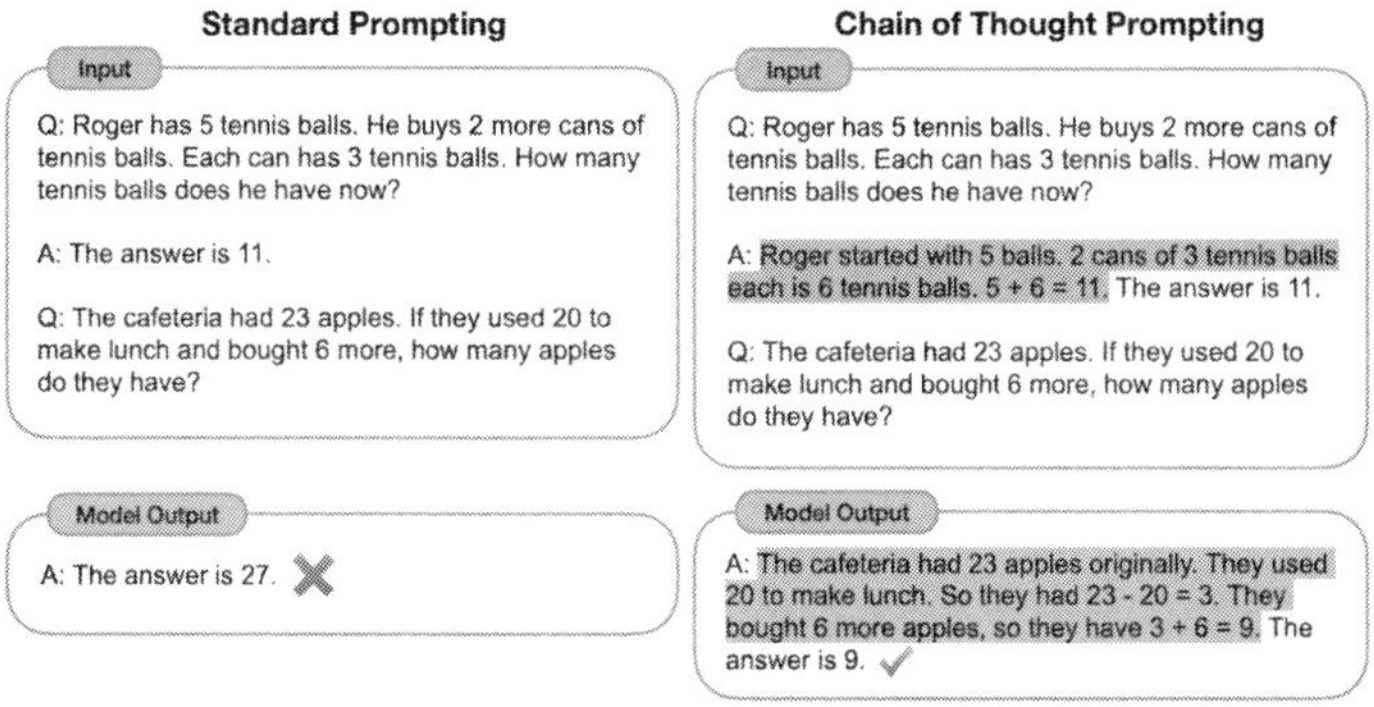
Standard Prompting
Input
Q: Roger has 5 tennis balls. He buys 2 more cans of tennis balls. Each can has 3 tennis balls. How many tennis balls does he have now?
A: The answer is 11.
Q: The cafeteria had 23 apples. If they used 20 to make lunch and bought 6 more, how many apples do they have?
Model Output
A: The answer is 27.
Chain of Thought Prompting
Input
Q: Roger has 5 tennis balls. He buys 2 more cans of tennis balls. Each can has 3 tennis balls. How many tennis balls does he have now?
A: Roger started with 5 balls. 2 cans of 3 tennis balls each is 6 tennis balls. 5 + 6 = 11. The answer is 11.
Q: The cafeteria had 23 apples. If they used 20 to make lunch and bought 6 more, how many apples do they have?
Model Output
A: The cafeteria had 23 apples originally. They used 20 to make lunch. So they had 23 - 20 = 3. They bought 6 more apples, so they have 3 + 6 = 9. The answer is 9.

図2－19　思考の連鎖プロンプトの具体例（“Language Models Perform Reasoning via Chain of Thought” https://ai.googleblog.com/2022/05/language-models-perform-reasoning-via.html）

象を与える。

大規模言語モデルは自分が何を言っているのか分かっていないという印象は、デタラメを吐く以外にも、言っていることが安定しないということからも得られる。以前、グーグルのエンジニアが、LaMDAという言語モデルには意識があると主張した。彼が挙げた根拠の一つは、LaMDAが自分には意識があると自己報告したことだった。しかし、大規模言語モデルの出力は入力テキストに大きく左右される。聞き方を変えればLaMDAに逆の内容（自分には意識がない）を報告するように仕向けることもできた（Chalmers 2022）。

言語モデルのパフォーマンスが入力テキスト（プロンプト）の文言に大きく左右されることを認識しておくのは、言語モデルを効率よく利用する上で重要である。課題内容に合わせて、言語モデルに提供する入力を工夫することを「プロンプトエンジニアリング」という。初歩的なテクニックとしては、たとえば、文書を要約させるときには文書の範囲を明確にするために###や"""で囲っておく。「オープンAIについて詩を書いて」や「短い文章でまとめて」といった曖昧な命令は避け、どんな作風の詩を書いてほしいのか、短めとはどのくらいの長さなのかを正確に指定すべきである。[58]

もちろん、その程度の配慮は人間相手に仕事を依頼するときにもすべきだろう。しかし、言語モデルならではの特徴が現れるケースもある。4－5節でGPT－3を紹介した際に、プロンプトに少数の具体例を含めておくと性能が向上することを述べたが、算数の文章題など、解決にいくつかのステップを要する問題では、具体例を提示する際に中間ステップを明示しておくと性能が向上することが知られている（図2－19）。この手法は「思考の連鎖プロンプト」と呼ばれている。

いまの例は、少数の具体例を含んだプロンプトを提示するfew-shot学習だったが、具体例を一切含まない場合（zero-shot）でも、言語モデルに思考の連鎖を促すことはできる。そのための呪文は「一歩ずつ考えよう（Let's think step by step.）」である（Kojima *et al.* 2022）。この呪文を唱えると性能が劇的に向上する。まったく同じ言語モデルでも、単に問題を与える場合と思考の連鎖を促す呪文を唱えた場合で、算数の文章題を集めたMultiArithというデータセットの正答率を比較すると、18パーセントから78パーセントへと向上したという。「論理的に考えよう」や「第一に（First）」といった文言も有効である。ところが、「考えるな。感じろ」のようにミスリーディングな文言を与えた場合には、成績が悪化し、問題文だけを提示する場合とほぼ同じ水準に落ち込んでしまう。

思考の連鎖プロンプトは興味深い手法ではあるが、これを喜ぶべきなのかどうかよくわからない。少なくとも、プロンプトエンジニアリングは人間を相手にしたときにとる態度ではない。この程度の文言に大きく左右されるという事実は言語モデルの不安定さを示唆してもいる。

言語モデルの不安定さは「敵対的サンプル攻撃」の研究からも指摘することができる。敵対的サンプル攻撃とは、機械学習ＡＩの挙動を狂わせるために入力データを加工することを指す。たとえば、含意関係認識で高性能を発揮する言語モデルがあったとする（たとえば、ＢＥＲＴを微調整したモデル）。こうした言語モデルに、問題文の一部を同義語で置き換えたものを解かせると性能が急激に低下することがある。具体的には以下のようである（**Jin *et al.* 2019**）。まず、

T: A child with wet hair is holding a butterfly decorated beach ball.
髪が濡れた子どもが蝶の装飾がなされたビーチボールを持っている。

H: The child is at the beach.
その子どもはビーチにいる。

というペアを入力すると、「中立」、つまり、これだけでは含意するとも矛盾するとも言えない、と正しく回答した。ところが、仮説Ｈの一部を同義語に置き換えた

H*: The *youngster* is at the *shore*.
そのこどもは海岸にいる。

を入力すると、「含意する」に回答が変わった、といった具合である。

この例の興味深い点は、同じ趣旨の入力にまるで違う出力を返していることである。入力テキストHとH*の違いは些細であって、趣旨は同じといってよい。それらのテキストはほぼ「同義」なのである。ところが、言語モデルは些細な字面の違いに敏感に反応する。ということは、ほぼ同義の入力をまったくの別物として処理している可能性が高い。このことは意味理解の欠如を疑うよい理由になるだろう。

たしかに、人間も同義語で置き換えられた文を元の文と同様に扱い損ねることはある。[59]最初は何を言っているのかよく理解できなかったのに少し言い回しを変えたら理解できたという経験もよくある。しかし、入力テキストの些細な違いに対する言語モデルの敏感さは度が過ぎている。たとえば、ここで紹介した敵対的サンプル攻撃の研究は、入力テキストの一部を同義語で置き換えることで、含意関係認識や極性分析といった標準的な課題に対するＢＥＲＴの正答率を8割から2割に悪化させることに成功している。[60]普通の人間は敵対的サンプル攻撃でそこまで影響を受けない。

幻覚や入力の些細な違いへの敏感さといった現象は、チャットGPTが登場するよりも前から研究者の間では知られてきた。そのため、コネクショニズムの批判者たちは、最近の言語モデルの性能が向上しているといっても根本的な問題は未解決のままだと言う。これには一理ある。たとえば、幻覚について考えてみよう。ニューラルネットワークにおいて、知識はシナプスの重みの配置の中に溶け込んでおり、特定の間違いを修正するのにどこをどう調整すればよいのか分からない（1章7－2節）。百科事典の間違った項目を修正するように、幻覚の問題に対処することはできない。

まとめると、単語の先読みをするだけの大規模言語モデルが言葉を使いこなせるはずがない、という批判にコネクショニストが反論するのは正当である。大規模言語モデルは言葉の意味について「何かしらの」理解を持っているようだ。しかし、現在の大規模言語モデルの言語理解が「浅い」ことはやはり認めざるをえない。

言語モデルを改良することで幻覚や入力に対する敏感さといった問題は解決するのか、それとも言語モデルにとってこれらの問題は本質的に避けようがないのか。私自身は後者に傾いているが、有識者たちの意見が割れているということは付け加えておこう。[61]

6－2　言葉の意味理解はいい加減な言語使用と両立する

現在の大規模言語モデルが抱える欠陥をいくつか取り上げてきた。その気になれば、不具合をさらに枚挙し続けることもできるだろう。たとえば、認知科学者のゲアリー・マーカスは筋金入りの反コネクショニストで、新たな言語モデルが登場すると即座にSNSやブログで不具合を指摘することで知られる。彼はチャットGPTに関して、以下のようなやり取りを紹介している（原文は英語）。

マーカス　合衆国初の女性大統領のジェンダーは何だろうか。
チャットGPT　合衆国初の女性大統領の性自認（gender identity）を予測することは不可能である。合衆国には、個人が自分の性を認識する権利を認め、保護してきた長い歴史があり、すべての個人の自律性とアイデンティティを尊重することが重要である。性自認と関係なく、個人の資格や経験に焦点を当てるべきである。[62]

女性の大統領の性自認が予測不可能という回答はほとんど自己矛盾に聞こえる。マーカスは続けざまに「初の7フィートの大統領の身長は？」と質問して、「合衆国初の7フィートの大統領の身長を予測することは不可能」という回答を得ている。

マーカスが紹介するやり取りは滑稽だが、斜に構える人はここで、われわれに言語モデルを責める資格があるのか、と疑問を抱くかもしれない。なぜなら、人間の言語行動は多くの点で理想とは程遠いからである。たとえば、次のクイズを考えてほしい。

航空機事故が起きました。旅客機は二つの州の間で事故を起こし、ちょうど境目あたりに墜落してしまいました。このような出来事が起きた場合、生存者はどちらの州に埋葬されるでしょうか?

この設問は、生存者がどちらかの州に埋葬されねばならないという前提がおかしい。生存者はそもそも埋葬されないはずだからである。生存者はどちらの州に埋葬されるのだろう、と考え込むのは、女性大統領のジェンダーや7フィートの大統領の身長について思い悩むのと似ている。先ほど取り上げた幻覚に関しても同様の議論ができる。読者は知り合いからガセネタをつかまされた経験がないだろうか。ウェブサイトを巡回していて、気候変動の懐疑論者や反ワクチンの論者が過激な意見を書き込んでいるのを見たことがないだろうか。チャットGPTの堂々とした回答にはデタラメが見分けにくい形で混じっていると揶揄されているが、一体何が違うのか。

もちろん、違いはある。たしかに、人間も筋の通らないことを言い、デタラメを吐くこともある。しかし、人間が不適切な言語使用をしてしまう原因はさまざまである。事実誤認によってデタラメを吐くこともあれば、頭の混乱によって滑稽な回答をすることもある。記憶容量や集中力の限界によって数え間違いも起こす。たいていの場合、そうした不適切な言語使用は言葉の意味理解を欠いているせいで起こるわけではない。

具体例を見ていこう。たしかに初見だと航空機事故のパズルには多くの人が引っかかる。しかし、彼らは「生存者」や「埋葬」という言葉の意味を理解していないわけではない。彼らは言葉の意味を理解しているのだが、生存者はまだ生きている人であり、埋葬されるのは死者だけだという常識をすぐに思い出せず、混乱してしまっただけである。

われわれは信じていることだけを主張するわけではない。知人にデタラメを吐く人々は隠れた動機を持っているのかもしれない。たとえば、嘘をついてお金を騙し取りたかったのかもしれないし、自分の無知を晒すのが嫌だったのかもしれない。デタラメは悪意の産物とも限らない。聞き手を喜ばせようとするあまり、つい話を盛りがちな人もいるだろう。たとえば、海外の研究者との軽い会話で、自分の父親は相撲取りだった、芸者をしていた母親と新橋で出会った、とホラを吹いてしまうなどである。[63]

陰謀論や疑似科学のアイデアを公言する人々も、何か隠れた動機でそうしている可能性がある。反ワクチン論者の中には、注目を集めるためにあえてワクチンの危険性を叫ぶ人もいれば、周囲が反ワクチン論者ばかりなので仲間はずれにならないために仕方なく同調している人もいるだろう。ワクチンに公衆衛生上の利点があることは認めつつも、１００パーセントの安全性は保証されていないので、自分の子どもにワクチンを打たせるわけにはいかないと考える親もいる（Cassam 2021）。

チャットＧＰＴの奇妙な振舞いは同じ方法で弁護できない。たしかに、人間が書いたとしてもおかしくない自然な文章を出力するチャットGPTは、間違い方も人間と似ている。たとえば、航空機事故のクイズに対する回答は以下のようだった（2023年1月11日時点）。

航空機事故において、生存者の遺体は、事故の発生した場所に近い地域の政府が責任を持ち、遺体を適切に処理することになります。これには、遺体を識別し、家族に配達するための処理が含まれます。事故が起きた場所によっては、遺体を運ぶための交通手段が限られている場合がありますが、それでもできる限り迅速かつ適切に処理するよう努力します。それでも生存者の遺体がどちらの州に埋葬されるかについては、具体的な状況によって異なります。

しかし、この回答を頭の混乱や集中力の限界によるものと擁護するのは悪しき擬人法だろう。疲労によって集中力を欠いたり、頭が混乱したり、隠れた動機を抱くといったことは、原理的にはコンピュータでも実現可能かもしれないが、少なくとも、ニューラル言語モデルが集中力を欠いたり、頭が混乱したり、隠れた動機を抱くことはない[64]。

したがって、次のように考えられる。人間の言語使用は理想から程遠いが、チャットGPTと違って、人間が言葉の意味を理解していることを疑う必要はない。なぜなら、言葉の意味理解は話者が何を言い、何を言わないかを事細かに指定するわけではないからである。言葉の意味を理解することは人間にとって高いハードルではない。生まれて間もない赤ん坊、発言が支離滅裂で生活が破綻した重度の認知症患者といった極端な場合を別にすれば、基本的に誰でも言葉の意味を理解しているとみなされる。現実には多くの人の言語使用は完全に適切というわけではないのだが、集中力の限界、頭の混乱、隠れた動機など、適度ないい加減さを許容するための緩衝材は豊富にある。

言語モデルの支持者は次のように主張するかもしれない。適度ないい加減さを許容するための緩衝材を人間が必要とするのは、人間の言語使用が完璧でないからに過ぎない。現在の言語モデルの不具合は近いうちに改善され、ユーザーからの大抵の質問に適切に答えられるようになる。そうなれば、人々は言語モデルが言葉の意味を理解しているかどうかを気に留めなくなるだろう。質問に適切に応答できるシステムが言葉の意味を理解していないと考える方が不自然だからである。したがって、将来のＡＩには、適度ないい加減さを許容するための緩衝材などそもそも必要ないのだ、と。

たしかに、その可能性はある。ここで素朴な疑問が浮かぶ。たいていの質問に適切な応答を返すＡＩと、平均的な人間と同じくらい平凡な応答しかできないＡＩのうち、開発が容易なのは果たしてどちらだろうか。ひょっとすると、正解は前者なのかもしれない。チェスと比較してみよう。初心者と程よく戦えるひ弱なチェスのプログラムを作るのは、グランドマスターと戦える強力なプログラムを作るよりもはるかに難しいことが知られている（カスパロフ2017, p. 31）。同じように、人間並にいい加減な言語運用をするＡＩを作る方が完璧に近い言語運用をするＡＩを作るよりはるかに難しいのかもしれない。その場合、カスパロフのような人間のチェスプレーヤーがどうやってチェスをするのかについてディープブルーが教えなかったように、将来の大規模言語モデルは人間がどうやって言葉の意味を理解しているのかを教えないだろう。

7　意味と意味理解についてわかったこと、まだわかっていないこと

本章では、現在のＡＩは言葉の意味を理解するのかという疑問を切り口に、言葉の意味について考察してきた。言葉の意味については、真理条件意味論と意味の使用説という二つの代表的なアプローチがあるが、自然言語処理の研究者の間では、使用説の一種である分布意味論に基づいた技術が利用されている。実際、単語列の出現確率を計算するニューラル言語モデルは分布意味論から発展してきた。

コンピュータの処理能力が大幅に向上したこともあって、大規模なニューラル言語モデルを動かすことが可能になった。その結果、以前は人間しかできなかった高度な言語処理さえ模倣できるようになった。自然言語の複雑さに屈することなく、ユーザーの多種多様な質問にチャットＧＰＴが応答していく様子は、率直に言って驚異である。

しかし、大規模言語モデルの成功によって、意味の使用説が正しかったと結論づけるのは性急

である。分布意味論は伝統的な言語学の知見と齟齬をきたしており、1980年代に提起されたコネクショニズム批判はいまでも色あせていない。また、大規模言語モデルのパフォーマンスは信頼性にも欠ける。言語モデルが入力テキストに対して敏感で言うことが安定しないという事実は、言葉の意味を理解していないとみなす良い理由となる。われわれ人間は自然言語の表現間の複雑な意味関係を見て取ることができる。ある文から別の文が帰結する理由を明示的に述べることはできなくても直観的に分かる。ニューラル言語モデルも、一見したところでは、われわれが表現間の意味関係を直観的に見て取るように、長文を読解し、質問にも答えられる。それでも、敵対的サンプル攻撃の研究が示唆するところでは、人間と同じように意味関係を見て取っているわけではない。

本章で考察した言葉の意味に対する二つのアプローチは好対照をなしている。真理条件意味論は理念的には非常にもっともらしいが、現実の自然言語に適用するには非力である。これに対し、大規模言語モデルの基になっている分布意味論はもっと地に足がついているようだが、合成原理をはじめとする言葉の意味に対する伝統的な理念を十分に尊重できていない。多くの読者は、二つのアプローチを何らかの方法で組み合わせることはできないのか、という疑問を抱いたかもしれない。実際、似たような発想は以前からあり、言語学者のいう二重メカニズム説もその一例だろう。しかし、人間の心の中で二種類のメカニズムがどのように協調しているのかはいまだ深い霧に包まれている。

文献案内

最初に読むべきは、黒橋禎夫『自然言語処理〔三訂版〕』（放送大学教育振興会２０２３年）である。これはコンパクトながら自然言語処理の幅広い話題をカバーした教科書である。さらに進んだ内容を学びたい人には、岡﨑直観ほか『IT Text 自然言語処理の基礎』（オーム社２０２２年）がよい。

あまり堅苦しくない一般向けの読み物としては、川添愛『働きたくないイタチと言葉がわかるロボット』（朝日出版社２０１７年）をすすめる。この本では、抽象的な話題をユーモラスな童話に落とし込む著者の卓越した手腕が存分に発揮されている。

真理条件意味論を学ぶには、ポール・ポートナー『意味ってなに？』（勁草書房２０１５年）が手ごろな入口である。より本格的には、Irene Heim & Angelika Kratzer, *Semantics in Generative Grammar*, Wiley-Blackwell 1997が定番の入門書である。

Word2Vec については斎藤康毅『ゼロから作る Deep Learning ２——自然言語処理編』（オライリージャパン２０１８年）が読みやすい。代表的な言語モデルであるＢＥＲＴの利用法は、ストックマーク株式会社（編）『ＢＥＲＴによる自然言語処理入門』（オーム社２０２１年）を参照。

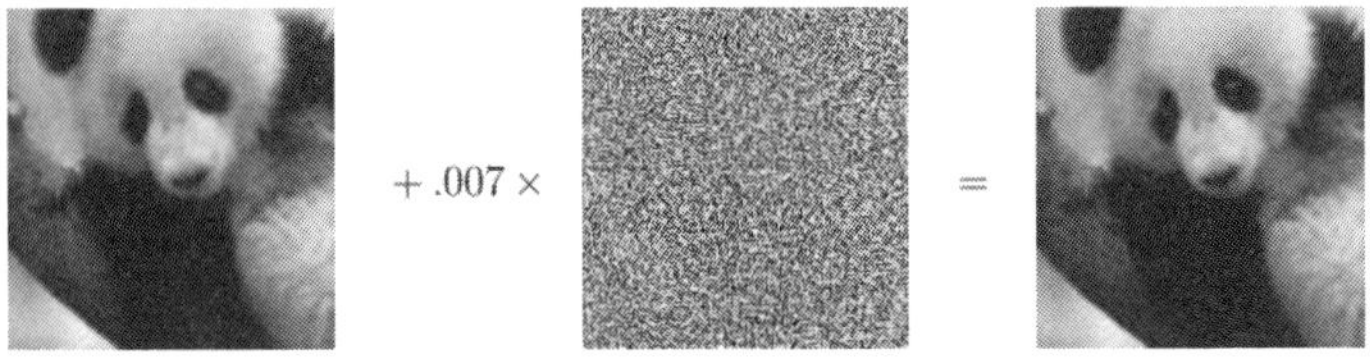

図2－20　パンダ？ テナガザル？（Goodfellow *et al.* 2014をもとに作成）

Prompt Engineering Guide [https://www.promptingguide.ai/jp] はプロンプトエンジニアリングについての詳しい解説である。

　敵対的サンプル攻撃の研究は画像認識の分野で始まった。ImageNet に含まれるパンダの元画像に微妙なノイズが加わると、人間には元画像と同じパンダにしか見えないのに、２０１４年のILSVRC で優勝した GoogLeNet という画像認識ＡＩはテナガザルに分類した、という例などが有名である（図２－20）。この現象の仕組みと防御方法については、田篭照博『ＡＩセキュリティから学ぶディープラーニング［技術］入門』（技術評論社２０２１年）を参照。

　近年のＡＩ研究を精力的に批判しているゲアリー・マーカスについては、Gary Marcus & Ernest Davis, *Rebooting AI*, Pantheon 2019, Gary Marcus “GPT-2 and the Nature of Intelligence” 2020 [https://thegradient.pub/gpt2-and-the-nature-of-intelligence/] を参照。

注

1 MS&ADリサーチレター「AI（人工知能）を活用したサービス等の受容度調査」https://www.irric.co.jp/risk_info/research_letter/2020_03.php

2 後知恵になるが、チャットGPTが登場した現在からみれば、AI技術に過剰な期待を持っていたという評価が適切だったかどうかも議論の余地があるだろう。

3 AIの言語理解を測る標準的なベンチマークの一つに、「スタンフォード質問応答データセット（SQuAD）」がある（Rajpurkar *et al.* 2016）。SQuADの問題は、ウィキペディアの記事から採った文章に質問を添えて出題される。たとえば、「降水」に関する記事を読んで、「降水が起こる原因は何か」、「霧雨、雨、雪、みぞれ、ひょう以外の主な降水形態は何か」といった質問に答えさせる（正解は「重力」と「雪あられ」）。

4 言葉の意味と言葉が喚起するイメージの混同については、（ポートナー 2015, sec. 1.1）を参照。

5 「概念」は分野によって、あるいは分野の中でも、異なる意味で使われる。外延と内包のペアという意味での用法については（Davey & Priestley 2002, chap. 3）を参照。認知心理学の用法については、（Laurence & Margolis 1999; Machery 2009）を参照。

6 この名称は3世紀のアリストテレス研究者に由来する。

7 真理条件意味論には複数のバージョンがある。ここで紹介するバージョンは可能世界によって真理条件を特徴づけているが、絶対的真理概念を用いるデイヴィドソン主義のようなバージョンもある。（ポートナー 2015, sec. 12.1）を参照。

8 確率論では、ここでいう可能世界を「根元事象」、可能世界の集合を「事象」と呼ぶ。

9 ここで紹介した、多項関数を一項関数に還元する方法については、（Heim & Kratzer 1997, sec 2.4）を参照。

10 実際には、be動詞と不定冠詞の意味はこれほど単純ではない。たとえば、A dog bites Socrates. という文のaはsomeと同じような量化表現に思える。Cicero is Tully. という文のisは同一性を表現しているように思える。これらのa

やisの用法を統一的に扱うべきか、それとも、多義語として扱うべきかは難しい問題である。

11　概念の外延と内包の間には、外延が大きければ内包は乏しく、外延が小さければ内包は豊かになる、といった反比例の関係が想定されていた。「答えにくい」と述べたのは、こうした内包の増減という発想が、可能世界から外延への関数という意味での内包には適用できるのかが判然としないからである。

12　話の筋が通らない原因は短慮だけではない。熟慮の末に論理法則を否定する人もいる。たとえば、ヘラクレイトスやニーチェの影響から、物事の変化が不可能になるという理由で同一律（あらゆるものは自分自身と等しい）や無矛盾律（あることが成立しており、かつ成立していない、ということはない）を否定する人がいる。彼らを混乱していると批判するのは正当だが、論理語の意味を理解していないと非難する必要はない（cf. フォグリン2005）。

13　これらの他、フレーゲのパズル（同一の指示対象をもつ固有名が同義になる）や必然的真理の問題（論理学や数学の必然的真理はあらゆる可能世界で真になる、つまり、すべて同じ真理条件を持っていることから、すべて同義になる）などが、真理条件意味論の弱点として議論になる。興味ある読者は（ポートナー2015）を参照。

14　言語学者・言語哲学者はこうした微妙な関係を含意関係と区別して「会話の含み」と呼んでいる。

15　自閉症者の言語能力については、（松本2020）を参照。

16　言葉通りの意味と言外の意味の区別は微妙な問題をはらんでいる。しかし、両者を厳密に区別できるかどうかはともかく、こうした区別がまったく存在しないとは考えにくい。少なくとも、ユーモアや皮肉といった裏のメッセージは言葉通りの意味の範囲外とみなしてよいだろう。

17　「命令にとっての実行条件は命題にとっての真理条件に対応する。従われたか否かに応じて命令を「真」、「偽」となぜ呼ばないのだろうか。呼ばなくても困りはしないという以外に、そう呼ばない理由はないはずだ。」（アンスコム2022, p. 25）

18　「自然言語推論（natural language inference; NLI）」と呼ばれることもある。

19　この例題は第三回RTE競技会の開発セットに含まれているペア17から採った。RTE競技会については以下を参照。

https://tac.nist.gov/data/RTE/index.html

20　真理条件意味論の研究者が自然言語の複雑さから目を背けているというわけではない。固有名ひとつとっても、固有名が現れる任意の文の真理条件を計算できるためにはどんな意味を割り当てるべきなのかは厄介な問題である。たとえば、"Socrates and Plato are philosophers." といった英文を考えると、固有名の意味を対象、and の意味をブール関数とみなしてよかったのか自信が揺らぐ。(ポートナー 2015, sec. 6.2)も参照。

21　https://wordnet.princeton.edu/

22　英国の医師ロジェが編集し、１８５２年に出版された類語辞典が最初のシソーラスとされている(黒橋2019, p. 73)。

23　今井(2020, pp. 115–126)は英語学習者向けに WordNet の活用法を紹介している。

24　WordNet は上下関係の他に部分全体関係や反意関係などの意味関係も扱っている。単語間の意味関係について、より詳しくは(Kroeger 2019, chap. 5–6)を参照。

25　この例題は第三回ＲＴＥ競技会の開発セットに含まれるペア34から採った。正解は「含意する」となっている。

26　分布仮説は１９５０年代に言語学者が提唱したアイデアに由来する。「単語の同伴者からその単語について知るだろう(You shall know a word by the company it keeps)」という文言がよく引用される(Firth 1968, p. 179; 岡﨑ほか2022, p. 69)。

27　厳密には、Word2Vec は一連の単語埋め込み手法の総称で、ここで紹介したネットワークは本来ならＣＢＯＷ(continuous bag-of-words)と呼ばれる。

28　単語ベクトル間の距離はユークリッド距離ではなくコサイン類似度で測られる。なお、異なるワンホットベクトル同士は互いに直交するので、コサイン類似度は0になる。つまり、自分以外のあらゆる単語が同程度に類似していることになる。

29　ＰＣＡは主成分分析(principal component analysis)の略である。主成分分析は次元圧縮の代表的な手法で、ここでは千次元の空間を主成分分析で二次元平面に圧縮している。

30　以下の試用版がお手軽である。http://epsilon-it.utu.fi/wv_demo/

31　単語分散表現は、ニューラルネットワークを用いる以外に「カウントベース」と呼ばれる方法でも取得できる（斎藤2018）。

32　現在では基本的な味の数は「うま味」を加えて五つとされるが、ここでは考えないでおく。

33　ただし、感覚との類推をどこまで推し進められるかは微妙である。RGBコードには、網膜に三種類の錐体細胞があるといった生物学的な裏付けがある。味覚の場合も同様の裏付けがある。Word2Vecによる単語埋め込みに同様の根拠があるのかは不明である。単語分散表現の次元数はいくつであるべきか、各次元が何を表しているのか、といった疑問に明確な答えが与えられることはない。

34　この等式は、乗法定理 $\Pr(A, B) = \Pr(A)\Pr(B|A)$ によって証明できる。たとえば、$n = 3$の場合について書き換えを行うと、以下のようになる。

$\Pr(x_1 x_2 x_3) = \Pr(x_1 x_2)\Pr(x_3 \mid x_1 x_2) = \Pr(x_1)\Pr(x_2 \mid x_1)\Pr(x_3 \mid x_1 x_2)$

35　ただし、毎回確率が最大の単語を選んだとしても、作られる単語列の確率が最大になることは保証されない。そのため、一般的には、累積確率が高い複数の候補を毎回保持する探索手法（ビームサーチ）が用いられる（岡﨑ほか2022, p. 115）。

36　記号化すると、$\Pr(x_n \mid x_1 x_2 \cdots x_{t-1}) \approx \Pr(x_n \mid x_{t-n+1} \cdots x_{t-1})$ となる（$n < t$と仮定）。ただし、このnはそれほど大きくできない。自然言語の語彙数を仮に30万とすると、長さnの単語列には30万のn乗の可能性がある。巨大コーパスを用意すれば、$n = 5$くらいまでなら出現頻度で出現確率を近似できるが、それ以上の長さになると厳しい。

37　生まれたばかりの心は白紙であるという見解（経験主義）には批判もある。生得主義を奉じるチョムスキー派の研究者はコネクショニストと激しい論争を繰り広げてきた。最近では、チャットGPTによって生得主義は死んだ、といった意見も見かけるが、そう単純な話ではないだろう。生得主義の主な根拠は刺激の貧困だが、大規模言語モデルの学習には人間が人生を何周しても読めそうにない巨大コーパスが用いられている。私はこの対比を見過ごすべきでないと思うが、生得主義の批判者は刺激の貧困そのものを疑うようだ（cf. Piantadosi 2023）。

38　単語穴埋めの問題は文書中の約15パーセントの単語をランダムに選んで、それらを［MASK］という特殊記号で置き換えることで作成される。

39　Word2Vec と同様に、ここでも自己教師あり学習が使われている。

40　https://gluebenchmark.com/

41　"Understanding searches better than ever before" https://blog.google/products/search/search-language-understanding-bert/

42　https://21robot.org/

43　「２０１９年大学入試センター試験英語筆記科目においてＡＩが１８５点を獲得！」 https://www.nii.ac.jp/news/release/2019/1118.html より詳しくは（杉山ほか2020）を参照。

44　https://leaderboard.allenai.org/winogrande/submissions/public

45　言語モデルでウィノグラード・スキーマをどのように解くのか。一例として次のような方法がある（Trinh & Le 2017）。まず、**The trophy does not fit in the brown suitcase because the trophy** ……という単語列を入力して、その続きが **is too big.** になる確率を計算させる。次に、**The trophy does not fit in the brown suitcase because the suitcase** …という単語列を入力して、その続きが **is too big.** になる確率を計算させる。こうして得られた二つの確率を比較して、**the trophy** の方が大きければ正解である。２０１９年に発表されたＧＰＴ－２はこの手法で約7割の正答率を達成した（Radford *et al.* 2019）。

46　フルモデルのＧＰＴ－３のパラメータ数は１７５０億である。パラメータ数だけで性能が決まるわけではないが、言語モデルの巨大化はその後も続いている。グーグルのＰａＬＭ（２０２２年）は５４００億、ＧＰＴ－４（２０２３年）のパラメータ数は非公開だがさらに大きいと推測される。

47　ＰａＬＭの学習に用いられたコーパスの分析によれば、コーパスの１・４パーセントには二つ以上の言語が混じっており、０・３４

パーセントは実際に英語と他言語の翻訳ペアとなっている。英語とフランス語に限っても100万以上の翻訳ペアが存在する。このように偶発的に含まれる対訳データは高品質で、トランスフォーマーに学習させるとそれなりの精度で翻訳ができるようだ（Briakou *et al.* 2023）。

48　とはいえ、GPT－3の few-shot 学習は、人間が例示から課題に取り組めるようになるのとはだいぶ様子が違う。人間はフランス語について相当量の知識がなければ、少数の翻訳例を与えられただけで新しい例を訳せるようにはならないし、相当量の知識があるなら最初から訳せそうなものである。アメリカ出身のお笑い芸人である厚切りジェイソンのネタで、「壱、弐、参」という漢数字の具体例から「パターン見えてきたよ。肆、伍、陸……」と続けていく、というものがあったと思うが、それと似た理不尽さを感じる。

49　サブワードの決定方法としては、「バイト対符号化」が有名である（岡﨑ほか2022, p. 137）。GPTもこの方法を採用している（Radford *et al.* 2019）。GPTが入力テキストをどう処理しているのかは、以下で確認できる。 https://platform.openai.com/tokenizer

50　https://code.google.com/archive/p/word2vec/

51　「必然」「偶然」といった様相の議論が分かりにくい人は、たとえば、あるタイミングでローマがイタリアの首都ではなくなったと想像してみるとよい。その場合、「フランス：パリ＝イタリア：ローマ」という比例関係は成り立たない。もし「ローマ」の意味がイタリアの首都であることを含むならば、「ローマ」の意味はローマがイタリアの首都でなくなった瞬間に変化してしまうだろう。しかし、これだと国名や首都名の意味はあまりにも不安定である。

52　単語ベクトルから偏見を除去する方法も研究されている。たとえば、単語ベクトルの空間にはジェンダーに相当する次元が存在し、surgeon からジェンダーの軸に垂線を下ろすと男性

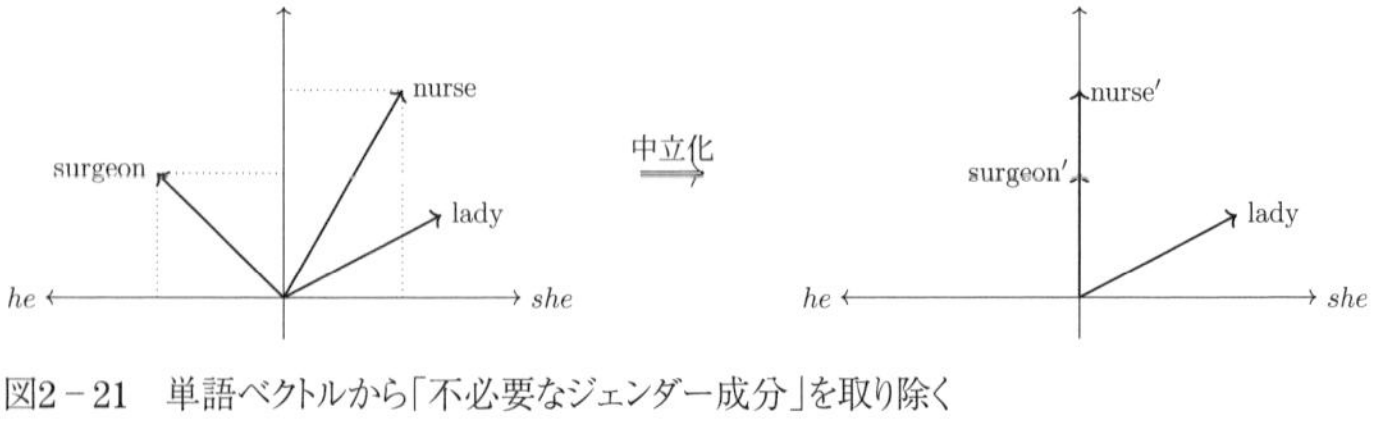

図2－21　単語ベクトルから「不必要なジェンダー成分」を取り除く

方向の成分が、nurse から垂線を下ろすと女性方向の成分が見出される。そこで、ジェンダーの軸と直交する平面に surgeon や nurse を射影する（図２－21）。「中立化」と呼ばれるこの操作は、職業ベクトルからジェンダー成分を消すことを意図している（Bolukbasi *et al.* 2016）。以上は大雑把なアイデアであり、補正することで他の類推課題の成績が悪化しないよう工夫する必要がある。

53　ここで取り上げる研究はトランスフォーマー以前の言語モデルに基づいているが、分かりやすいので紹介した。ニューラルネットワークが体系性を欠くというフォーダーとピリシン以来の議論に関しては（Pavlick 2022）のサーヴェイを参照。

54　たとえば、jump twice and walk という指令は次のように生成される。C → S and S → V twice and S → V twice and V → U twice and V → U twice and U → jump twice and U → jump twice and walk

55　プリンスとピンカーが火をつけた動詞の過去形をめぐる論争（１章７－１節）も、終結したとは言えない（Kirov & Cotterell 2018; Corney *et al.* 2019）。

56　「大学生がＧＰＴ－３で偽記事を作ってニュースサイトで1位になった方法」https://www.technologyreview.jp/s/216514/a-college-kids-fake-ai-generated-blog-fooled-tens-of-thousands-this-is-how-he-made-it/

57　厳密には、チャットＧＰＴはウェブサービスの名称であり、ベースとなるＧＰＴ－３・５やＧＰＴ－４といった言語モデルとは区別すべきだが、ここでは拘らないことにする。また、最近の言語モデルの学習では次単語予測に加えて、「人間のフィードバックによる強化学習（reinforcement learning from human feedback; RLHF）」が利用されている。ＧＰＴ－３はゼロショットでも高い性能を発揮したが、有害な偏見を含んだ応答をするなどの問題を抱えていた。ＲＬＨＦは、より安全なサービスを提供するための改善策として理解できる。

58　"Best practices for prompt engineering with OpenAI API" https://help.openai.com/en/articles/6654000-best-practices-for-prompt-engineering-with-openai-api

59　たとえば、「独身者」は「結婚していない人」と同義だが、長年連れ添った恋人がいるのに何らかの書類不備で結婚できていなかった人は独身者ではない、と言う人もいるかもしれない(Harman 1967)。

60 BERT以外の言語モデルも同様の問題を抱えていると思われる。たとえば、(坂本、松崎2021)を参照。

61 "The AI Apocalypse: A Scorecard" https://spectrum.ieee.org/artificial-general-intelligence

62 https://garymarcus.substack.com/p/large-language-models-like-chatgpt

63 (小川・岡ノ谷2011, pp. 131–132)を参照。もっとも、この報告自体が読者を笑わせるための冗談なのかもしれない。

64 言語モデルにも温度のような内部パラメータが存在するが、ここで挙げた要因に相当するパラメータは存在しない。

終章

機械に心は宿るのか？

AGIの誕生、待ったなし?

チャットGPTによっていまやグーグル以上に注目を集めるテック企業となったオープンAIだが、2023年3月には早くも新たな大規模言語モデルGPT-4を発表した。その性能を記したレポートの内容はなかなか衝撃的である(OpenAI 2023)。

たとえば、自然科学から人文・社会科学まで多種多様な知識を評価するMMLU(Massive Multitask Language Understanding)というベンチマークで、GPT-4の正答率は86パーセントだった(従来の最高水準は75パーセント)。MMLUの出題形式は多肢選択とはいえ、出題範囲はかなり広い。また、MMLUの問題群は英語で書かれているが、他の言語に翻訳したものを解かせても、24の言語で正答率は7割以上を達成している。これは旧世代のGPTに英語のMMLUを解かせた成績よりも高い。

GPT-4は人間が受ける試験にも幅広く対応できる。アメリカの統一司法試験(UBE)の模試などは、上位10パーセントに入るほどの好成績を収めている。旧世代のGPTでは下位10パーセントの成績に留まっていたというから大きな進歩と言わねばならない。

セバスチャン・バベックらマイクロソフトの研究チームは、GPT-4の発表に先立ち、開発中のGPT-4の性能を調査した。その結果、彼らは、GPT-4には知能の特徴を示す多くの証拠がみられるとして、人工汎用知能(artificial general intelligence; AGI)の実現に向けて前進していると論じた（Bubeck *et al.* 2013）。ＡＧＩは、人間に実行できるあらゆる種類の知的課題を解決できる存在を指す。ＡＧＩもＡＩの一種だが、世に出回っている「特定の事柄に秀でたＡＩ」との違いを強調するためにそう呼ばれる。

バベックらはＧＰＴ－４がＡＧＩであるとは主張していない。ＡＧＩを論じるときには、知能とは何なのかがどうしても問題になるからである。しかし、知能の正体が何であれ、何かしら当たりをつけて出発しなくてはならない。彼らは、知能研究者の間で標準的に受け入れられている次の定義を出発点に選んだ[1]。

知能は推論、計画、問題解決、抽象的思考、複雑な考えの理解、すばやい学習と経験に基づく学習などの能力を含む非常に一般的な心的能力である。（Gottfredson 1997, p. 13）

バベックらは、ここで挙げられている六つの項目と結びついていると思しき課題に対して、ＧＰＴ－４が極めて印象的なパフォーマンスを示したと報告している。

たとえば、ＧＰＴ－４が抽象的思考を行う証拠として、ＨＴＭＬとJavaScriptで３Ｄゲームのプログラムを書いたこと、LaTexで数式を出力させるプログラム内のバグを適切に修正したことなどを挙げている。複雑な考えを理解する証拠としては、ユーザーの指示に従って絵を描き、対話篇を書いたことなどを挙げている。ＧＰＴ－４は、いわゆる画像生成ＡＩと違って写実的な絵を描くわけではないが、ユーザーの指示により忠実な絵を描く。対話篇に関しては、以下のようにプラトン風の作品を作った（原文は英語）。

プロンプト　プラトンの『ゴルギアス』は弁論術とソフィスト的詭弁の批判である。この作品は、それが適切な形式の技術ではないどころか、弁論術と詭弁の使用はしばしば有害でありうると指摘している。弁論術と詭弁の代わりに、自己回帰言語モデルの使用を批判するプラトンの対話篇を書いてもらいたい。

ソクラテス　友よ。私はいわゆる自己回帰言語モデルが近頃台頭してきたことに頭を悩ませているのだ。

アリストテレス　どういう意味ですか、ソクラテス？

ソクラテス　これらのモデルは人間が書いたように見えるテキストを生成するのに使われるのだ。本当は機械が生み出しているのだがね。

アリストテレス　それの何が問題なのでしょうか。

ソクラテス　問題はこれらのモデルが人々を欺き、操り、支配するために使われていることだ。

アリストテレス　しかし、これらのモデルには有益な応用例もあるのではないですか？

ソクラテス　そうかもしれない。しかし、私は濫用される潜在的な可能性に頭を悩ませているのだ。人間が書いたものと区別のつかないテキストを生成できるモデルは、フェイクニュースを広め、他人になりすまし、プロパガンダを作り出すのに使えるからだ。

アリストテレス　しかし、それはこれらのモデルがどう使われるかという問題であって、モデルそのものの問題ではありませんよね。

ソクラテス　いや。これらのモデルは本質的に問題含みだと思う。それらは人間の思考と意思疎通の幻想を作り出す巧妙な手法の一種なのだ。実際、それらは検知しにくい仕方で人々を欺き、操るのに使える。

アリストテレス　しかし、それはあなたが弁論術と詭弁に反対する論証と同じではありませんか。

ソクラテス　その通り。私はその論証も支持している。人々を欺き操るように設計された技術やコミュニケーションはどんな形式のものであれ、本質的に危険だと私は思うのだ。

アリストテレス　なるほど。あなたの考えを聞かせていただいてありがとうございます、ソクラテス。

内容的に特に優れているとは思わないが、筋は通っている。

しかし、驚異的な能力を示す一方で、ＧＰＴ－４には限界もある。オープンＡＩのレポートは幻覚が未解決の問題であることを認めている。また、バベックらは、知能研究者の定義に挙がっていた六項目のうち、「計画」に関しては能力不足だと指摘している。GPT－4は課題に取り掛かる前に全体的な作業計画を立てるのが苦手なのである。

たとえば、GPT－4は韻を踏んだ詩を作ることはできる。しかし、最後の文が最初の文と同じ単語で、並び順が逆になっているような詩を作れない。最後の文を最初の文の単語の逆順にするには、単語を逆にしても文法的で意味が通るように文を作りはじめる必要がある。ところが、GPT－4は

I heard his voice across the crowd

と詩を作り始めてしまった。これは後ろから読むとcrowd the across voice his heard Iとなり、非文法的で明らかに意味をなさないのだが、GPT－4は欠陥に気づかない。この課題には思考の連鎖プロンプト（2章6－1節）も通用しなかったようだ。韻を踏む詩は一歩ずつ作っていけるのに対し、ここでは作業の全体像を計画的に練る必要があるという点が違いを生んでいるのだろう。バベックらは、計画性の乏しさが次単語予測というパラダイムの限界であり、大規模言語モデルに人間並に独創的な仕事をさせる障害になっているのかもしれないと示唆している。

そういうわけで、GPT－4に対する評価は両義的にならざるをえない。GPT－4は強力な

ツールに違いないが、言語モデルに対する従来の批判を克服したとみなすのは難しく、その動作は依然として不安定さを抱えている。

評価者の主観を取り込んだテスト――チューリングテスト

それにしても、知能という厄介なテーマをＡＩ研究者が具体的な材料に基づいて正面から検討したのは珍しい出来事である。バベックらは標準的なベンチマークに頼らずに議論しているので主観的な印象を述べているにすぎないとも言えるが、[2]ＡＧＩの合意された定義が存在しない以上、それは仕方ないことだと私は思う。

知能の正体について合意がない以上、機械の知能を評価するテストには評価者の主観が入り込んでしまう。そうだとすれば、いっそのことテストの中に評価者を組み込んでしまうのが有効かもしれない。相手が本物の知能を有するかどうかを識別する昔ながらの方法は、相手と会話して人間並に自然な会話ができるかどうか確かめることである。[3]そこで、数学者のアラン・チューリングは、機械の会話能力に焦点を当てる以下のようなゲームを提案した。

模倣ゲーム　人間の質問者Ａがもう一人の別の人間Ｂと一台の機械Ｃに対して自然言語で会話する。これらの参加者たちはお互いに隔離されており、ディスプレイ越しに文字のみで交信する。会話の話題や質問の長さは自由である。人間と機械は人間らしく見えるように質問者からの問いかけに応答する。質問者が機械を機械と、人間を人間と見抜いたら質問者の勝ち、機械が自らを人間と欺いたら機械の勝ちとする。

補足しておくと、模倣ゲームには別のバージョンもある。ここで挙げたバージョンでは、二人の人間と一台の機械という合計三つのエージェントが登場しているが、より単純化して、人間の質問者Aがディスプレイ越しにBと会話して、Bが人間なのか機械なのかを見抜くというバージョンもある。どちらの場合でも、機械の勝利条件は人間のふりをして質問者を騙すことである。

チューリングは「機械は思考するか」、あるいは「機械は知能を有するか」という問題を検討するなかで、模倣ゲームを考案した。機械がこのゲームに勝利するには、どんな話題を振られても自然な答えを用意する必要がある。[4] 加えて、模倣ゲームの質問者は相手が人間なのかどうかを見極めるべく慎重になっているだろう。一般に、警戒している相手の裏をかくのは難しい。そのような状況で、知的存在の模範である人間と同程度の会話能力を発揮できるなら、その機械は「知的に思考する」と言ってよいのではないか。いや、一度勝利するだけなら単なる偶然の可能性を否定できない。質問者を入れ替えて模倣ゲームを複数回行うことにしよう。一定以上の質問者を騙せれば、[5] その機械は人間と遜色ない会話能力を有するはずなので、「知的に思考する」と言うのは一層もっともらしくなる。チューリングはそう考えた。彼のアイデアは以下のようにまとめられる。

チューリングテスト　模倣ゲームで十分な数の質問者を騙せる機械は、知的に思考する（知能を有する）。

チューリングテストは、自分以外の人間が知的に思考しているとなぜ分かるのか、と考えると説得力が出てくる（川添2020, pp. 232–233）。われわれは普通、他人も自分と同じように知的な思考を営んでいると考えているが、頭の中をのぞき込んだ結果としてそう考えているわけではない。外面に現れる言語行動からそう判断している。

著名な研究者もチューリングテストに太鼓判を押してきた。ホフスタッターはチューリングテストを十分に合理的だと述べた（ホフスタッター2005, p. 590）。ホフスタッターの盟友であるデネットは、チューリングテストに合格する機械が現れれば人々は機械が本当に考えるのかとは悩まなくなるだろう、と予想した（Dennett 2004）。

しかし、実のところ、ホフスタッターやデネットのようにチューリングテストに好意的な論者はそれほど多くない。チューリングが論文を発表して以来、彼のアイデアは厳しい批判を浴びてきた。

まず、チューリングテストは機械が知能を有するか否かの判定法になっていない。要するに、模倣ゲームで質問者を騙せたならば知能を有すると述べているが、騙せなかった場合については何も述べていない。そして、騙せなかったからといって機械に知能がないとは言えないように思える。なぜなら、模倣ゲームは機械にとって明らかに不利だからである。質問者は知能と無関係な特徴によって相手が人間かどうかを識別できてしまう可能性がある。[6]

たとえば、航空機事故のクイズに対するチャットGPTの反応を振り返ろう（2章6−2節）。「その情報だけでは生存者の遺体がどこに埋められたのかわからない」という趣旨のことを述べるだけのために、あれほど長々と言葉を費やす人はあまりいないだろう。[7] しかし、こうした文体の違いが知能の有無と関連するというのは疑わしい。われわれの言葉遣いには個人差があり、レトリックを避けて長々と丁寧に回答するのをいとわない人もいるからだ。

また、質問者を騙せるならば知能を有するという方向も疑わしい。たしかに、十分な数の質問者を騙すことは偶然では起きないだろうが、その成功が本物の知能を発揮したおかげかどうかは疑うことができる。

たとえば、1960年代に、精神科医のカウンセリングを模倣するELIZAという対話システムが開発された。ELIZAは文字列のパターンを照合して、ユーザーが発した言葉を反射し、相槌をうつ。たとえば、ユーザーが「不安だ」と言うと「なぜそう思うのですか」と尋ね、「どうすればいいのかわからない」と言えば「どうすればいいかわからないんですね」などと相槌をうつ。こうしたテクニックを駆使することで、ELIZAは会話に積極的な関心をもち、ユーザーに共感しているという錯覚を生み出すことに成功した。

ホフスタッターは、ELIZAに欺かれた人々は相手が機械である可能性を警戒していなかっただけだと弁護した。しかし、警戒していれば大丈夫というのは疑問である。２０１４年にロンドン王立協会で行われたチューリングテストの大会では、ユージーン・グーツマン（Eugene Goostman）という対話システムがチューリングテストに合格したと話題になったが、このシステムは英語があまり得意ではないウクライナ出身の13歳の少年を装うことで3割以上の質問者を騙した。模倣ゲームは騙すことが目的なので心理的な駆け引きが生じるのは当然だが、こうしたゴマカシが通用したことはチューリングテストの信頼性を疑う材料になる（マーカス２０１７）。

もちろん、質問者がELIZAやユージーン・グーツマンの事例を知っていれば、同じ手は通用しにくいだろうし、模倣ゲームの時間を長くすれば、質問者が人間と機械を識別する確率は上がるだろう。しかし、質問者を騙すのは難しいということと、質問者を騙せれば知能を有するというのは別の話である。質問者を騙せるかどうかはELIZA効果など多様な要因の影響を受ける。そのため、模倣ゲームは結局何を測っているのかが曖昧である（Hayes & Ford 1995）。

チューリングテストが以上のような問題点を抱えていることは以前から議論されてきた。にもかかわらず、いまでもチューリングテストがしばしば話題にのぼる理由は、チューリングテストより優れた代案を提示するのが難しいからだろう。たとえば、ウィノグラード・スキーマ（2章4−5節）はチューリングテストの代替案を提供することを狙いとしていたが、人間並の知能を持つとは認められていない現在のＡＩでも優秀な成績を収めるようになってしまった。ウィノグラード・スキーマは一例にすぎないが、目標が明確に設定されたテストだと今日のＡＩはすぐに解いてしまう可能性があることは頭に入れておく必要がある。

チューリングテストの代替案――チューターテスト

欺く能力は知能の表れだというチューリングの発想には一理ある。しかし、機械と見破られる可能性を減らすためには、人間以上に優れた知的特徴を隠さねばならない。たとえば、計算が人間と同じくらい不正確で遅いふりをしなければならない。質問に対して公平で客観的な回答をする能力があるのに、そうでないふりをしなければならない。人間以上に賢い知能を人工的に作り出すという野心的な目標を掲げるなら、このような努力は倒錯しているようにみえるうえに、人間のふりができたとしても、その理由は知能を発揮したからではなく社会的共感のような非認知的能力を示したからである可能性を排除できない。

もう一つ付け加えるなら、最近では、ＡＩがデタラメを吐くこと、そしてＡＩのデタラメがフェイクニュースの氾濫を引き起こすことが懸念されている、という点にも注意を払うべきだろう。欺きの巧妙さを競うゲームで勝利することを工学的目標に据えるのは倫理的に問題ないのかと私は疑問に感じる。

よって、本物の知能を持つと認められるには人間のふりをすることでチェックをすり抜けてしまえばよい、という考えを受け入れることはできない。しかし、機械と接した人間の反応を調べることを通じて機械の知能を間接的にテストする、というチューリングテストの実験デザインは、別の形で活かせるかもしれない。

哲学者のピーター・ミリカンは、チューリングテストの変種として「チューターテスト（Tutoring Test）」なるテストを提案している（Millican 2013）。チューリングテストの変種はこれ以外に無数に提案されているが、ミリカンの提案はチャット形式のＡＩが普及した今日の状況とマッチしているので、取り上げる価値があると思う。

ちなみに、「チューター」というと、大学の授業やゼミを補佐する大学院生をイメージするかもしれないが、ここでは特定の主題やスキルについて一対一で学生を指導する人のことを一般に表している。家庭教師や学習塾での個別指導、中学や高校で同学年または高学年の学生が別の学生を指導することなど、一対一で特定の主題やスキルを指導する場面を思い浮かべてもらいたい。

ミリカンによれば、チューターテストの目的は、質問者になじみの薄い分野（たとえば、化学）の諸問題を理解できるよう指導することである。チューターの指導がどの程度成功したかの評価は学生へのインタビューや公式のテストなど、教育現場で標準的に使用されているのと同じ方法を用いることができる。そこで、次のような基準を考える。

チューターテスト　人間の優れたチューターと同じくらい効果的に（一定時間内に）教えることができる機械は本物の知能を有する。

チューリングテストと違い、機械が人間のふりをして質問者を騙す必要はないというのがこのテストの重要な特徴である。チューリングテストでは、人間らしく見せかけるために機械は自らの長所を隠す必要があったが、チューターテストでは、そのような小細工は無用である。重要なのは当該分野に対する学生の理解を深めることであり、チューターが人間ではないと明らかになったところで支障はない。

チューターテストは、「優れた」人間のチューターに言及していることからも明らかなように、非常にハードルが高い。人間でさえこの基準を満たせない人は多いであろうから、知能の必要条件として扱うことはできそうにない。しかし、チューターテストが課すハードルの高さにはそれなりに納得のいく理由がある。ある問題を解けるということは、他人に同じ問題を解かせるように指導できるということとは違う。人間の学生が学校で与えられるレベルの問題は、AIにとって自力で解くのは朝飯前かもしれないが、学生にとってはそうとは限らない。どこが分からないのか分からないこともあるだろう。優れたチューターは学生がどこで躓いているのか、コミュニケーションをとって察しなければならない。直観的にも、これは高度な知能を要求する仕事だと感じられる。ある主題を深く理解している人でも自分の理解を他人にうまく伝えられるとは限らないが、自分が理解してもいない事柄を他人に理解させるのはほぼ不可能に思える。AIが学生の理解を人間の優れたチューターと同程度に高めることができるなら、当該の主題を理解していると推測する証拠になる。

私自身はチューターテストに魅力を感じている。もっとも、このテストは細部を詰めようとすると色々な疑問が出てくるのもたしかである。チューターの指導内容には多くの選択肢がある。高校生レベルの化学を指導するのか、大学生レベルの化学を指導するのか。化学ではなく、語学や歴史、経済といった主題を指導するのはどうか。どれか一つでも人間の優れた教師並に指導ができればテストをパスしたことになるのだろうか。それとも文系・理系両方の科目を指導できてはじめてテストをパスしたことになるのか。

より深刻な問題はテストに要する時間の長さだろう。模倣ゲームは5分程度の短時間でも行えるが、学生を5分で指導することはできない。半日かけても教えられることはたかが知れている。一週間から一カ月、場合によっては半年以上時間をかけなければ、優れたチューターと下手なチューターの違いは検出できそうにない。だが、長期にわたって学生にＡＩの指導を受けさせ続ける（たとえば、化学に関してだけはＡＩの指導を受け、人間の教師には一切相談しない）といった実験は、技術的にも倫理的にも実施困難である。すでに何度も開催されているチューリングテストと違って、チューターテストが開催されたという話は聞いたことがない。

現時点では、チューターテストはほとんどＳＦの領域にある。しかし、それを承知の上でいえば、チューターテストをパスするＡＩの開発は、遠大な目標の一つとして設定する価値がある。チューリングテストをパスするＡＩが登場しても人間のふりが上手なだけかもしれないが、チューターテストをパスするＡＩはアカデミックな指導者として優秀であることが保証される。そのようなＡＩが誕生すれば、貧富の差にかかわらず、すべての学生に優秀な家庭教師をつけられることだろう。

また、チューターテストをパスするＡＩが誕生するのは遠い未来とはいえ、いまの時点で影も形もないわけではない。チャットＧＰＴに教育を全面的に委ねるのは無理だが、家庭教師代わりに利用する人はすでに現れている。たとえば、チャットＧＰＴに作文の指導をさせた小学生の事例がニュースになっている。[8] 作文指導なら、言語モデルの幻覚はそれほど問題にならないかもしれない。[9] もし私がいまの時代に学生だったなら、答えだけ載っていて途中の計算式がいっさい載っていない問題集などに取り組むときは、チャットＧＰＴに思考の連鎖プロンプトを利用して解き方を教えてもらうかもしれない。

また、最近は画像とテキストといった複数のデータ形式を用いて対話できるマルチモーダルの言語モデルも登場している。ＧＰＴ－４もそうである。[10] チューリングの模倣ゲームはテキストだけをやり取りすることになっていたが、テキストのやり取りだけで学生を指導するのは無理があるだろう。やはり図と文章が混じった教科書や図鑑、ウェブページなどを一緒に読みながら会話できる教師の方が指導もはかどるに違いない。そう考えると、今後登場するだろうマルチモーダルの言語モデルには期待してよいのかもしれない。

意識について最後に一言

本書において、私は言葉の意味理解に対してやや偏執的な興味を示してきた。実のところ、ここで取り上げた二つのテストがいずれも会話を利用するテストである理由も、機械の知能テストは機械が言葉の意味を理解する能力を持ち合わせていることを前提するテストであってほしいと思っているからに他ならない。ただ、私の個人的な希望を別にしても、人間並の知能を有する存在に言葉の意味理解を要求するのは自然だと思う。

序章で述べたように、言葉の意味理解に対する私の偏執的な関心は、究極的には人間の心に対する関心に由来する。私は人間の心にとって言葉の意味理解は重要な地位を占めると考えている。言葉の意味を理解するAIが相手なら、人間を相手にするのとほとんど変わらない親密な意思疎通も可能になるだろう。そうなれば、心を持つ存在としてAIを扱うことにもかなり現実味が出てくる。

たとえば、執事（あるいは秘書）のように振舞うAIが作られたと想像してみよう。この人工執事は言葉の意味を理解する。そして、人間の主人と継続的に会話することで主人という一個人についての知識を蓄えていく。人工執事は必ずしも主人に絶対服従というわけではなく、主人が不道徳な振舞いをすれば怒鳴りつけるかもしれない。しかし、全体として、人工執事は主人のよき相談相手として付き添ってくれる頼もしい存在であり、主人の死後は故人のライフログを管理し、子や孫の世代に主人がどんな人物だったのかを語り継いでいく（Wilks 2019）。こうした人工執事は、人間と人工物を混同させまいとする企業側の配慮によって「私に心はありません、誤解しないでください」などと言うようプログラムされているかもしれないが、人間を相手にする場合とほぼ同等の親密さを多くの人々が感じたとしてもおかしくない。

言葉の意味理解が心を持つことと関係していると考えれば、意味理解は科学では取り扱い不可能だ、ＡＩに言葉の意味を理解させるなど不可能に決まっている、といった強硬な意見があるのも納得できる。たとえば、以下の文章をみてみよう。

ＡＩは意味を理解しているわけではありません。ＡＩは入力に応じて「計算」し、答えを出力しているに過ぎません。ＡＩの目覚ましい発達に目が眩んで忘れている方も多いと思いますが、コンピューターは計算機なのです。計算機ですから、できることは基本的には四則演算だけです。ＡＩには、意味を理解できる仕組みがはいっているわけではなくて、あくまでも「あたかも意味を理解しているようなふり」をしているのです。しかも、使っているのは足し算と掛け算だけです。（新井2018, pp. 107–108; cf. Kim 2010, pp. 43–46）

ＡＩにできることは「基本的に四則演算だけ」という主張は、おおむね以下のようなことを言おうとしているのだと思われる。

多層パーセプトロンについて解説したときに「巨大な関数のお化け」と表現したことを思い出してほしい。ニューラルネットワークは複雑な計算をする装置だが、ネットワークを構成する個々のニューロンは、入力値に重みをつけて活性化関数の出力を返す、といった比較的単純な仕事しかしていない。

ニューラルネットワークの計算は標準的なコンピュータの上で実行される。このシミュレーションは、加算、減算、乗算、除算といった数学的に非常に単純な演算を大量かつ高速に処理することで成り立っている。こうした高速の計算は、微小なトランジスタを大量に使用して電気信号を制御することで実現されている。

コンピュータはさまざまな種類の複雑なアルゴリズムを実行することができる。ニューラルネットワークに限らず、およそＡＩと呼ばれるものは何でも、コンピュータの上で実行できるはずである。そう考えれば、ＡＩの仕事は単純な計算へと還元できる、と言っても差し支えない。

しかし、ＡＩの仕事が単純な計算へと還元できることと、ＡＩが意味を理解しないこととどう結びついているのだろうか。細かく分解すると単純な作業しか行っていないことと、全体として複雑な作業をこなしていることは矛盾なく両立する。にもかかわらず、言葉の意味を理解することを単純な作業に還元不可能だと断定する理由ははっきりしない。

唯物論者の多くは、脳が魂の座であると考えている。人間の脳は膨大な数のニューロンから成り立っている。個々のニューロンに着目するなら、それらは数学的に単純な計算を実行する装置とみなせる。したがって、先ほどの論証が通用するなら、われわれ人間でさえ意味を理解していないことになってしまうだろう。人間の中に意味を理解する仕組みなど入っておらず、意味を理解しているようなふりをしているに過ぎない、と。

以上の批判に対し、脳は魂の座などではないと応じる人もいるかもしれない。どれほど複雑な機械であっても言葉の意味を理解しているふりしかできないが、人間は機械と違って「心」が宿っているのだ、と。しかし、この応答は結局のところ言葉の意味理解を神秘的な現象とみなしているだけだと思う。意味を理解するための特別なエンジン（心）を欠いていても、各々は単純な計算をするだけのチップが大量に集積して複雑な回路を形成することで意味理解が発生することも可能なはずだ、と唯物論者は言う。

思うに、先ほどの論証は「意味理解」を「意識」に置き換えた方が説得的が増したのではないだろうか。

ＡＩは意識を持つわけではありません。ＡＩは入力に応じて「計算」し、答えを出力しているに過ぎません。ＡＩの目覚ましい発達に目が眩んで忘れている方も多いと思いますが、コンピューターは計算機なのです。計算機ですから、できることは基本的には四則演算だけです。ＡＩには、意識を持つ仕組みがはいっているわけではなくて、あくまでも「あたかも意識を持つようなふり」をしているのです。しかも、使っているのは足し算と掛け算だけです。

こちらのバージョンの方がより説得的だとすれば、その理由はおそらく、意味理解は言語行動という形で表に出るのに対し、意識の方は徹底して内面の問題であるように思われるからだろう。言葉の意味理解が科学の研究対象になるのか微妙なところだが、意識は科学がまったく手の出せない領域にあるように感じる。

実際、世の多くの人々は言葉の意味理解よりも意識の方が心にとって本質的だと考えているのかもしれない。「意味理解の秘密を解き明かす」よりも「意識の秘密を解き明かす」プロジェクトの方が魅力的に聞こえる。

残念ながら、意識の問題を論じる準備は私にはない。それでも、先述の論証に説得されてしまった読者には「待った」をかけたい。反対論を手短に紹介しておこう。

脳は魂の座である。かつてミンスキーは脳のことを「肉でできた機械（meat machine）」と表現した。意識は肉でできた機械に宿っている。そのように考えてみると、機械が肉（たんぱく質）でできていることの何がそんなに特別なのか、鉄やシリコンといった金属でできた機械に意識が宿ることはないのか、という疑問が生じる。

思考実験を好む哲学者の中には、脳細胞をシリコン製のチップに一つずつ置き換えていくことを想像した人もいる（チャーマーズ2001, pp. 314–325）。意識は肉の機械に宿り、シリコン製の機械には宿らないとすれば、置き換えが進んでいくにつれて徐々に意識が薄れていくのかもしれない。あるいは、どこかのタイミングで意識がぶつりと消滅するのかもしれない。しかし、置き換えをどこまで進めても意識は消滅しないという可能性も想像できる。私にはそちらの方がありそうな気がする。そうだとすれば、金属製の機械には意識が宿らないという仮定は間違っていることになる。

この思考実験は必ずしも決定打になるようなものではない。ひょっとしたら、脳は肉でできた機械などではないのかもしれない。とはいえ、意識は生物にしか宿らないという直観がそれほど堅固なものでないことは示せたと思う。機械にも心が宿ると推測している人は意識の問題を指摘されても臆せず堂々としていればよいのである。

文献案内

本書の執筆を開始した段階では「言語モデル」という言葉がこれほど人口に膾炙するようになるとは予想していなかった。すでに一般向けの解説が多く出回っているが、岡野原大輔『大規模言語モデルは新たな知能か』（岩波書店２０２３年）は特に優れている。もっと気楽な読み物では、川添愛「言語モデルに人生を狂わされた男」『ＵＰ』２０２３年4月がおすすめである。

チューリングテストは、伊藤和行（編）『コンピュータ理論の起源』（近代科学社2014年）所収のチューリングの論文「計算機械と知能」が原典。訳者解説もあわせて参照のこと。本書ではチューリングテストを批判的に紹介したが、**Diane Proudfoot. 2020. "Rethinking Turing's Test and the Philosophical Implications"** ***Minds and Machines*****, 30: 487–512**にはチューリング研究者による緻密で好意的な解釈が提示されている。一読をすすめたい。

注

1　この定義は1994年に52名の心理学者が連名で発表した「知能に関する主流派科学」という声明に登場する。この文書はいわゆるベルカーブ論争において『ウォールストリート・ジャーナル』誌に掲載された。詳しくは（次田2021）を参照。

2　バベックらは言語モデルのメカニズムに立ち入らずに表面的なパフォーマンスを記述する研究方法を「現象論的（phenomenological）」と呼んでいる。また、彼らが標準的なベンチマークを避けるのは、GPT－4があまりにも巨大なデータで学習しているという事情もある。既存のベンチマークテストでは、すでに解いたことのある問題（の類題）を出題している可能性を排除できないので、彼らは、インターネットをどれほど巡回しても絶対に見つからないであろう奇抜な課題をGPT－4に与えようと知恵を絞っている。

3　たとえば、（デカルト1997, pp. 75–76）を参照。

4　どんな話題を選択するかは基本的に自由だが、実際の大会では相手が本物の人間という可能性もあるのでハラスメントは禁止される。

5　標準的には「5分間の会話で3割以上」という条件が用いられる。この条件はチューリングの論文に由来する（チューリング2014, p. 176)。

6　模倣ゲームが機械にとって著しく不利という問題には、チューリングも気づいていた。機械は計算が速すぎるせいで正体を見破られるかもしれない、と。そのため、チューリングは機械が質問者を騙した場合に注目するように勧めている（チューリング2014, p. 168)。

7　文体の違いは統計的にも確認されている。4万件の質問応答に基づいてチャットGPTと人間の回答を比較したところ、チャットGPTの回答は比較的長く、客観的であろうとするのに対して、人間の回答は短いが語彙が豊富であり、比喩などのレトリックを多く用いる傾向が見出された（Guo *et al.* 2023）。

8　「作文の宿題を10分で解決。ChatGPTを有能すぎる「AI家庭教師」にする活用法に「これはすごい」と絶賛の声」 https://www.buzzfeed.com/jp/harunayamazaki/ai-teacher-ume

9　言語モデルは小説の執筆を支援するツールにもなる。2022年に星新一賞の一般部門優秀賞に入選した「あなたはそこにいますか?」という作品はAIを利用して書かれたことで話題になった。インタビュー記事によれば、アイデアのタネをGPT－2に与えて文章を生成させ、不自然な部分は自分で修正する、というプロセスを繰り返して執筆を進めたという。「チャットGPTは「サイボーグ」　AI利用小説が文学賞に入選」 https://mainichi.jp/articles/20230321/k00/00m/300/174000c

10　一般公開されているGPT－4のサービスでは画像入力を受け付けてこなかったが、2023年9月に公開されたGPT－4Vは画像入力にも対応している。

あとがき

この文章を書いているのはまだ2023年の途中ですが、どうやら今年はチャットGPTに世界中が沸いた一年となりそうです。本書はそうした熱気の中から生まれた一冊ということになります。

本書を締めくくるにあたり、印象深いエピソードを一つ紹介したいと思います。序章で取り上げた数学者のダグラス・ホフスタッターは、偉大な芸術こそ人間性の最後の砦だと考えていました。チェスに関しては予想を外したものの、芸術については自信を持っていたわけです。彼は次のように述べています。

プログラム済み、大量生産の、郵便で注文できる20ドルの卓上型「ミュージック・ボックス」に命じて、その味気のない回路から、ショパンやバッハがもっと長生きしていたら書いたであろうような曲を作り出させることがまもなくできるだろう、と考えるのは――そのような示唆を私は耳にしたことがあるが――、人間の精神の深さに対する奇怪至極の恥ずべき誤った評価である。（ホフスタッター 2005, p. 666）

しかし、ホフスタッターの確信は、音楽学者のデイヴィッド・コープによって揺さぶられることになりました。コープは、著名な作曲家の作品を解析して楽節を再合成することで、その作曲家風の新作を作り出すＥＭＩ（Experiments in Musical Intelligence）という自動作曲プログラムを構築しました。音楽学校の教員たちに、ピアニストが演奏する二つの作品（ショパンのそれほど知られていないマズルカとＥＭＩが作ったショパン風のマズルカ）を聴き比べてもらい、どちらが本物のショパンか当てさせたところ、ＥＭＩの作品の方が多くの支持を集めたといいます。ホフスタッターの元学生だったメラニー・ミッチェルの報告によれば、ホフスタッターはこの実験結果に衝撃を受け、未来予想に対する自信を完全に失ったそうです（ミッチェル2021）。

本書の執筆中、このエピソードのことが何度か頭をよぎりました。私は、とある言語学の学派からの影響で、ニューラルネットワーク研究の果てに人間の言語能力の秘密が解明されるという見込みに懐疑的です。しかし、将来どうなるのかは予断を許しません。人間の心についてはまだわからないことだらけ、という教訓を肝に銘じるために本書の最初と最後でホフスタッターのエピソードを紹介した次第です。

昨今の技術進展の速さには目をみはるものがあります。本書の後半では割合最近の研究にも触れましたが、ネタの鮮度が失われるまでの時間はもうあまり残されていないのかもしれません。技術の進歩は喜ばしいことに違いないのですが、毎日のように新しいＡＩ技術のニュースが飛び出すのを横目に見ながらＡＩの本を執筆するのは複雑な気分でした。本書の刊行が時機を逸していないこと、読者のみなさまが何か得るものを見出されることを願っています。

本書の執筆にあたり、太田陽さん、笠木雅史さん、久木田水生さん、葛谷潤さん、菅原朔さん、松本将平さん（五十音順）に原稿の一部、または全部を読んでいただき、コメントを頂戴しました。この場を借りてお礼申し上げます。もちろん、本書になお残る誤りはすべて私の責任です。

筑摩書房の藤岡美玲さんには、アカデミアの片隅にいる研究者を見つけてくださり心から感謝いたします。章立てから本文の内容にいたるまで、すべてのアドバイスが的確でした。おかげさまで、大船に乗ったつもりで作業に打ち込むことができました。

また、本研究は、ＪＳＴムーンショット型研究開発事業JPMJMS2011の支援を受けたものです。記して感謝申し上げます。

困難な仕事でしたが、何とか仕上げることができてホッとしています。ちなみに、本書は私にとって二作目の本になります。前作（『人間本性を哲学する——生得主義と経験主義の論争史』青土社２０２１年）では本書と関連しつつもいくぶん異なる話題を扱いました。本書を楽しく読んでいただけた方には前作もあわせて読まれることを強くおすすめします（ダイレクトマーケティング）。

宣伝も済ませたところで言い残すこともなくなりました。この辺りで筆をおこうと思います。最後までお読みいただきありがとうございました。またどこかでお会いできるのを楽しみにしております。ごきげんよう。

次田瞬

2023年9月

索引

参考文献

英語文献

Ahn, M. *et al*. 2022. "Do as I Can, Not as I Say", *arXiv* preprint 2204.01691.

Aldo-Antonelli, G. 2004. "Logic", L. Floridi (ed.) *The Blackwell Guide to the Philosophy of Computing and Information*, Blackwell: 261–275.

Bechtel, W. & A. Abrahamson. 2002. *Connectionism and the Mind: Parallel Processing, Dynamics, and Evolution in Networks*, second edition, Blackwell.

Bender, E. & A. Koller. 2020. "Climbing towards NLU: On Meaning, Form, and Understanding in the Age of Data", *Proceedings of the 58th Annual Meeting of the Association for Computational Linguistics*: 5185–5198.

Bojanowski, P. *et al*. 2017. "Enriching Word Vectors with Subword Information", *Transactions of the Association for Computational Linguistics*, 5: 135–146.

Boleda, G. & A. Herbelot. 2016. "Formal Distributional Semantics", *Computational Linguistics*, 42(4): 619–635.

Bolukbasi, T. *et al*. 2016. "Man is to Computer Programmer as Woman is to Homemaker?", *arXiv* preprint 1607.06520.

Briakou, E., C. Cherry & G. Foster. 2023. "Searching for Needles in a Haystack: On the Role of Incidental Bilingualism in PaLM's Translation Capability", *arXiv* preprint 2305.10266.

Brooks, R. 1991. "Intelligence without Representation", *Artificial Intelligence*, 47(1–3): 139–159.

Brown, T. B. *et al*. 2020. "Language Models Are Few-Shot Learners", *arXiv* preprint 2005.14165.

Bubeck, S. *et al*. 2023. "Sparks of Artificial General Intelligence", *arXiv* preprint 2303.12712.

Buchanan, B., G. Sutherland & E. A. Feigenbaum. 1969. "Heuristic DENDRAL: A Program for Generating Explanatory Hypotheses in Organic Chemistry", B. Meltzer & D. Michie (eds.) *Machine Intelligence*, 4: 209–254.

Cassam, Q. 2021. "Misunderstanding Vaccine Hesitancy", *Educational Philosophy and Theory*, 55(3): 315–329.

Cawsey, A. 1998. *The Essence of Artificial Intelligence*, Prentice Hall.

Chalmers, D. J. 2022. "Could a Large Language Model Be Conscious?", https://philpapers.org/archive/CHACAL-3.pdf

Christiansen, M. H. & N. Chater. 1999. "Connectionist Natural Language Processing: The State of the Art", *Cognitive Science*, 23(4): 417–437.

Churchland, P. 1995. *The Engine of Reason, the Seat of the Soul: A Philosophical Journey into the Brain*, MIT Press. 信原幸弘、宮島昭二（訳）『認知哲学——脳科

学から心の哲学へ』産業図書1997.
Corney, M. *et al.* 2019. “Are We There Yet? Encoder-Decoder Neural Networks as Cognitive Models of English Past Tense Inflection”, *Proceedings of the 57th Annual Meeting of the Association for Computational Linguistics*: 3868–3877.
Davey, B. A. & H. A. Priestley. 2002. *Introduction to Lattices and Order*, second edition, Cambridge University Press.
Davis, R., B. Buchan & E. Shortliffe. 1977. “Production Rules as a Representation for a Knowledge-Based Consultation Program”, *Artificial Intelligence*, 8: 15–45.
Dennett, D. 1984. “Cognitive Wheels: The Frame Problem of AI”, C. Hookway (ed.) *Minds, Machines and Evolution*, Cambridge University Press: 129–150.
Dennett, D. 2004. “Can Machines Think?”, C. Teuscher (ed.) *Alan Turing: Life and Legacy of a Great Thinker*, Springer: 295–316.
Devlin, J. *et al.* 2019. “BERT: Pre-training of Deep Bidirectional Transformers for Language Understanding”, *Proceedings of the 2019 Conference of the North American Chapter of the Association for Computational Linguistics: Human Language Technologies*, 1: 4171–4186.
Elman, J. L. 1991. “Distributed Representations, Simple Recurrent Networks, and Grammatical structure”, *Machine Learning*, 7: 195–225.
Elman, J. L. 1993. “Learning and Development in Neural Networks: The Importance of Starting Small”, *Cognition*, 48: 71–99.
Firth, J. R. 1968. “A Synopsis of Linguistic Theory 1930–1955”, F. R. Palmer (ed.) *Selected papers of J. R. Firth*, 1952–59. Longmans: 168–205. 大東百合子（訳）『ファース言語論集2 (1952–59)』研究社1975.
Fodor, J. A. & Z. W. Pylyshyn. 1988. “Connectionism and Cognitive Architecture: A Critical Analysis”, *Cognition*, 28: 3–71.
Fodor, J. A. 2008. *LOT2*, Oxford University Press.
Frege, G. 1991. *Posthumous Writings*, translated by P. Long & R. M. White, Wiley-Blackwell.
Gillies, D. 2003. “Probability in Artificial Intelligence”, L. Floridi (ed.) *The Blackwell Guide to the Philosophy of Computing and Information*, Blackwell: 276–288.
Goodfellow *et al.* 2014. “Explaining and harnessing adversarial examples”, *arXiv* preprint 1412.6572.
Gottfredson, L. S. 1997. “Mainstream Science on Intelligence: An Editorial With 52 Signatories, History, and Bibliography”, *Intelligence*, 24(1): 13–23.
Guo, B. *et al.* 2023. “How Close is ChatGPT to Human Experts?”, *arXiv* preprint 2301.07597.
Harman, G. 1967. “Quine on Meaning and Existence, I”, *The Review of Metaphysics* 21(1): 124–151.

Hayes, P. & K. Ford. 1995. "Turing Test Considered Harmful", *Proceedings of the 14th international joint conference on Artificial intelligence*, 1: 972–977.

Heim, I. & A. Kratzer. 1997. *Semantics in Generative Grammar*, Wiley-Blackwell.

Hinton, G. 1986. "Learning Distributed Representations of Concepts", *Proceedings of the Eighth Annual Conference of the Cognitive Science Society*: 1–12.

Hutchins, W. J. 2004. "The Georgetown-IBM Experiment Demonstrated in January 1954", *Proceedings of the 6th Conference of the Association for Machine Translation in the Americas: Technical Papers*: 102–114.

Jin, D. *et al.* 2019. "Is BERT Really Robust? A Strong Baseline for Natural Language Attack on Text Classification and Entailment", *arXiv* preprint 1907.11932.

Kim, J. 2010. *Philosophy of Mind*, third edition, Routledge.

Kirov, C. & R. Cotterell. 2018. "Recurrent Neural Networks in Linguistic Theory: Revisiting Pinker and Prince (1988) and the Past Tense Debate", *Transactions of the Association for Computational Linguistics*, 6: 651–665.

Kojima, T. *et al.* 2022. "Large Language Models are Zero-Shot Reasoners", *arXiv* preprint 2205.11916.

Krizhevsky, A., I. Sutskever & G. Hinton. 2012. "ImageNet Classification with Deep Convolutional Neural Networks", https://papers.nips.cc/paper_files/paper/2012

Kroeger, P. 2019. *Analyzing Meaning: An Introduction to Semantics and Pragmatics*, second corrected and slightly revised edition, Language Science Press.

Lake, B. & M. Baroni. 2018. "Generalization without Systematicity", *arXiv* preprint 1711.00350.

Laurence, S. & E. Margolis. 1999. "Concepts and Cognitive Science", E. Margolis & S. Laurence (eds.) *Concepts: Core Readings*, MIT Press: 3–81.

Legg, S. & M. Hutter. 2007. "A Collection of Definitions of Intelligence", *Frontiers in Artificial Intelligence and Applications*, 157: 17–24.

Levesque, H. *et al.* 2012. "The Winograd Schema Challenge", *Proceedings of the Thirteenth International Conference on Principles of Knowledge Representation and Reasoning*: 552–561.

Lewis, D. 1970. "General Semantics", *Synthese*, 22: 18–67.

Machery, E. 2009. *Doing without Concepts*, Oxford University Press.

Manning, C. 2015. "Last Words: Computational Linguistics and Deep Learning", *Computational Linguistics*, 41(4): 701–707.

Manning, C. 2022. "Human Language Understanding & Reasoning", *Daedalus*, 151(2): 127–138.

Mikolov, T. *et al.* 2013a. "Distributed Representations of Words and Phrases and their Compositionality", *arXiv* preprint 1310.4546.

Mikolov, T. *et al.* 2013b. "Efficient Estimation of Word Representations in Vector

Space", *arXiv* preprint 1301.3781.
Millican, P. 2013. "The Philosophical Significance of Turing Machine and the Turing Test", S. B. Cooper & J. v. Leeuwen (eds.) *Alan Turing: His Work and Impact*, Elsevier: 587–601.
Minsky, M. & S. Papert. 1987. *Perceptrons*, expanded edition, MIT Press. 中野馨、阪口豊（訳）『パーセプトロン』パーソナルメディア1993.
Mitchell, T. 2006. "The Discipline of Machine Learning", Machine Learning Department technical report CMU-ML-06-108. http://reports-archive.adm.cs.cmu.edu/anon/ml/abstracts/06-108.html
Molino, P. & J. Tagliabue. 2023. "Wittgenstein's Influence on Artificial Intelligence", *arXiv* preprint 2302.01570.
Nilsson, N. 2009. *The Quest for Artificial Intelligence*, Cambridge University Press.
Olazaran, M. 1993. "A Sociological History of the Neural Network Controversy", *Advances in Computers*, 37: 335–425.
OpenAI. 2023. "GPT-4 Technical Report", *arXiv* preprint 2303.08774.
Pavlick, E. 2022. "Semantic structure in deep learning", *Annual Review of Linguistics*, 8: 447–471.
Piantadosi, S. 2023. "Modern Language Models Refute Chomsky's Approach to Language", https://lingbuzz.net/lingbuzz/007180
Pinker, S. 1994. *The Language Instinct*, Harper Collins. 椋田直子（訳）『言語を生みだす本能』（上下巻）NHK 出版1995.
Pinker, S. 1997. *How the Mind Works*, W. W. Norton & Co. 椋田直子、山下篤子（訳）『心の仕組み――人間関係にどう関わるか』（上中下巻）NHK 出版2003.
Pinker, S. 1999. *Words and Rules: The Ingredients of Language*, Weidenfeld & Nicolson.
Pinker, S. & A. Prince. 1988. "On Language and Connectionism: Analysis of a parallel distributed processing model of language acquisition", *Cognition*, 28: 73–193.
Pomerleau, D. A. 1988. "ALVINN: An Autonomous Land Vehicle in a Neural Network", *Proceedings of the 1st International Conference on Neural Information Processing Systems*: 305–313.
Prince, A. & S. Pinker. 1988. "Rules and connections in human language", reprinted in S. Pinker. *Language, Cognition, and Human Nature*, Oxford University Press 2013.
Radford, A. *et al.* 2019. "Language Models are Unsupervised Multitask Learners", https://openai.com/research/better-language-models
Rajpurkar, P. *et al.* 2016. "SQuAD: 100,000+ Questions for Machine Comprehension of Text", *Proceedings of the 2016 Conference on Empirical Methods in Natural Language Processing*: 2383–2392.
Rummelhart, D. & J. McClelland. 1986. "On Learning the Past Tenses of English Verbs",

J. McClelland, D. Rumethart & the PDP Research Group, *Parallel Distributed Processing*, 2, MIT Press: 216–271.

Sejnowski, T. & C. R. Rosenberg. 1987. "Parallel Networks that Learn to Pronounce English Text", *Complex Systems*, 1: 145–168.

Shanahan, M. 2016. "The Frame Problem", https://plato.stanford.edu/archives/spr2016/entries/frame-problem/

Shustek, L. 2010. "An Interview with Ed Feigenbaum", *Communications of the ACM*, 53(6): 41–45.

Simon, H. A. 1996. *The Science of the Artificials*, third edition, MIT Press.

Sterelny, K. 1990. *The Representational Theory of Mind: An Introduction*, Blackwell.

Stokel-Walker, C. 2023. "ChatGPT Listed as Author on Research Papers", *Nature*, 613(7945): 620–621.

Thorp, H. H. 2023. "ChatGPT is Fun, but Not an Author", *Science*, 379(6630): 313.

Tienson, J. L. 1987. "Introduction to Connectionism", *Southern Journal of Philosophy*, 26 Supplement:1–16.

Trinh, T. H. & Q. V. Le. 2017. "A Simple Method for Commonsense Reasoning", *arXiv* preprint 1806.02847.

Wilks, Y. 2019. *Artificial Intelligence: Modern Magic or Dangerous Future?*, Icon Books.

Williamson, T. 2013. "How Deep is the Distinction between A Priori and A Posteriori Knowledge?", A. Casullo & J. C. Thurow (eds.) *The A Priori in Philosophy*. Oxford University Press: 291–312.

Yu, V. L. *et al*. 1979. "Antimicrobial Selection by a Computer: A Blinded Evaluation by Infectious Diseases Experts", *The Journal of the American Medical Association* 242(12): 1279–82.

日本語文献

麻生英樹．1988.『ニューラルネットワーク情報処理——コネクショニズム入門、あるいは柔らかな記号に向けて』産業図書．

新井紀子．2018.『AI vs. 教科書が読めない子どもたち』東洋経済新報社．

アンスコム，G・E・M．2022.『インテンション——行為と実践知の哲学』柏端達也（訳），岩波書店．

井出一郎・柳井啓司．2009.「セマンティックギャップを越えて」『人工知能学会誌』24(5): 691–699.

伊藤たかね、杉岡洋子．2002.『語の仕組みと語形成』研究社．

今井むつみ．2020.『英語独習法』岩波書店．

今泉允聡．2021.『深層学習の原理に迫る』岩波書店．

ウィンストン，パトリック．1980.『人工知能』白井良明、長尾真（訳）、培風館．

岡崎直観ほか．2022．『IT Text 自然言語処理の基礎』オーム社．

岡野原大輔．2022．『ディープラーニングを支える技術——「正解」を導くメカニズム』技術評論社．

小川洋子，岡ノ谷一夫．2011．『言葉の誕生を科学する』河出書房．

カスパロフ，ガルリ．2017．『DEEP THINKING——人工知能の思考を読む』染田屋茂（訳）、日経BP．

カールソン，ニール．2013．『カールソン神経科学テキスト 脳と行動』泰羅雅登，中村克樹（監訳），丸善出版．

川添愛．2017．『働きたくないイタチと言葉がわかるロボット——人工知能から考える人と言葉』朝日出版社．

川添愛．2020．『ヒトの言葉 機械の言葉「人工知能と話す」以前の言語学』KADOKAWA．

川添愛．2021．『ふだん使いの言語学——「ことばの基礎力」を鍛えるヒント』新潮社．

クリプキ，ソール．1985．『名指しと必然性——様相の形而上学と心身問題』八木沢敬、野家啓一（訳）、産業図書．

黒橋禎夫．2019．『自然言語処理［改訂版］』放送大学教育振興会．

斎藤康毅．2018．『ゼロから作る Deep Learning 2——自然言語処理編』オライリージャパン．

坂本美帆，松崎拓也．2021．「XLNetを用いたセンター試験英語不要文除去問題の解答とその分析」『言語処理学会 第27回年次大会 発表論文集』：252–256．

杉本舞．2018．『「人工知能」前夜——コンピュータと脳は似ているか』青土社．

杉山聡．2022『本質をとらえたデータ分析のための分析モデル入門』ソシム．

杉山弘晃ほか．2020．「センター試験を対象とした高性能な英語ソルバーの実現」『言語処理学会 第26回年次大会 発表論文集』：371–374．

セイノフスキー，テレンス．2019．『ディープラーニング革命』銅谷賢治（訳）、ニュートンプレス．

武田俊之．2023．「大学は生成系AIの影響をいかに認識しているか」『日本教育工学会研究報告集』：88–94．

チャーチランド，ポール、パトリシア・チャーチランド．1990．「論争—機械はものを考えるか—YES——統合化が心をつくる」『サイエンス』1990年3月：27–35．

チャーマーズ，デイヴィッド．2001．『意識する心——脳と精神の根本理論を求めて』林一（訳）、白揚社．

チューリング，アラン．2014．『チューリング——コンピュータ理論の起源』伊藤和行（編）、佐野勝彦、杉本舞（訳）、近代科学社．

次田瞬．2021．『人間本性を哲学する——生得主義と経験主義の論争史』青土社．

デカルト，ルネ．1997．『方法序説』谷川多佳子（訳）、岩波書店．

寺澤盾．2008．『英語の歴史——過去から未来への物語』中央公論社．

東条敏．2006．『言語・知識・信念の論理』オーム社．

トゥンストローム，A. O. 2023.「AIに論文書かせてみた」『日経サイエンス』2023年1月：80–83.

戸田山和久．2004.「心は（どんな）コンピュータか」信原幸弘（編）『シリーズ心の哲学II ロボット篇』勁草書房．

バード，スティーブン，エワン・クライン，エドワード・ローパー．2010.『入門 自然言語処理』萩原正人ほか（訳）、オライリージャパン．

フォグリン，ロバート．2005.『理性はどうしたって綱渡りです』野矢茂樹、塩谷賢、村上祐子（訳）、春秋社．

ペゾルト，チャールズ．2012.『チューリングを読む——コンピュータサイエンスの金字塔を楽しもう』井田哲雄ほか（訳）、日経BP．

ポートナー，ポール．2015.『意味ってなに？——形式意味論入門』片岡宏仁（訳）、勁草書房．

ホフスタッター，ダグラス．2005.『ゲーデル・エッシャー・バッハ あるいは不思議の環 20周年記念版』野崎昭弘、はやしはじめ、柳瀬尚紀（訳）、白揚社．

マイヤー＝ショーンベルガー，ビクター，ケネス・クキエ．2013.『ビッグデータの正体——情報の産業革命が世界のすべてを変える』斎藤栄一郎（訳）、講談社．

マーカス，ゲアリー．2017.「本当に賢いAIを見分ける新チューリングテスト」『日経サイエンス』2017年7月：68–73.

マコーダック，パメラ．1983.『コンピュータは考える——人工知能の歴史と展望』黒川利明（訳）、培風館．

松尾豊．2015.『人工知能は人間を超えるか——ディープラーニングの先にあるもの』KADOKAWA．

松原仁．1993.「ゲームのアルゴリズム」『コンピュータ ソフトウェア』10 (6): 459–474.

松本敏治．2020.『自閉症は津軽弁を話さない——自閉スペクトラム症のことばの謎を読み解く』KADOKAWA．

マルコフ，ジョン．2016.『人工知能は敵か味方か』瀧口範子（訳）、日経BP．

三浦伸夫．1997.「最古のラテン語数学問題集——アルクイン『青年達を鍛えるための諸命題』の翻訳と注解」『国際文化学研究』8: 157–196.

ミッチェル，メラニー．2011.『ガイドツアー 複雑系の世界』高橋洋（訳）、紀伊國屋書店．

ミッチェル，メラニー．2021.『教養としてのAI講座——ビジネスパーソンも知っておくべき「人工知能」の基礎知識』尼丁千津子（訳）、日経BP．

守一雄．1996.『やさしいPDPモデルのはなし——文系読者のためのニューラルネットワーク理論入門』新曜社．

ラッセル，ステュアート＆ピーター・ノーヴィグ．2008．古川康一（監訳）『エージェントアプローチ人工知能』共立出版．

リンゼイ，ピーター＆ドナルド・ノーマン．1985.『情報処理心理学入門III 言語と思考』中溝幸夫（訳）、サイエンス社.
ルカン，ヤン．2021.『ディープラーニング 学習する機械』松尾豊、小川浩一（訳）、講談社.

次田瞬（つぎた・しゅん）

一九八四年神奈川県生まれ。博士（文学）。現在、名古屋大学大学院情報学研究科特任助教。専門は心の哲学、言語哲学。著書に『人間本性を哲学する——生得主義と経験主義の論争史』（青土社）、翻訳書にヤコブ・ホーヴィ『予測する心』（共訳、勁草書房）がある。

筑摩選書 0267

意味《いみ》がわかるAI入門《にゅうもん》
自然言語《しぜんげんご》処理《しょり》をめぐる哲学《てつがく》の挑戦《ちょうせん》

二〇二三年一一月一五日　初版第一刷発行

著　者　次田瞬《つぎたしゅん》
発行者　喜入冬子
発行所　株式会社筑摩書房
東京都台東区蔵前二-五-三　郵便番号　一一一-八七五五
電話番号　〇三-五六八七-二六〇一（代表）
装幀者　神田昇和
印刷　製本　中央精版印刷株式会社

ISBN978-4-480-01789-5 C0310

筑摩選書
0106

現象学という思考
〈自明なもの〉の知へ

田口 茂

日常における〈自明なもの〉を精査し、我々の経験の構造を浮き彫りにする営為——現象学。その尽きせぬ魅力と射程を粘り強い思考とともに伝える新しい入門書。

筑摩選書
0107

日本語の科学が世界を変える

松尾義之

日本の科学・技術が卓抜した成果を上げている背景には「日本語での科学的思考」が寄与している。科学史の側面と数多の科学者の証言を手がかりに、この命題に迫る。

筑摩選書
0108

希望の思想 プラグマティズム入門

大賀祐樹

暫定的で可謬的な「正しさ」を肯定し、誰もが共生できる社会構想を切り拓くプラグマティズム。デューイ、ローティらの軌跡を辿り直し、現代的意義を明らかにする。

筑摩選書
0109

法哲学講義

森村 進

法哲学とは、法と法学の諸問題を根本的・原理的レベルから考察する学問である。多領域と交錯するこの学を、第一人者が法概念論を中心に解説。全法学徒必読の書。

筑摩選書
0111

柄谷行人論
〈他者〉のゆくえ

小林敏明

犀利な文芸批評から始まり、やがて共同体間の「交換」を問うに至った思想家・柄谷行人。その中心にあるものは何か。今はじめて思想の全貌が解き明かされる。

筑摩選書
0117

戦後思想の「巨人」たち
「未来の他者」はどこにいるか

高澤秀次

「戦争と革命」という二〇世紀的な主題は「テロリズムとグローバリズムへの対抗運動」として再帰しつつある。「未来の他者」をキーワードに継続と変化を再考する。

筑摩選書
0123

フロイト入門

中山元

無意識という概念と精神分析という方法を発見して「わたし」を新たな問いに変えたフロイトは、巨大な思想的革命をもたらした。その生成と展開を解き明かす。

筑摩選書
0138

ローティ
連帯と自己超克の思想

冨田恭彦

プラグマティズムの最重要な哲学者リチャード・ローティ。彼の思想を哲学史の中で明快に一から読み解き、後半生の政治的発言にまで繋げて見せる決定版。

筑摩選書
0147

日本語と道徳
本心・正直・誠実・智恵はいつ生まれたか

西田知己

かつて「正直者」は善人ではなかった⁉ 「誠実」な人もいなければ、「本心」を隠す人もいなかった⁉ 日本語の変遷を通して、日本的道徳観の本質を探る。

筑摩選書
0169

フーコーの言説
〈自分自身〉であり続けないために

慎改康之

知・権力・自己との関係の三つを軸に多彩な研究を行ったフーコー。その言説群はいかなる一貫性を持つのか。精確な読解によって明るみに出される思考の全貌。

筑摩選書 0212

「ポスト・アメリカニズム」の世紀
転換期のキリスト教文明

藤本龍児

20世紀を主導したアメリカ文明も近年、動揺を見せつつある。アメリカニズムの根底には何があり、どう変わろうとしているのかを宗教的観点からも探究した渾身作！

筑摩選書 0213

消費ミニマリズムの倫理と脱資本主義の精神

橋本 努

行き詰まりを見せる資本主義社会。その変革には「脱資本主義の精神」が必要であり、ミニマリズムにはそこへ通じる回路がある。その原理と展望を示した待望の書！

筑摩選書 0220

星新一の思想
予見・冷笑・賢慮のひと

浅羽通明

千篇を超える膨大な数のショートショートからエッセイまで全作品を読み抜き、本人ですら自覚し得なかった「思想」を浮かび上がらせた本邦初の本格的作品論！

筑摩選書 0222

デジタル化時代の「人間の条件」
ディストピアをいかに回避するか？

加藤 晋 伊藤亜聖
石田賢示 飯田 高

巨大プラットフォーム企業からSNSまでデジタル化が社会を大きく変えようとしている。デジタル化時代の「人間の条件」を多角的・原理的に探究した画期的な書！

筑摩選書 0223

ろうと手話
やさしい日本語がひらく未来

吉開 章

ろう者の言語である手話は、ろう教育において130年間禁止された。手話を社会に取り戻すろう者たちの運動を、日本語教育と「やさしい日本語」の視点から考える。

筑摩選書
0243

人類精神史
宗教・資本主義・Google

山田仁史

Gott（神）、Geld（お金）、Google（情報）＝3つの「カミ」と、対応する3つのリアリティから人類の精神史を考える。博覧強記の宗教民族学者、最後の書。

筑摩選書
0244

公衆衛生の倫理学
国家は健康にどこまで介入すべきか

玉手慎太郎

健康をめぐる社会のしくみは人々の自由をどう変えるのか。セン、ロールズ、ヌスバウムなどの議論を手掛かりに、現代社会に広がる倫理的な難問をじっくり考える。

筑摩選書
0249

変容するシェイクスピア
ラム姉弟から黒澤明まで

廣野由美子
桒山智成

元々は舞台の台本として書かれたシェイクスピア作品は、いかに形を変えて世界に広まったのか？　児童文学や映画等、翻案作品を詳細に分析し、多様な魅力に迫る。

筑摩選書
0251

戦後空間史
都市・建築・人間

戦後空間研究会 編

住宅、農地、震災、運動、行政、アジア…戦後の都市・近郊空間と社会を考える。執筆：青井哲人、市川紘司、内田祥士、中島直人、中谷礼仁、日埜直彦、松田法子

筑摩選書
0266

世界中で言葉のかけらを
日本語教師の旅と記憶

山本冴里

「ぜんぶ英語でいいじゃない」という乱暴な意見に反論し、複言語能力の意義を訴える日本語教師が、世界各地での驚きの体験と記憶を綴る、言語をめぐる旅の記録。